Die 99 schönsten RADTOUREN für CAMPER in Deutschland

Die 99 schönsten RADTOUREN für CAMPER in Deutschland

BVA
BikeMedia

Impressum

1. Auflage 2020

Touren/Texte: Oliver Kockskämper, Köln
Titelfoto: © Adobe Stock - goodluz, Adobe Stock - Roman Babakin
Fotos: Oliver Kockskämper (S. 31, 35, 37, 49, 53, 59, 61, 62, 63, 77, 97, 101, 103, 105, 109, 113, 153, 155, 159, 175, 185, 209, 211) sowie
© photoforyou – Pixabay (S. 8), © Barbara Dondrup – Pixabay (S. 11), © pasja1000 – Pixabay (S. 12), © Jörg Braukmann – wikimedia (S. 19), © Matthias Süßen – wikimedia (S. 21, 23 oben), © Andreas Geick – wikimedia (S. 23 unten, 27), © Viola sonans – wikimedia (S. 25 oben), © Fembi – wikimedia (S. 25 unten), © Marabu – Pixabay (S. 29), © Hoch2wo – wikimedia (S. 33), © Jenny Shead – Pixabay (S. 39 oben), © fsHH – Pixabay (S. 39 unten), © Erich Westendarp – Pixabay (S. 41 oben u. unten, 47 unten, 99), © Norbert Waldhausen – Pixabay (S. 43), © misterfarmer – Pixabay (S. 45), © Kerstin Riemer – Pixabay (S. 47 oben), © Asatira – Pixabay (S. 51), © Uwe Scherdin – Pixabay (S. 55), © Wolfgang Müller – Pixabay (S. 57), © Dieter_G – Pixabay (S. 65, 147), © Remo Puls – Pixabay (S. 67), © Peter Bösken – Pixabay (S. 69 oben), © Ole Wieneke – Pixabay (S. 69 unten), © Karsten Paulick – Pixabay (S. 71), © Dieter Schütz – pixelio.de (S. 73), © Sebastian Hüdepohl – wikipedia (S. 75), © Hajotthu Peetshof Wikipedia (S. 79), © Ivan Jasikovic – Pixabay (S. 81), © Achim Scholty – Pixabay (S. 83), © Kai Vogel – Pixabay (S. 85), © Radka Schöne – pixelio.de (S. 87), © LutzBruno – Wikimedia (S. 89), © neufal54 – Pixabay (S. 91), © kie-ker – Pixabay (S. 93), © Frank710 – Pixabay (S. 95), © blizniak – Pixabay (S. 107), © Domino – pixelio.de (S. 111), © Pixabay (S. 115), © Rike – pixelio.de (S. 117), © Thomas Max Müller – pixelio.de (S. 119), © Cornerstone – pixelio.de (S. 121), © mastermind76 – Pixabay (S. 123), © Richard von Lenzano – pixelio.de (S. 125), © Kno-Biesdorf – Wikipedia (S. 127), © Stefan Didam - Schmallenberg – Wikipedia (S. 129), © analogicus – Pixabay (S. 131), © lapping – Pixabay (S. 132 oben, 137, 143), © D689K – Wikipedia (S. 132 unten), © Karl-Heinz Laube – pixelio.de (S. 133), © Tobias Nordhausen – flickr.com (S. 135), © InstagramFOTOGRAFIN – Pixabay (S. 139), © reginasphotos – Pixabay (S. 141), © Th G – Pixabay (S. 145), © susanne906 – Pixabay (S. 149), © Daniel Bahrmann – Pixabay (S. 150), © Wolkenkratzer – wikipedia (S. 157), © D.G.Pietsch – pixelio.de (S. 161), © fritz zühlke – pixelio.de (S. 163), © Gaby Stein – Pixabay (S. 165), © Berthold Werner – Wikipedia (S. 167 links), © Wolfgang Bantz – Pixabay (S. 167 rechts), © Pascal Treichler – Pixabay (S. 169), © WikimediaImages – Pixabay (S. 171 oben und unten), © Oktobersonne – wikipedia (S. 173), © Andreas Heck – Pixabay (S. 177), © andreas N – Pixabay (S. 179 oben), © Muck – wikimedia (S. 179 unten), © Reiner Rosenwald – pixelio.de (S. 181), © A. Savin – wikipedia (S. 183), © Gunnar Fischer – Pixabay (S. 187), © 495756 – Pixabay (S. 189), © Babs Müller – Pixabay (S. 191 oben), © Wolfgang Vogt – Pixabay (S. 191 unten), © Tilman2007 – wikipedia (S. 193), © Mkummerer – wikipedia (S. 195), © Derzno – wikipedia (S. 197), © christianhofmann63 – Pixabay (S. 199), © David Mark – Pixabay (S. 201), © Karl-Heinz Lüpke – Pixabay (S. 203), © Arch_Stanton – Pixabay (S. 205), © luckyprof – wikipedia (S. 207), © Willi Heidelbach – Pixabay (S. 213), © Gerhard Gellinger – Pixabay (S. 215), © Tiia Monto – wikimedia (S. 217), © Sergei Gussev – wikimedia (S. 219), © Periphrastika - wikimedia (S. 221), © Franzfoto – wikimedia (S. 223)

Buch- und Umschlaggestaltung: www.krueckemeier-medien.de, Bielefeld
Kartografie: BVA BikeMedia

ISBN: 978-3-87073-944-7

Inhalt

Berlin / Brandenburg

Sachsen-Anhalt

Nordrhein-Westfalen

Hessen

Thüringen

Sachsen

Rheinland-Pfalz

Saarland

Baden-Württemberg

Bayern

Radeln ist in den Alpen immer ein ganz besonderes Erlebnis, jedoch…

Radeln und Campen – Naturgenuss pur!

Camping ist IN – und Radfahren ist IN! Und beides gehört schon fast zwangsläufig zusammen: Kaum ein Camper macht sich mit seinem Wohnmobil, Wohnwagen oder Zelt auf Reisen, ohne ein Fahrrad dabei zu haben. Der Grund liegt auf der Hand: Wenn wir einmal einen schönen Campingplatz oder einen schönen Stellplatz gefunden haben, können wir unsere mobile Unterkunft einfach dort stehen lassen und genießen die umliegende Region hautnah mit dem Fahrrad. Diese perfekte Symbiose hält uns fit, lässt uns die Gegend mit ganz anderen Sinnen wahrnehmen und schont natürlich auch die Umwelt.

Camper – so unterschiedlich und doch so gleich!

Die Campingbranche wächst in den letzten Jahren scheinbar unaufhörlich. Fast jedes Jahr werden neue Zulassungsrekorde bei neuen Wohnmobilen und Wohnwagen vermeldet. Die Bandbreite der rollenden Hotels wird dabei immer größer: Viele beginnen mit einem kleinen, gebrauchten Wohnwagen, steigen dann um auf einen neuen Wohnwagen mit deutlich mehr Komfort. Fünf bis acht Meter Aufbaulänge sind dabei meist der Standard und im Innern lassen Sitzgruppe, Küche, Badezimmer mit WC und Dusche sowie Betten mit Lattenrosten ein heimatliches Feeling auf-

1 - 99 = Die 99 schönsten Radtouren für Camper in Deutschland

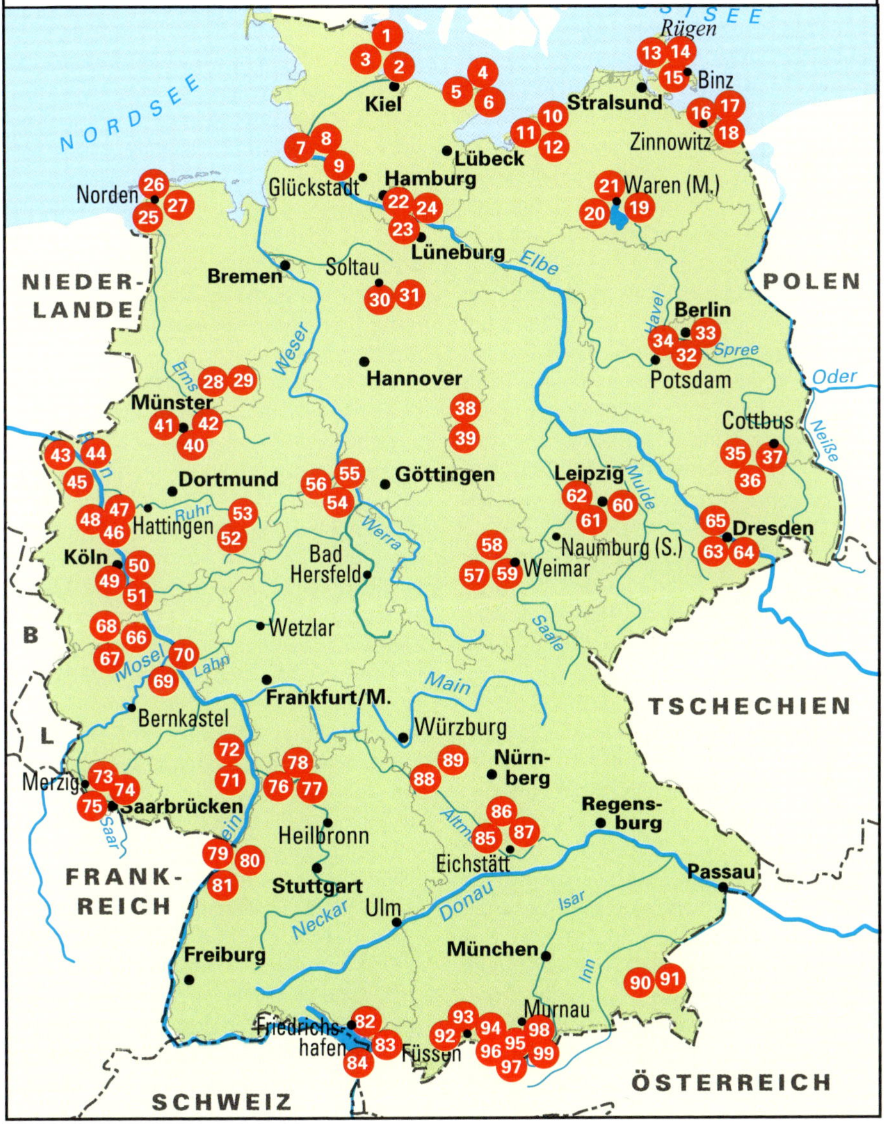

kommen. Auf dem Campingplatz wird rasch das Vorzelt aufgebaut, das für üppige Platzverhältnisse sorgt.

Andere Camper steigen mit dem berühmten „Bulli" ein, bei dem die Sitzbänke mit wenigen Handgriffen zu Betten umfunktioniert werden können. Dem Platzangebot und dem Komfort sind gerade bei den Wohnmobilen nach oben keine Grenzen gesetzt: Vom praktischen ausgebauten Kastenwagen, der in der Stadt große Vorteile bietet, über Alkoven-Mobile, in denen wir über dem Fahrerhaus nächtigen, geht die Tendenz vielfach zu teilintegrierten Wohnmobilen. Hier wird die Fahrerkabine geschickt in den Wohnraum integriert, an den sich eine geräumige Küche, Badezimmer mit allen Extras und ein einladendes Schlafzimmer anschließen. Die Krönung des mobilen Reisens sind die sogenannten „Liner", die gerne einmal die Ausmaße eines Reisebusses annehmen können. In diesem Luxus-Segment ist alles möglich: Ein Wohnzimmer, dass als „Slide-Out" zur Seite vergrößert werden kann, Badezimmer mit separater Dusche, Schlafzimmer mit Queensbett und einer Garage, in der oftmals ein ganzes Auto Platz findet. Sogar Spezialanfertigungen mit einer Dachterrasse oder einer Outdoor-Ausstattung für Wüstensafaris sind möglich. Schnell wird hier ein größerer sechsstelliger Betrag fällig.

Aber es gibt auch noch die Puristen unter den Campern, die auf der grünen Wiese ihr Zelt aufschlagen und die Heringe in den Boden bringen. Aber auch dabei gibt es inzwischen viele Varianten: Die einen sind mit wenigen Handgriffen fertig mit dem Aufbau: Dann steht das Wurf-, Trekking oder das Igluzelt. Wer´s etwas größer mag, baut das Familienzelt auf und noch eleganter geht's mit den „Faltern", die als kleiner Anhänger auch hinter weniger starken PKW gezogen werden. Mit wenigen Handgriffen erwächst daraus dann ein bis zu 40 qm großes Zelt mit Küche, Betten und anderen Extras.

Und nun kommt das ganz Besondere an der „Spezies Camper": Egal, ob er morgens aus dem kleinen Igluzelt krabbelt oder mit der Tasse Kaffee aus dem Vollautomaten vor seinem Luxusliner steht: Auf dem Campingplatz sind alle gleich – Statusdünkeln ist einem Camper völlig fremd! Und so kommen alle schnell miteinander ins Gespräch – sei es über das Wetter, die Ausstattung des Campingplatzes oder der nächste Tagesausflug. Soziale Interkation ohne eine Frage nach der Herkunft – das ist Camping!

Radeln und Campen

Und auch das eint die Camper: Viele haben ihr eigenes Fahrrad dabei: Auf dem Autodach, auf dem Anhänger, auf der Wohnwagendeichsel oder am Radträger am Heck des Wohnmobils.

Wer das eigene Rad nicht mitbringen mag, hat auf sehr vielen Campingplätzen oder zumindest in der näheren Umgebung die Möglichkeit, sich eines zu leihen. Alte Drahtesel wird man hier vergeblich suchen: Die Mieträder sind stehts gut in Schuss und oftmals haben wir sogar die freie Auswahl: Trekking- oder Citybike, Mountainbike, Rennrad, E-Bike – für jeden Geschmack sollte sich da etwas finden lassen.

Damit die Symbiose aus Radeln und Campen perfekt gelingt, haben wir in diesem Buch ausschließlich Touren gewählt, die direkt an mindestens einem Campingplatz oder Wohnmobilstellplatz starten und an denen noch weitere Campingplätze liegen. Die meisten der Touren enden als Rundtour auch genau wieder dort, wo wir losgeradelt sind. Ab und an empfehlen wir Streckentouren, an deren Ende wir aber einfach in die Bahn steigen und uns zurück zum Camp bzw. zum Nachbarort zurückbringen lassen können.

Und noch etwas spricht für die Kombination aus Radeln und Campen: Die Camper wissen schon, wo es schön ist in dieser Republik. Aus dem Grunde ist es auch kein Zufall, dass unsere Radtouren in aller Regel in wunderschönen und touristisch bestens erschlossenen Regionen verlaufen.

Die Auswahl der Camps und der Touren

„Die schönsten Campertouren" möchten wir Ihnen hier vorstellen. Doch wonach sollten diese ausgewählt werden?

Wir haben uns entschlossen, natürlich zum einen jedes Bundesland zu berücksichtigen. Ein weiteres wichtiges Kriterium war die Qualität der Anlagen: Hier haben wir uns umgesehen, welche Campingplätze und Wohnmobilstellplätze von den Gästen besonders gut bewertet werden. Schnell war so eine

...jedoch ist es an den deutschen Küsten nicht minder schön...

lange Liste von Camps zusammengekommen, die in diesem Buch einfach „gesetzt" war. Freizeitzentren wie Damp, Wulfener Hals, Alfsee, Kühlungsborn, Kamerun-Lodge, Südseecamp, Oberrhein, Gohren, Waging am See, Hopfensee oder Tennsee: Diese und viele mehr sind klangvolle Namen, die in Camperkreisen bestens bekannt sind und die jeder einfach mal genossen haben sollte. Hinzu kommen erstklassige Wohnmobilstellplätze wie in Xanten, Bad Arolsen oder Rothenburg o.d.T., die in der Fachpresse immer wieder Topergebnisse erzielen.

Beim Blick auf die einschlägige Fachliteratur wird schnell deutlich, dass es schon dabei deutliche Unterschiede gibt: In den „klassischen" Urlaubsregionen wie Schleswig-Holstein, Niedersachsen, Mecklenburg-Vorpommern, Baden-Württemberg und Bayern gibt es eine Vielzahl exzellenter Campingplätze. Doch auch in Nordrhein-Westfalen gibt es eine Fülle an Anlagen. Das liegt zum einen daran, dass es das einwohnerstärkste Bundesland ist, zum anderen aber auch daran, dass immer mehr Urlauber die Schönheit dieser Region zu schätzen wissen.

Bei genauem Hinsehen stellen wir aber fest, dass es in jedem Bundesland absolute Hot-Spots für Touristen gibt. Und an denen gibt es dann freilich auch eine entsprechende Infrastruktur, die nicht nur Hotels und Ferienwohnungen, sondern auch Camping- und Wohnmobilstellplätze umfasst. Nicht zuletzt haben die Städte und Gemeinden auch erkannt, dass Camper eine durchaus solvente Kundschaft darstellen: Sie genießen die Sehenswürdigkeiten genauso wie die kulinarischen Genüsse und bescheren den Betrieben vor Ort lukrative Einnahmen.

Im Norden sind es natürlich in erster Linie die Küsten, die uns magisch anziehen. So werden wir bei Brunsbüttel die Nordsee- und von

…und auch die deutschen Seen haben ihren speziellen Charme

Damp aus die Ostseeküste von Schleswig-Holstein erkunden. Weiter der Küstenlinie folgend erkunden wir die berühmten Inseln Fehmarn, Rügen und Usedom. Mecklenburgische Seenplatte, Brandenburgische Seen, Sächsisches Seenland – hier machen die Camper immer wieder gerne Urlaub. Das gilt auch für den Süden: Die Mosel, der Oberrhein, das Fränkische Seenland, der Bodensee und natürlich die Bayerischen Alpen werden von Urlaubern aus aller Welt gerne besucht.

In diesem Buch möchten wir auch die vielen Städte-Reisenden nicht vergessen: Unsere Touren führen uns in Metropolen wie Hamburg, Berlin, Köln, Düsseldorf, Münster, Erfurt oder Dresden.

Doch auch die etwas weniger bekannten Regionen möchten wir Ihnen schmackhaft machen. Dazu gehören vielleicht das Leipziger Seenland, der Harz, das Sauerland, die Ahr, das Saarland, die Pfalz oder der Neckar.

Wir haben in den entsprechenden Regionen einen Campingplatz bzw. einen Wohnmobilstellplatz ausgewählt. Die Auswahl ist dabei ausdrücklich keine Qualitäts- sondern eine willkürliche Auswahl. In der Regel gibt es in der näheren und weiteren Umgebung entlang der Tour zahlreiche andere Möglichkeiten, mit seiner mobilen Unterkunft einen Platz zu finden. Auf eine ausführliche Auflistung aller Camps verzichten wir ganz bewusst, denn zum einen würde das den Umfang des Buches sprengen, zum anderen gibt es in unserer schnelllebigen Zeit immer wieder Camps die neu öffnen oder schließen. Ein Blick ins Internet oder ein Anruf bei den regionalen Touristeninformationen bringen hier Klarheit.

Zum Abschluss noch ein ganz wichtiger Hinweis: Klar, wir haben unser eigenes Bett dabei. Dennoch ist es auf vielen Camps unerlässlich, rechtzeitig einen Stellplatz zu reservieren. Das gilt sowohl für die Camping- als auch für die Wohnmobilstellplätze. Und das gilt für das ganze Jahr, denn in den Schulferien sind die Anlagen ohnehin sehr voll. Außerhalb dieser Zeiten kommen aber dann gerne die „nicht mehr schulpflichtigen Camper". Auch zu bestimmten Anlässen wie Weinlesen, Stadtfesten, Festivals etc. wird es sehr schnell voll auf den Anlagen.

Dieses Buch

Dieses Buch soll Ihnen „Appetit" machen auf die Kombination von Campen und Radfahren. Wir haben versucht, die schönsten Radwege Deutschlands rund um besondere Camping- und Wohnmobilstellplätzen ausfindig zu machen und sie anhand einer Kurzbeschreibung darzustellen. Dabei wurde versucht, einen Spagat gleich in mehrere Richtungen hinzubekommen: Klar, besonders schön sollten sie in jedem Falle sein – wenn das Buch schon diesen Titel trägt! Familienfreundlichkeit stand ebenfalls an oberer Stelle der Auswahlkriterien. Zudem sollte aber auch eine einigermaßen gleichmäßige Verteilung der vorgestellten Touren in Deutschland erfolgen.

Ihnen hat die Beschreibung Appetit auf mehr gemacht? Sehr schön – der BVA BikeMedia Verlag hält zu allen in diesem Buch beschriebenen Touren umfangreiches Material bereit. Mit ADFC-Regionalkarten, mit BVA - Radwanderkarten und Spiralo-Karten, in denen ausführliche touristische Informationen enthalten sind, dürfte die Streckenfindung kein Problem sein.

Zusätzlich haben Sie die Möglichkeit, die in diesem Buch als Kartentipp ausgewiesenen ADFC-Regionalkarten auch als App für Ihr Smartphone oder Tablet zu erwerben – inklusive GPS-Positionsanzeige und der Möglichkeit, GPX-Tracks zu importieren und aufzuzeichnen. Zu finden ist dies unter **http://www.fahrrad-buecher-karten.de/rk-digital**.

Weiteres Überblickswissen zu unserem Pedal-Hobby liefern die Sammelwerke „Die 75 schönsten Urlaubstouren Deutschlands", „Die 44 schönsten Wochenendtouren Deutschlands"; „Die 55 schönsten E-Bike-Touren Deutschlands", „Die 50 schönsten Radfernwege Deutschlands" und „Die 33 schönsten Flussradwege Deutschlands", „Die 111 schönsten Radtouren Deutschlands", oder „Die 50 schönsten Bahntrassen-Radwege Deutschlands".

Für eine schnelle Orientierung und Einstufung dienen die Infokästen zu Beginn jeder Beschreibung – wir haben sie „CampertourenInfo" getauft. Hier finden Sie die wesentlichen Eckpunkte zu jeder Tour, wie z.B. Distanz, Wegbeschaffenheit, Hinweise auf Steigungen, Beschilderungen sowie Start- und Zielpunkt.

Auf den meisten Strecken gibt es nur wenige Probleme, den rechten Weg zu finden. Wenn es komplizierter wurde, haben wir die Beschreibungen etwas genauer gestaltet. Auf eine allzu detaillierte Streckenbeschreibung wurde aus Platzgründen aber verzichtet. Bei den meisten Radwegen ist zudem die Beschilderung so perfekt, dass man sich kaum verfransen kann. Eine gute Radkarte im Maßstab 1:75.000 (z.B. die ADFC-Regionalkarte des BVA) gehört aber immer ins Reisegepäck.

Ein Hinweis ist besonders wichtig: Bitte betrachten Sie diese Distanz-Angaben als grobe Orientierung für Ihre Tour! Ein paar „Schlenker" zu Sehenswürdigkeiten, ein Abstecher in Innenstädte, einmal „verfahren" oder andere Kleinigkeiten führen schnell zu einer Abweichung der eigenen gefahrenen Kilometer.

Zu Gunsten der Übersicht ist jede Tour auf zwei Seiten reduziert. Die abgebildete Karte wird Ihnen im Zusammenspiel mit der in kursiv gedruckten Streckenbeschreibung helfen, sich vor Ort zurecht zu finden.

Ausführlicher werden die Sehenswürdigkeiten beschrieben – denn wir radeln ja nicht (nur) des Radelns wegen, sondern um die Gegend kennen zu lernen. Die Tipps weisen den Weg zu ausgefalleneren Attraktionen, die wir eventuell verpassen würden, weil sie etwas abseits liegen, nicht beschildert oder einfach wenig bekannt sind.

Der Spaß am Radfahren

„Mit dem Auto erlebt man Land und Leute wie im Kino, auf dem Rad ist man mittendrin und erfährt unzählige schöne Augenblicke und kleine Abenteuer" – diese Schwärmerei eines erfahrenen Reiseradlers trifft es auf den Punkt: Radfahren ist DIE Möglichkeit, unabhängig und frei von Ort zu Ort zu fahren und an den herrlichsten Stellen zu rasten. Wir lassen den hektischen Alltag, das Verkehrschaos der Städte hinter uns und genießen die Individualität der Freizeit. Selbst die vermeintlichen Nachteile des Radfahrens bzw. eines Radurlaubes erweisen sich, wenn wir ehrlich darüber nachdenken, als Vorteile: Die Möglichkeit, bei einem Regenschauer pudelnass zu werden oder bei Hitze den Schweiß über den Körper rinnen zu fühlen, lässt uns das Wetter viel intensiver wahrnehmen als beim Blick aus dem Fenster.

Mit Kindern radeln

Die meisten der beschriebenen Radwege sind wie geschaffen für Familien mit Kindern. Im Infoblock wird darauf hingewiesen, wenn viele Steigungen oder Straßen dagegen sprechen würden. Meist rollen wir auf breit ausgebauten Radwegen mit besten Fahrbahnuntergründen und nahezu keinem Straßenverkehr. Wenn der Nachwuchs selbst radelt, ist zu beachten, dass kleinere Kinder nicht auf Straßen, sondern auf dem Bürgersteig fahren müssen.

Zwar sind die Touren mühelos auch mit kleineren Kindern zu bewältigen, doch verlangt der Nachwuchs auch nach anderen Beschäftigungsmöglichkeiten. Dies gilt vor allem dann, wenn Kleinkinder in entsprechenden Sitzen oder in einem Anhänger transportiert werden. Vergessen Sie niemals, die Kinder auf diesen Mitfahrgelegenheiten entsprechend zu sichern – der Helm dürfte ebenso selbstverständlich sein wie die Gurte. Vor allem in den Mitfahrgelegenheiten können sich die Kleinen nicht ausreichend bewegen, was bei niedrigen Temperaturen auch zu Unterkühlung führen kann – häufigere Pausen sind also angesagt!

In vielen Orten liegen immer wieder gut ausgestattete Spielplätze direkt am Wegesrand. Pausen werden ohnehin eingelegt, warum also nicht gleich hier? Aber es gibt noch viel mehr zu entdecken: Interessante alte Orte, die Spuren unserer Vorfahren, historische Technik und regionale Lebensarten in Museen, Tiere in Parks und Zoos und natürlich Badespass in den Frei- und Hallenbädern der Region. Auf viele dieser Aktivitäten wird im Buch hingewiesen.

Beachten Sie auch, dass die Räder deutlich kleiner, oftmals auch einfacher ausgestattet sind. Weshalb diese Binsenweisheit? Nun, nicht selten werden Familien gesichtet, bei denen die

Eltern mit 26´´-Mountainbikes oder 28´´-Tourenrädern und einer 21-Gang-Schaltung vorweg brausen und die Kinder auf ihren kleinen Rädern mit Dreigang-Schaltung hinterher hecheln. Hier ist der Ärger vorprogrammiert. Und genau den wollen wir ja mit diesem Familienausflug vermeiden! Sie werden sehen: Wenn wir auf die Kinder eingehen, werden diese schnell Spaß an der sportlichen Betätigung mit Mama und Papa an der frischen Luft finden.

Die beste Reisezeit

Unsere Radwege können ganzjährig gefahren werden, wobei der Winter eher selten die Wahl sein dürfte. In einigen Mittelgebirgs- oder Voralpenregionen könnte es zudem auch Probleme mit der Witterung geben.

Ab Beginn des Frühlings kommt man vielfach bereits in den Genuss unseres milden Klimas – in den höher gelegenen Regionen und am stürmischen Meer kann es allerdings noch „frisch" werden. Dennoch ist der Frühling eine der optimalen Reisezeiten, vor allem wegen der nachstehenden Umstände: Im Sommer gibt es Wettergarantie. Es kann mitunter recht heiß werden, vor allem, wenn wir durch enge Täler radeln. Ein Nachteil der Sommer-Radeltour ist sicherlich, dass wir nun wahrlich nicht alleine unterwegs sind. Es macht nur noch wenig Vergnügen, wenn wir ständig Acht geben müssen, uns nicht aus den Augen zu verlieren und mit keinem zu kollidieren. Der entspannte Plausch entfällt dann auch, denn nebeneinander radeln können Sie zur „Rushhour" getrost vergessen. Und gerade das ist ein unbestrittener Vorteil der Bahntrassen-Radwege. Daher der Tipp: Im Sommer auf die Wochentage ausweichen und an den Wochenenden auf die touristisch weniger überlaufenen Wege ausweichen – in diesem Buch werden Sie dafür reichlich „Stoff" finden.

Der Herbst ist als Radelzeit beliebt und empfehlenswert zugleich. Die Wege sind lange nicht mehr so überladen, die Temperaturen sind im „goldenen Herbst" zumeist ideal. In vielen Orten finden – wie schon im Mai / Juni – nach Ausklang der Sommerferien Feste statt, was unsere Touren noch kurzweiliger ausfallen lässt. Besonders beliebt sind Stadtfeste, Märkte, Schützenfeste, Kirchweihfeste und in den Weinregionen natürlich die unzähligen Weinfeste.

Doch Vorsicht: Auch auf dem Rad wird die Fahrtüchtigkeit durch den Genuss von Alkohol erheblich eingeschränkt. Nicht verschwiegen werden darf, dass im Herbst auch die Zeit der organisierten Reisen gekommen ist. So ist es z.B. nicht gerade einem entspannten Stadtbesuch zuträglich, wenn gerade mehrere Reisebusse ihre Ladung über den Ort ergossen haben.

Der Rat zum Rad

Die beschriebenen Touren stellen keine besonderen Ansprüche an Mensch und Material. Für längere Strecken, mit Gepäck oder bei gelegentlichen Steigungen ist es allerdings angenehm, ein paar mehr Gänge zur Verfügung zu haben. Wichtiger noch als die Anzahl der Gänge ist die Robustheit des Rades – was nützen die Gänge, wenn alle paar Kilometer Reparaturen vorgenommen werden müssen?

In den meisten größeren Städten, die wir tangieren, gibt es zwar Rad-Werkstätten, doch eine Panne tritt „bestimmt" während deren Mittagspause, nach Geschäftsschluss oder am Wochenende auf. Dass sich das Fahrrad in verkehrssicherem Zustand befindet, sollte Voraussetzung für jede Radeltour sein. Dazu gehören z.B. intakte Bremsen und Reifen, geschmierte Kette, Beleuchtung, Reflektoren, Schutzbleche, etc.

Vor dem Fahrtantritt sollten Sie Ihr Fahrrad kurz durchchecken – es kostet Sie vor der Fahrt gerade einmal 5 Minuten, eine Panne kann den ganzen Tag kaputt machen. Hier die einfachen Handgriffe:

- Vorder- und Hinterrad abwechselnd vom Boden heben und daran rütteln bzw. seitlich wackeln, um festen Sitz und Lagerspiel zu testen
- Am Sattel drehen und ziehen – er muss absolut fest sitzen

- Kontrollieren, ob die Schnellverschlüsse der Bremsen geschlossen sind, ferner, ob die Bremshebel sich nicht bis zum Lenker ziehen lassen und selbständig zurückgehen
- Die Bremsbeläge auf Verschleiß prüfen
- Vorderbremse ziehen und das Rad nach vorne schieben, um das Steuerlager auf Spiel zu testen
- Durchtesten aller Gänge im Reparaturständer
- Luftdruck in den Reifen prüfen

Wenn es bei aller Vorbereitung doch zur Panne kommt, muss folgendes Bordwerkzeug mitgeführt werden:

Faltdecke (»Mantel«)	☐
Schläuche	☐
Pumpe	☐
Inbusschlüsselsatz	☐
Nippeldreher	☐
Ventilverlängerung	☐
Öl	☐
Deckenheber	☐
Flicken	☐
Gummilösung	☐
Flickzeug	☐

Noch ein Tipp zu diesem Thema: lassen Sie sich doch einfach von der Werkstatt Ihres Vertrauens mit den wichtigsten Handgriffen vertraut machen.

Und ein ganz wichtiger Hinweis noch: Hoffen wir, dass Sie es niemals brauchen, aber ein kleines Erste-Hilfe-Täschchen gehört IMMER ins Gepäck, auch bei jedem noch so kleinen Ausflug.

Bekleidung

Ein Blick in die Textilecke des Fahrradladens reicht aus, um zu erkennen: Das Angebot der Fahrradbekleidung ist unüberschaubar! Seit einigen Jahren bieten auch Discount-Märkte rechtzeitig zur Saison entsprechende Artikel an. Was Sie wählen, hängt nicht zuletzt auch von Geschmack und Geldbeutel ab, doch unbedingt zu empfehlen ist folgende Ausstattung:

- Helm (absolut unverzichtbar!)
- Radhose in kurzer und langer Version
- Radtrikot in kurzer und langer Version
- Handschuhe
- Radbrille (gegen UV-Strahlung und Insekten)
- Leichte, faltbare Regenjacke / -hose

Darüber hinaus gibt es weitere sinnvolle Accessoires, wie z.B. Funktionsunterwäsche, Radschuhe (mit Klickplättchen gegen das Abrutschen von den Pedalen), Windweste, Armlinge und Beinlinge.

Das braucht der Mensch: Essen und Trinken

Viele der im Buch vorgestellten Regionen stellen alles andere als touristisches Entwicklungsland dar. Vielmehr lebt häufig ein Großteil der Bevölkerung vom Geld der Besucher. Die Verpflegung ist aber auch in den eher ländlichen Gebieten kein Problem – in jedem größeren Ort gibt es Einkehr- und Einkaufsmöglichkeiten. Das Angebot reicht von Hausmannskost in rustikalem Ambiente bis zum Nobelrestaurant.

Nicht versäumen sollten Sie den Besuch der für die Region typischen Gaststätten, um die kulinarischen Genüsse der Gegend kennen zu lernen – nicht selten speist man hier sogar noch günstiger.

GPS

Immer mehr Freizeitradler nutzen die Vorteile der elektronischen Medien. Internet und GPS-Geräte gehören bei vielen schon zum Standard, wenn es darum geht, eine Fahrradtour vorzubereiten. So können die Touren präzise am PC bzw. am Notebook geplant und jeder Weg gefunden werden. Je exakter die Klicks im Internet, umso genauer das Ergebnis für die Länge der Tour und das passende Höhenprofil. Böse Überraschungen können so deutlich minimiert werden – und das alles, ohne jemals vorher da gewesen zu sein.

Zeichenerklärung

Radrouten

- Radroute
- benachbarte Route
- Fähre für Radfahrer

Straßen

- Autobahn
- Fernstraße
- Hauptstraße
- Nebenstraße
- Sonstige Straße

Bahnen

- Bahnlinie mit Bahnhof

Gewässer

- See
- Strom
- Fluss

Sonstige Objekte

- Campingplatz (in Auswahl)
- Wohnmobilstellplatz (Auswahl)
- Sehenswürdigkeit
- Flughafen, Flugplatz

Flächen

- Bebauung
- Industriegebiet
- Wald
- Park
- Freifläche
- Weinberg
- Sperrgebiet

Grenzen

- Staatsgrenze

In den Tourenkarten stecken viele nützliche Radler-Infos, die als Signaturen dargestellt werden. Bitte benutzen Sie diese Legende, um die Signaturen zu »entschlüsseln«.

Auch für dieses Buch möchten wir Ihnen als zusätzliche Hilfestellung die Nutzung auf ihrem GPS-Gerät anbieten: Für jede der im Buch aufgeführten Touren finden Sie auf unserer Internetseite entsprechende Track-Daten für Ihr Mobilgerät. Mit Hilfe des Zugangscodes **CAMP-01-944-430-RF** stehen Ihnen die Daten auf der Seite **www.fahrrad-buecher-karten.de/gps-tracks** kostenlos zum Download zur Verfügung.

Helfen Sie mit!

Die in diesem Buch enthaltenen Informationen wurden sorgfältig nach bestem Wissen und Gewissen zusammengetragen. Dennoch gibt es in unserer schnelllebigen Zeit ständig Veränderungen: Straßennamen und Wegführungen werden verändert, ebenso Anschriften und Öffnungszeiten. Helfen Sie uns mit, dieses Buch ständig aktuell zu halten, in dem Sie uns etwaige Änderungen unter karten@bva-bikemedia.de mitteilen. Unser Dank ist Ihnen so gewiss wie der Dank der anderen Leser!

Zum Abschluss bleibt nur noch eines:
VIEL SPASS BEIM RADELN!

1 Die Schlei – gar nicht so schleierhaft!

Von **Damp** zur Mündung der Schlei

CamperTouren Info

25 km, überwiegend auf separaten Radwegen, Radwegen neben der Straße sowie auf Nebenstraßen. Keine größeren Steigungen, regionale Wegweisung.

Start / Ziel: Damp Ostseecamping, www.damp-ostseecamping.de

Auswahl weiterer Camps an der Strecke: Wohnmobilpark Damp, Campingplatz Schleimünde

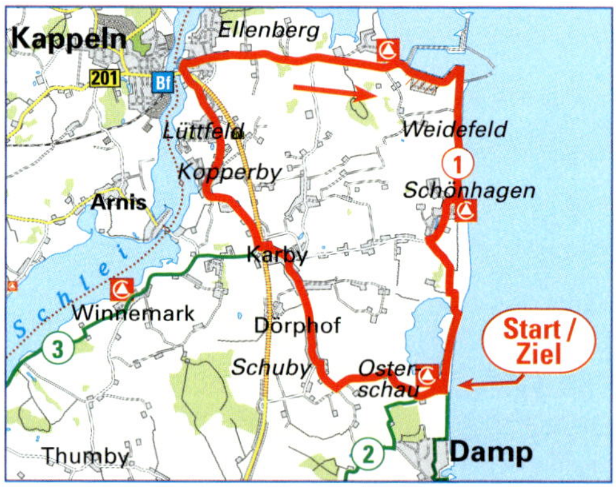

Obwohl die Grenze nach Dänemark noch weit entfernt ist, bekommen wir auf unserer Tour schon einen guten Eindruck davon, wie sich in diesem Landstrich die Kulturen vermischen. Das wird nicht nur an den Ortsnamen, sondern auch an den freundlichen Menschen hier sehr deutlich.

Schon die Lage des **Damp Ostseecamp** ist einmalig: Auf der einen Seite der Schwansener See, auf der anderen Seite die Ostsee mit einem kilometerlangen Sandstrand. Direkt nebenan liegt die Ferienhochburg Damp mit wirklich allem, was das Urlauberherz begehrt: Einkaufs- und Einkehrmöglichkeiten, Abenteuerschwimmbad, Saunaparadies und wer sein Boot dabei hat, findet hier die passende Marina dazu.

Los geht´s an der Ausfahrt des Camps, die wir nach rechts verlassen. Osterschau, Schubymühle, Schuby, Dörphof, Karby und Kopperby durchradeln wir, ehe wir das Ufer der Schlei erreichen.

„Schubü" – so wird der Name der ersten größeren Gemeinde ausgesprochen, die wir erreichen. Auf Dänisch heißt der Ort Skovby. Hier, wie auch in den umliegenden Dörfern, die wir durchradeln, kann man tiefenentspannten **Urlaub** verbringen. Schöne Ferienwohnungen und -häuser teils auf Bauerhöfen laden dazu ein.

Tipp: Seit 2009 gibt es alle zwei Jahre auf dem Sportplatz das **Schuby Open Air**. Bei dem Festival reicht das Musikangebot von Märschen über Schlager und Pop bis hin zu Metal. Da dürfte für jeden Geschmack etwas dabei sein.

In Karby gibt es einige historische Gebäude zu sehen, unter ihnen die **Alte Post**, das Kniestockhaus Petersen, die Villa Bechler und natürlich die **Karbyer Kirche**.

Weiter geht´s von Kopperby durch Lüttfeld nach Ellenberg, wo wir die Schlei wieder verlassen. Durch das flache Hinterland gelangen wir zum Hafen an der Schleimündung. Nun bleiben wir direkt am Wasser, radeln am Weidefelder Strand entlang und gelangen nach Schönhagen. Die Ostsee stets im Blick ist es nun nicht mehr weit zurück zum Camp.

Ein schmucker Leuchtturm bewacht die Mündung der Schlei

Die Schlei wird gerne als Fjord bezeichnet, wobei sich die Wissenschaftler nicht einig sind, ob es nicht doch eine eiszeitliche Rinne ist. Kann uns egal sein, denn die Landschaft rund um die Schlei ist heute ein herrliches Segelrevier, was uns schöne Fotomotive beschert.

Im Übrigen wird sie hier oben Slie oder Schlie ausgesprochen – also nicht wundern!

Von unserem Radweg aus sehen wir die unbewohnte Lotseninsel Schleimünde, wo es einen Nothafen gibt. Spannender sind da schon der putzige grün-weiße Leuchtturm und die Kneipe Giftbude. Das klingt irreführend, denn „Gift" bedeutet hier „geben" und „Bude" kleines Haus. Bis zu 30 Gäste finden auf den beiden Terrassen Platz, wobei die Stühle im Windschatten immer sehr begehrt sind.

Schönhagen macht seinem Namen alle Ehre – besonders am einladenden Strand. Hier gibt es für schwindelfreie das Geotop Kliff Schönhagen, das steil zum Meer herabfällt. Weiter im Landesinneren steht ein stolzer Bau: das Schloss Schönhagen. Es ging aus einem Rittergut hervor.

Kartentipp:

ADFC-Regionalkarte Schleswig/Flensburg, 1:75.000,
ISBN 978-3-87073-843-3, € 8,95
Digital für Smartphones und Tablets:
www.fahrrad-buecher-karten.de/rk-digital

2 Sprotten-Probe

Von **Damp** nach Eckernförde

CamperTouren Info

47 km, überwiegend auf separaten Radwegen, Radwegen neben der Straße sowie auf Nebenstraßen, keine größeren Steigungen, regionale Wegweisung.

Start / Ziel: Damp Ostseecamping, www.damp-ostseecamping.de

Auswahl weiterer Camps an der Strecke: Wohnmobilpark Damp, Ostsee-Freizeitpark Booknis, Ostsee-Campingplatz Familie Heide, Ostsee-Camping Gut Ludwigsburg, Ostsee-Camping Gut Karlsminde, Campingplatz Hemmelmark, Wohnmobilstellplatz am Noor

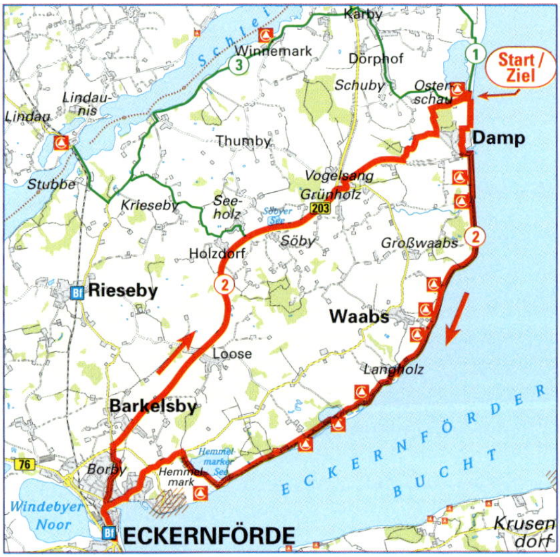

Die vielen Urlauber können nicht irren: An dem Küstenabschnitt, den wir dieses Mal unter den Pneus haben, ist es wunderschön. Strahlend weiße Strände wechseln sich ab mit Steilküsten und am Ende der Förde begrüßt uns das historische Eckernförde.

Schon die Anzahl der **Campingplätze** entlang der Strecke verrät: Wir sind in einer der schönsten **Urlaubsregionen** Deutschlands unterwegs. Es ist aber auch einfach schön: Die meist ruhige Ostsee lockt mit klarem Wasser, der **Strand** ist herrlich weich und immer weht uns ein frischer Wind um die Nase. Bei den Camps haben wir die Qual der Wahl, denn alle sind bestens ausgestattet und idyllisch gelegen.

Los geht´s an der Ausfahrt des Camps, die wir geradeaus (Richtung Süden) am Strand entlang verlassen. Nachdem wir die touristischen Einrichtungen und die Marina von Damp umradelt haben, rollen wir immer an Strand bzw. Steilküste entlang. Wir kommen an verschiedenen Campingplätzen und Feriensiedlungen vorbei, tangieren Waabs und Langholz, ehe wir von der See weggeleitet werden. Es geht vorbei am Hemmelmarker See und links hinein nach Eckernförde.

Der erste Teil unserer Tour ist einfach herrlich: Auf unserem Weg nach Eckernförde radeln wir stets am weiten **Strand** bzw. an der **Steilküste** entlang, was tolle Ausblicke und immer wieder die Möglichkeit zur Abkühlung bietet.

Im Bereich des Übungsfeldes Ludwigsburg kommen wir am Mausoleum der Familie von Ahlefeld vorbei. Das Uradelsgeschlecht besaß hier einst große Ländereien und natürlich ein eigenes Familienwappen. Ein kleiner Abstecher lohnt sich, denn er führt zu **Gut Ludwigsburg**, das aus einer mittelalterlichen Wasserburg hervor ging. Das barocke Herrenhaus erhebt sich noch heute voller Würde aus dem Wassergraben.

Prinz Heinrich von Preußen ließ sich in Hemmelmark mit einem Mausoleum verewigen

Bevor wir von der Küste weg radeln, können wir noch einen grandiosen Blick auf die Förde genießen. Auf dem weiteren Weg liegen der 82 ha große **Hemmelmarker See** und **Gut Hemmelmark**. Das bis 1904 immer wieder umgestaltete Herrenhaus wechselte mehrfach den Besitzer, was der Schönheit keinen Abbruch tat.

Eckernförde ist ohne Frage die Perle der Region, denn die mehr als 700jährige Geschichte sieht man der Stadt an: Entlang der teils engen Gassen ziehen sich wunderbar erhaltene kleine **Fischerhäuser**. Mitten in der **Altstadt** finden wir den Rathausmarkt, die Sankt-Nikolai-Kirche, die Alte Post, das Kontohaus und das Alte Rathaus. Am quirligen **Hafen** gibt es die Möglichkeit, Kieler **Sprotten** zu probieren. Diese kommen in der Tat aus Eckernförde und bekamen den Namen nur, weil in Kiel der Frachtstempel des Bahnhofs aufgebracht wurde.

Tipp: Wer die leicht gewellte Strecke, die zudem teils auf kleinen Nebenstraßen verläuft, umgehen möchte, radelt einfach wieder dieselbe Strecke zurück, auf der wir herkamen. Dabei ist auch wieder der **Sprung ins kühle Nass** der Ostsee an vielen Stellen möglich.

Weiter geht´s von Eckernförde durch den Vorort Borby, vorbei an Barkelsby, Loose, Söby und Vogelsang-Grünholz zurück nach Damp, wo unserer Tour am Camp endet.

Vorbei am fast kreisrunden **Söbyer See** kommen wir nach Vogelsang-Grünholz. Hier zeugt der ehemalige Bahnhof davon, dass hier von 1889 bis 1958 eine Schmalspurbahn betrieben wurde, die Kappeln mit Eckernförder verband.

Kartentipp:
ADFC-Regionalkarte Schleswig/Flensburg, 1:75.000,
ISBN 978-3-87073-843-3, € 8,95
Digital für Smartphones und Tablets:
www.fahrrad-buecher-karten.de/rk-digital

3 Abwechslungsreiches Schleswig

Von **Damp** nach Sieseby

CamperTouren Info

41 km, überwiegend auf separaten Radwegen, Radwegen neben der Straße sowie auf Nebenstraßen, keine größeren Steigungen, regionale Wegweisung..

Start / Ziel: Damp Ostseecamping, www.damp-ostseecamping.de

Auswahl weiterer Camps an der Strecke: Wohnmobilpark Damp, Campingplatz Lindaunis

Bei dieser Tour möchten wir uns etwas ausführlicher der Schlei widmen, an der wir für längere Zeit entlang radeln. Auf dem Weg liegen viele reizvolle kleine Orte. Dabei dürfte Sieseby, das „weiße Juwel der Schlei“, sicherlich für einen längeren Aufenthalt sorgen.

Rund 108 ha Wasserfläche bedeckt der **Schwansener See**, an den unser Camp direkt angrenzt. Das Naturschutzgebiet ist weitaus größer, denn es umfasst auch die Landschaft um den See, wozu auch Salzwiesen gehören.

Los geht´s an der Ausfahrt des Camps, die wir nach rechts verlassen. Osterschau, Schubymühle, Schuby, Dörphof, und Karby durchradeln wir, ehe wir vor Winnemark das Ufer der Schlei erreichen. Immer in Ufernähe rollen wir durch Sieseby, Guckelsby und Krieseby. Wer mag, radelt noch via Stubbe zur Lindaunisbrücke.

Im Jahre 1968 wurde der Entschluss gefasst, ein großes Ferienzentrum an der Ostsee zu errichten. Noch während des Baus wurde das Projekt um einen klinischen Teil erweitert, der bis heute existiert. Zukunftsweisend, wie es sein sollte, nannte man es Damp 2000. Als der Jahrtausendwechsel näher rückte, wurde der Name auf Damp reduziert. Seit 2011 heißt die Anlage „**Ostsee Resort Damp**“. Hier gibt es alles, was das Urlauberherz begehrt: Hotelzimmer in schwindelerregenden Höhen mit Fernblick, Ferienwohnungen und -häuser, verschiedene Restaurants und Shops, ein **Erlebnisbad**, Spielplätze, ein **Meerwasserschwimmbad**, einen **Yachthafen** mit 365 Liegeplätzen und vieles mehr.

Bei Winnemark liegt das Herrenhaus Carlsburg, das einst im Besitz der Herzöge war. Heute gibt es hier Wohnungen, Büros und ein Café.

Sieseby gilt zurecht als einer der schönsten Orte an der Schlei: Wundervolle strahlend weiß getünchte Katen mit Reetdach, teils mit Fachwerk, stehen teils direkt am Schilf bewachsenen Ufer. „**Weißes Juwel an der Schlei**“ – kann man so sagen! Im 19. Jh. legte die herzogliche Familie Schleswig-Sonderbug-Glücksburg eine größere Summe auf den Tisch, um den ganzen Ort vom Besitzer Gustav Adolf Schäffer zu kaufen. Aus dieser Zeit stam-

Gut Damp ist ein Kontrast zur Ferienanlage

men auch noch die schmiedeeisernen Schriftzüge „GAS". Mitten im Ort können wir einkehren und regionale Spezialitäten genießen.

Krieseby ist vom Ort her etwas größer und empfängt uns mit dem gleichnamigen Gut, einer kleinen Kirche und der tollen **Mühle Anna**.

Die **Lindaunisbrücke** ist unbedingt sehenswert, denn mit dieser Klappbrücke überqueren die Autos und die Eisenbahn die Schlei an deren engsten Stelle. Die Konstruktion aus Stahlfachwerk ist eine Meisterleistung der Ingenieurskunst.

Tipp: Wer mag, passiert die Lindaunisbrücke und schaut sich das Schlei-Ufer einmal aus anderer Perspektive an. Auf der anderen Seite liegen der gleichnamige Ort und der Ort Lindau mit einer imposanten **Galerie-Holländerwindmühle**.

Weiter geht´s von Stubbe wieder zurück nach Rieseby und dann weiter via Seeholz, Söby, und Vogelsang-Grünholz zurück nach Damp, wo unsere Tour wieder am Camp endet.

Die Mühle von Rieseby wurde auf „Anna" getauft

Auf unserem Weg zurück zur Küste kommen wir am **Gut Damp** vorbei. Das Herrenhaus mit seinen vier Ecktürmen wurde seit der Fertigstellung 1597 immer wieder verändert. Eingefasst ist es in einen üppigen Landschaftsgarten.

Kartentipp:
ADFC-Regionalkarte Schleswig/Flensburg, 1:75.000,
ISBN 978-3-87073-843-3, € 8,95
Digital für Smartphones und Tablets:
www.fahrrad-buecher-karten.de/rk-digital

4 Fehmarns beeindruckende Steilküste

Vom **Wulfener Hals** nach Puttgarden und an der Küste zurück

CamperTouren Info

39 km, überwiegend auf separaten Radwegen, Radwegen neben der Straße sowie auf Nebenstraßen, keine Steigungen, regionale Wegweisung..

Start / Ziel: Camping Wulfener Hals, www.wulfenerhals.de

Auswahl weiterer Camps an der Strecke: Wohnmobilstelllatz Hintz, Campingplatz Puttgarden, Campingplatz Klausdorferstrand, Campingplatz Ostsee Katharinenhof, Insel-Camp Fehmarn, Camping Südstrand, Europa-Camping

Fehmarn ist seit Jahrzehnten eine der beliebtesten Urlaubsinseln Deutschlands. Bei dieser Tour entdecken wir den östlichen Teil der Insel, der geprägt ist von Stränden und Steilküste. Dazu besuchen wir die Inselhauptstadt Burg und den quirligen Fährhafen von Puttgarden.

Der Name kommt nicht von ungefähr: Der **Campingplatz Wulfener Hals** liegt malerisch in einer Bucht, so dass alle Aktivitäten, die mit dem Element Wasser zu tun haben, angeboten werden: Vom Bad in der Ostsee über Surfen, Kiten, Segeln und Tauchen ist alles möglich. Wenn das Meer zu kalt ist, springen wir in den Pool oder nutzen das Wellness-Angebot. Äußerst beliebt ist das Restaurant Seeblick – auch hier ist der Name Programm!

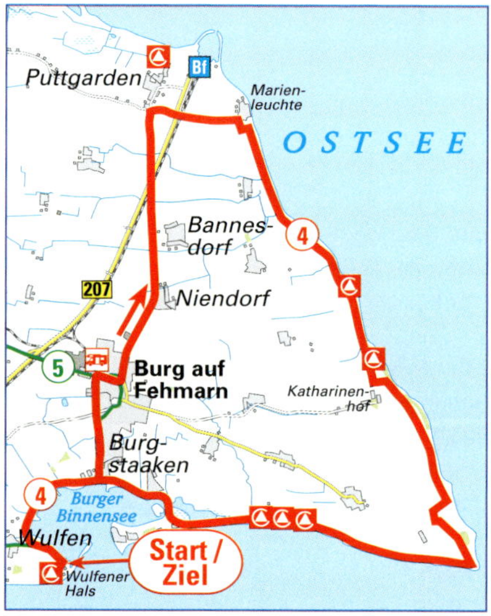

Los geht´s an der Ausfahrt des Camps, die wir geradeaus verlassen. Wir bleiben für etwas mehr als 3 km direkt am Wasser und zweigen dann links ab Richtung Burg, das wir auf schnurgerader Straße erreichen. Vorbei an Niendorf und Bannesdorf, gelangen wir nach Puttgarden.

In Burgstaaken liegt der 1778 erstmals erwähnte **Hafen** von Burg. Malerisch wiegen die kleinen Boote an der Mole, während wir den Blick auf die roten Backsteinhäuser dahinter lenken. Wie ein angeschwemmtes Ungetüm liegt das U11 an Land. Hier können wir uns im **U-Boot-Museum** Fehmarn näher über die Historie der Unterseefahrt informieren.

Burg liegt nicht nur zentral auf der Insel – sie gilt mit ihren 6.000 Einwohnern auch als Hauptstadt Fehmarns. Weit sichtbar ragt der Turm der **Kirche St. Nikolai** empor, während das **Rathaus** von 1901 mit seinen Türmchen fast schon verspielt wirkt. Die gute Stube der Stadt ist die **Breite Straße**, wo sich die Gäste gerne in einem der Cafés und Restaurants niederlassen.

Etwas abseits liegt die **Galileo Wissenswelt**, das nach dem Motto „verstehen durch begreifen" komplexe Zusammenhänge aus Natur und Technik verständlich macht. Hier

Fehmarn Nordstrand

werden gleich drei Museen zusammengefasst, die sich einst im Hafengebäude am Hafen Burgstaaken gründeten.

Auf dem Pflichtprogramm steht der Besuch des **Meereszentrums Fehmarn**: Tropische Korallengärten sind die Grundlage in dem 4 Millionen Liter Meerwasser fassenden Aquarium. Darin fühlen sich auch Haie wohl – was gruselige Momente beim Besuch garantiert.

„Verstehen durch begreifen" in der Gallileo Wissenswelt

Bei Puttgarden ist der 115 m hohe **Fernmeldeturm** unübersehbar. Echtes Fernweh kommt auf, wenn wir noch ein paar Meter weiter radeln und uns das geschäftige Treiben am **Fährhafen** Puttgardens ansehen. Hier verläuft die sogenannte „Vogelfluglinie", die mit riesigen Schiffen nach Skandinavien verkehrt.

Tipp: Puttgarden ist angeschlossen an den **Ostseeküsten-Radweg**, der offiziell International Baltic Sea Cycle Route heißt. Wer Zeit hat, folgt ihm auf seinen 7.980 km einmal rund um die Ostsee.

Weiter geht´s von Puttgarden nach Marienleuchte und dann immer am Wasser entlang – die Ostsee und die Steilküste stets im Blick. So kommen wir vorbei an Katharinenhof zur Südspitze von Fehmarn. Immer weiter an der See radelnd gelangen wir an Burgtiefe vorbei wieder in die Außenbezirke von Burg. Von hier aus bleiben wir am Burger See, dessen Ufer uns zurück zum Camp begleitet.

Auf unserer Tour entlang der beeindruckenden **Steilküste** Fehmarns kommen wir vorbei an zahlreichen weiteren Campingplätzen und anderen Ferienanlagen. Alle sind nicht nur topp ausgestattet, sondern punkten mit einer außergewöhnlichen Lage auf diesem herrlichen Eiland.

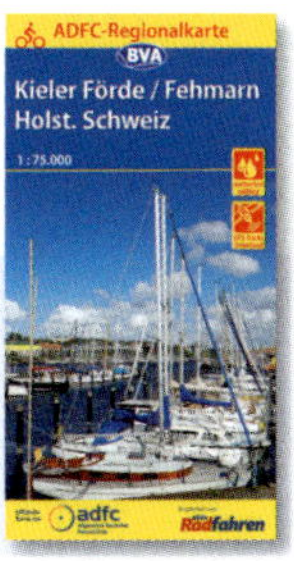

Kartentipp:
ADFC-Regionalkarte Kieler Förde / Fehmarn / Holst. Schweiz, 1:75.000,
ISBN 978-3-87073-840-2, € 8,95
Digital für Smartphones und Tablets:
www.fahrrad-buecher-karten.de/rk-digital

5 Von Vögeln, Hexen und Galgen

Vom **Wulfener Hals** nach Wallnau

CamperTouren Info

42 km, überwiegend auf separaten Radwegen, Radwegen neben der Straße sowie auf Nebenstraßen, keine Steigungen, regionale Wegweisung.

Start / Ziel: Camping Wulfener Hals, www.wulfenerhals.de

Auswahl weiterer Camps an der Strecke: Camping Miramar, Camping Strukkamphuk, Campingplatz Flüggerteich, Camping Flügger Strand, Strandcamping Wallnau

Heute werden wir uns einmal die Westhälfte der Insel unter die Pneus nehmen. Dabei lernen wir viele kleine Ortschaften kennen, die alle ihren eigenen Charme versprühen. Besonders schön wird es im Naturschutzgebiet Wallnau, bevor wir auf dem Rückweg noch einiges über Hexen und Galgen erfahren.

Bis zur Wiedervereinigung galt Fehmarn mit seinen rund 185 qkm als **größte Insel Deutschlands** – dann wurde sie von Rügen und Usedom „überholt". Der Beliebtheit tat dies freilich keinen Abbruch, denn nach wie vor kommen das ganze Jahr über viele Touristen auf die Insel. Die finden beste Campingplätze, Ferienwohnungen und -häuser, unglaublich nette Menschen und bekommen immer etwas Gutes auf die Gabel. Als Radler werden wir feststellen: Berge gibt es hier keine. Dennoch kann das Radeln anstrengend werden, wenn wir gefühlt immer **Gegenwind** haben.

Los geht´s an der Ausfahrt des Camps, die wir geradeaus verlassen, um dann schräg links nach Wulfen zu radeln. So radeln wir durch Avendorf, Strukkamp, Westerbergen, Lemkenhafen und Orth. Hier schwenken wir weg von der See, um später beim Naturschutzgebiet Wallnau wieder zur Ostsee zurück zu kehren.

In der Gemeinde Avendorf wurden mehrere Orte zusammengefasst, die wir auf dieser Tour durchradeln, bei der nächsten Gebietsreform gliederte man Avendorf an die Gemeinde Landkirchen an. Und alles zusammen zählt nun zur Stadt Fehmarn, die die ganze Insel umfasst. Klingt wenig einleuchtend? Politik halt!

Strukkamp gibt es seit dem 14. Jh. Wir durchradeln es auf der Dorfstraße, hinter der die sogenannten „**Platen**" liegen. Dies sind

Wiesen, die übers Jahr hinweg lange unter Wasser stehen.

„Jachen Flünk“, so wird die schöne **Segelwindmühle** von Lemkenhafen genannt. Ihr ehemaliger Besitzer hieß genauso. Gerste und Weizen wurden hier zu Grütze und Graupen gemahlen.

Segler, Kiter und Surfer fühlen sich im Meer vor Lemkenhafen wegen der guten **Winde** besonders wohl.

Bei Orth haben wir eine schöne Sicht auf den Leuchtturm – ein wenig später sehen wir von weitem den **Leuchtturm** von Flügge.

Dann wird es richtig idyllisch, denn nur wir Radler und Wanderer dürfen, wenn wir uns an die Regeln halten und ruhig sind, in das **Naturschutzgebiet Wallnau**. 1977 wurde die Region unter Schutz gestellt, um den Zugvögeln ein Refugium zu bieten. Eine Infotafel erklärt uns mehr dazu.

Jachen Flünk – so nennt sich die imposante Segelwindmühle in Lemkenhafen

Tipp: Wer mag, folgt uns auf einen kleinen Abstecher nach Petersdorf. Seit Mitte des 13. Jhs. steht hier die **gotische Kirche St. Johannis**. Deutlich jünger ist die **Südermühle**. An dieser Stelle ist es schon die fünfte Mühle – alle vier davor brannten nieder.

Weiter geht´s vom Naturschutzgebiet Wallnau ab jetzt landeinwärts: Via Bojendorf, Schlagsdorf, Dänschendorf, Lemkendorf, Altjellingsdorf und Landkirchen kommen wir nach Burg. Hier steuern wir Richtung Burgstaaken, wo wir auf den Burger See treffen. Wenn wir diesen gegen den Uhrzeigersinn umrunden, gelangen wir wieder zurück zu unserem Camp.

In der Nähe von Dänschendorf erhebt sich der künstlich aufgeschüttete **Galgenberg**. Das klingt nicht nur so, das war auch im Mittelalter eine gern genutzte Hinrichtungsstätte. Die Opfer wurden allerdings nicht aufgehängt, sondern geköpft – Ergebnis so ziemlich dasselbe. Das gilt wohl auch für die Menschen, die bei Landkirchen als Hexen verfolgt und hingerichtet wurden.

Kartentipp:

ADFC-Regionalkarte Kieler Förde / Fehmarn / Holst. Schweiz, 1:75.000,
ISBN 978-3-87073-840-2, € 8,95

Digital für Smartphones und Tablets:
www.fahrrad-buecher-karten.de/rk-digital

6 Mutprobe Sundbrücke

Vom **Wulfener Hals** nach Heiligenhafen

CamperTouren Info

45 km, überwiegend auf separaten Radwegen, Radwegen neben der Straße sowie auf Nebenstraßen, keine Steigungen, regionale Wegweisung..

Start / Ziel: Camping Wulfener Hals, www.wulfenerhals.de

Auswahl weiterer Camps an der Strecke: Camping und Wohnmobilstellplatz Großenbrode, Camping Seekamp, Campingplatz und Wohnmobilhafen Sütel, Wiesencampingplatz, Ostsee-Ferienpark Heiligenhafen

Der längste Kleiderbügel der Welt – so wird sie genannt, die Fehmarnsundbrücke. Sie ist die etwa 1 km lange Verbindung von Fehmarn zum Festland. Oben weht meist ein kräftiger Wind, so dass nicht nur Kraft, sondern auch etwas Mut zu Beginn und Ende der Tour gefragt ist.

Tipp: Beginnen wir dieses Mal mit einem Tipp: Auf der **Fehmarnsundbrücke** gibt es auf einer Seite einen etwa 1,5 m breiten Weg mit wechselndem Fahrkomfort. Bei Gegenverkehr oder beim Überholen wird es daher recht eng. Zudem ist der Wind ein ständiger Begleiter auf der Brücke, der das Radeln nicht angenehmer macht. Daher der Tipp für Familien mit Kindern oder etwas unsichere Radler: Mit dem Rad wie vorher beschrieben nach Burg radeln, dort in die **Bahn** einsteigen und sich bequem in 20 Minuten nach Großenbrode fahren lassen. Nach der kleinen Runde auf dem Festland geht´s dann genauso wieder zurück.

Los geht´s an der Ausfahrt des Camps, die wir geradeaus verlassen, um dann schräg links nach Wulfen zu radeln. Von hier radeln wir durch den Ort Fehmarnsund, unter der Brücke her, dahinter direkt rechts und dann in der Haarnadelkurve hinauf auf die Brücke. Sicher auf der anderen Seite angekommen, steuern wir Großenbrode an. Von hier radeln wir ein Stück an der See entlang bis Sütel Strand, dann weiter via Sütel nach Heiligenhafen.

Fehmarnsund ist nicht nur der Name für den kleinen Ort, den wir durchradeln, sondern auch der **Meeresarm**, der die Insel vom Festland trennt. Er ist etwa 8 km lang und an der engsten Stelle nur 800 m breit.

Im Jahre 1963 wurde die 1.300 m lange **Fehmarnsundbrücke** eröffnet, die eine Fähre ablöste und sowohl den Straßen- als auch den Schienenverkehr von einem Ufer ans andere bringt. Wegen der starken Winde wird sie gelegentlich für Gespanne, Wohnmobile und LKWs gesperrt. Wenn das der Fall ist, sollten wir keinesfalls noch mit dem Rad dort hinauf! Die Brücke wird von einem Netzwerkbogen getragen, der seinerzeit der weltweit größte war.

Der längste Kleiderbügel der Welt – die Fehmarnsundbrücke

Das Seeheilbad Großenbrode liegt an der äußersten Spitze der Lübecker Bucht. Die umliegende Gegend ist ein beliebtes Urlaubsziel, was wir an den vielen Camps und Feriensiedlungen merken. Wettermäßig kann es eigentlich hier nur gut sein, denn wir sind in einer der **regenärmsten und zugleich sonnenreichsten Regionen Deutschlands** unterwegs. Vermutlich geht es deshalb hier stets beschaulich zu: Das Rathaus ist eher unscheinbar und die kleine Kirche mit ihrem quadratischen Holzturm strahlt auch Gelassenheit aus.

Heiligenhafen ist da schon deutlich lebendiger: Der schöne **Marktplatz** ist ein beliebter Treffpunkt für Einheimische und Touristen, die auch gerne in einem der Lokale hier einkehren. Drum herum gibt es in der **Altstadt** eine Menge zu sehen, wie die Kirche mit ihrem Treppengiebel-Turm, das imposante **Rathaus**, der Alte Salzspeicher, das **Heimatmuseum** und weitere backstein-rote historische Gebäude.

Vor den Toren des Ortes liegt ein „Binnensee“: Dieser wurde künstlich angelegt und hat Zugang zur Ostsee. Die vorgelagerte Landzunge setzt sich zusammen aus Gras- und Steinwarder. Beides wurde unter **Naturschutz** gestellt.

Weiter geht´s von Heiligenhafen ein Stück am Meer entlang und dann durch Lütjenbrode nach Großenbrode. Von hier entern wir wieder die Fehmarnsundbrücke, die uns zurück auf die Insel geleitet. Drüben angekommen, umkurven wir wieder vorsichtig die Haarnadelkurve, unterqueren die Brücke und radeln durch Fehmarnsund und Wulfen zurück zum Camp.

Der kleine Ort Lütjenbrode liegt etwas abseits der Touristenroute nach Fehmarn. Gerade deshalb ist es hier besonders ruhig – die **Fahrradwege**, die wir nutzen, sind fast leer und führen uns rasch zu einem der weißen Strände.

Kartentipp:
ADFC-Regionalkarte Kieler Förde / Fehmarn / Holst. Schweiz, 1:75.000,
ISBN 978-3-87073-840-2, € 8,95
Digital für Smartphones und Tablets:
www.fahrrad-buecher-karten.de/rk-digital

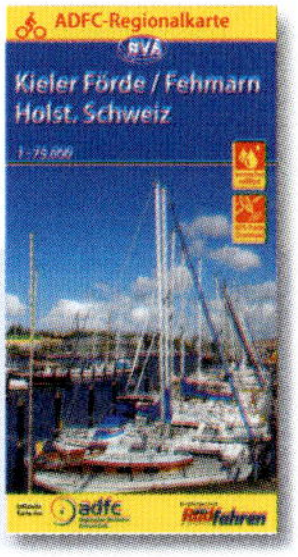

7 Wat´ne tolle Tour am Watt!

Von **Brunsbüttel** nach Kaiser-Wilhelm-Koog

CamperTouren Info

45 km, überwiegend auf separaten Radwegen, Radwegen neben der Straße sowie auf Nebenstraßen, keine Steigungen, regionale Wegweisung..

Start / Ziel: Camping Am Elbdeich in Brunsbüttel, Platzwart 0174 / 9669700

Auswahl weiterer Camps an der Strecke: Wohnmobilstellplatz Am Freizeitbad, Wohnmobilstellplatz bei Neufeld, Hohenkamp Camping

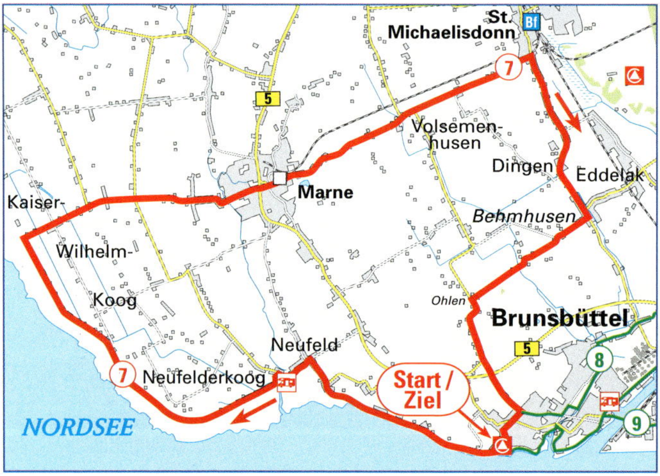

Das Wattenmeer ist eine einzigartige Naturlandschaft. Auf unserer Radtour sind wir genaugenommen oft unterhalb dieses Meeresspiegels unterwegs. Der Deich garantiert uns aber, dass die Reifen trocken bleiben.

„**Am Elbdeich**" lautet der Name des Camps, was wirklich auch so passt, denn vom Wohnwagen, Zelt oder Wohnmobil sind es nur ein paar Schritte hinauf zum Elbdeich. Hier können wir uns auf einer Bank niederlassen und die dicken **Schiffe** beobachten, die sich auf der Elbe tummeln und hier auf die offene See steuern. Und bis ins Herz von Brunsbüttel ist es auch nur ein Katzensprung.

Los geht´s an der Ausfahrt des Camps, die wir über die Deichstraße verlassen. Auf den nächsten Kilometern folgen wir einfach dem Verlauf des Deichs, tangieren Neufeld und Neufelderkoog, ehe wir rechts abbiegen nach Kaiser-Wilhelm-Koog. Auf schnurgeraden Straßen gelangen wir vorbei an einigen Bauernhöfen ins Herz von Marne.

Das komplette Gebiet der heutigen Gemeinde Neufeld lag früher in der Nordsee. Heute dümpeln die Kutter malerisch im kleinen **Hafen** und im Hintergrund blicken wir auf **reetgedeckte Häuser**.

Wir sind am **Wattenmeer** unterwegs, das hier als **Nationalpark** unter Schutz gestellt wurde. Mit 4.410 qkm ist es der größte Nationalpark Deutschlands – rund 68% davon liegen unter Wasser. Die Gebiete umfassen Salzwiesen, Sand-, Schlick- und Mischwatt und bieten Raum für eine einzigartige Pflanzen- und Tierwelt, die nicht gestört werden sollte.

Kaiser-Wilhelm-Koog ist ein typsicher Ort für diese Region: Weite Felder, darauf grasende Rinder, Schafe oder Ackerbau und „ab und zu" mal ein Bauernhof.

Noch eines ist typisch für die Gegend: Der starke Wind, der uns Radlern immer wieder heftig zu schaffen macht. Aber ist auch gut für grüne Energie: Im sogenannten **Growian** wird aus Wind Strom für alle erzeugt.

Windgeschützes Radeln hinter´m Deich

St. Maria-Magdalenen ragt über die Dächer von Marne hinaus

Tipp: Bei Windstille oder bei Unterstützung durch ein E-Bike können wir der Küstenlinie noch weiter folgen. So gelangen wir durch Friedrichskoog – und nach 35 km wird der Urlaubsort **Büsum** erreicht. Eine wunderbare Strecke entlang der Deiche!

Schon im 12. Jh. war Marne besiedelt – es entwickelte sich eine schöne Kleinstadt mit einem sehenswerten Ortskern. Der wird dominiert vom Rathaus und der **Kirche St. Maria-Magdalenen**. Wer zur rechten Zeit hier ist, kann das „**Dithmarscher Rockfestival**" besuchen, bei dem auch überregional bekannte Bands auftreten. Auch interessant: In Marne läuft der größte Rosenmontagszug von ganz Schleswig-Holstein!

Weiter geht´s von Marne über Volsemenhusen nach St. Michaelisdonn. Hier biegen wir rechts ab und gelangen vorbei an Dingen, Eddelak, Behmhusen, Ohlen und Westerbelmhusen nach Brunsbüttel. Bei den ersten Häusern rechts in die Straße „Am Boßelkamp", die uns via Mühlenweg und Deichstraße zum Camp zurückbringt.

Auf unserer Tour wechseln wir vom Marsch- ins Geestland, das höher gelegen und daher trockener ist. Mittendrin liegt der nette Ort Sankt Michaelisdonn, in dem es das drittgrößte **Freimaurermuseum** von Europa gibt. Schön anzusehen ist die auf dem Mühlenberg stehende **Holländerwindmühle „Edda"**. Noch „höher" ist der nahe gelegene Spiekerberg mit einem 33 m hohen Gipfel.

Kartentipp:

ADFC-Regionalkarte Schleswig-Holsteinische Nordsee, 1:75.000,
ISBN 978-3-87073-834-1, € 8,95

Digital für Smartphones und Tablets:
www.fahrrad-buecher-karten.de/rk-digital

8 Doppelter Genuss am NOK

Von **Brunsbüttel** nach Hochdonn

CamperTouren Info

46 km, überwiegend auf separaten Radwegen, Radwegen neben der Straße sowie auf Nebenstraßen, keine Steigungen, regionale Wegweisung..

Start / Ziel: Camping Am Elbdeich, Platzwart 0174 / 9669700

Auswahl weiterer Camps an der Strecke: Campingplatz Klein-Westerland bei Hochdonn

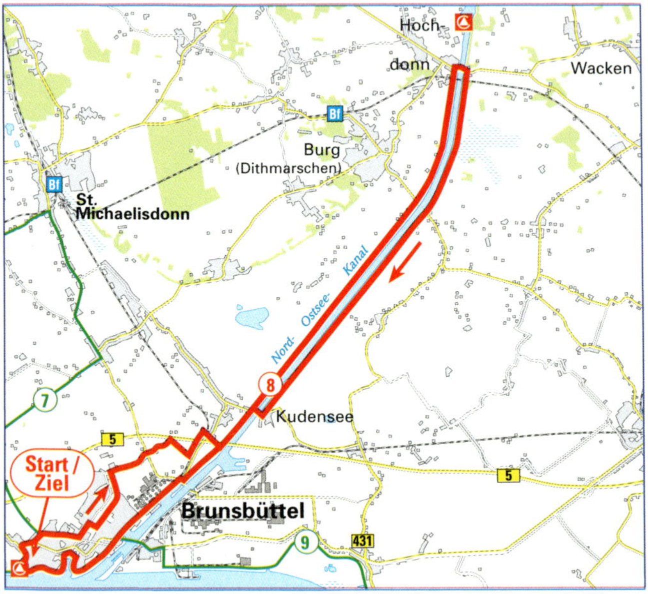

Der Nord-Ostsee-Kanal ist eine der weltweit meistbefahrenen Schiffspassagen. Auf unserer Tour rollen wir am einen Ufer hin und gegenüber wieder zurück – stets in der Hoffnung, dass wir einem der Traumschiffe begegnen

Gleich zu Beginn unserer Tour umfahren wir das historische Zentrum von Brunsbüttel. Nur wenige Meter von unserem Campingplatz entfernt liegen rund um den Markt das **Matthias-Boie-Haus**, die Paulus- und die Jakobus-Kirche und das efeubewachsene **Rathaus**.

Los geht´s an der Ausfahrt des Camps, die wir nach rechts und direkt wieder rechts auf der Deichstraße, die links abknickt, verlassen. Wir drehen eine Runde um die Kirche („Markt"), folgen der Sackstraße, links „Am Boßelkamp", rechts (Am Sportplatz), links, rechts und biegen links ab in die Eddelaker Straße.

Auf den nächsten Kilometern folgen wir dem beschilderten Nordseeküsten-Radweg, der uns nach kurzer Zeit ans Ufer des Nord-Ostsee-Kanals bringt. Nun ist alles ganz einfach: Der direkte (hier beschriebene) Weg führt einfach immer am Wasser entlang bis wir Hochdonn erreichen.

Fast genau 100 km misst der **Nord-Ostsee-Kanal**, der eine der meistbefahrenen Schifffahrtsstraßen der Welt ist. Die Kapitäne sparen sich so den Umweg um das wilde Skagerrak herum. Die Idee eines Kanals ist deshalb schon älter: 1784 wurde schon der **Eiderkanal** fertiggestellt, der bei Rendsburg in die Eider mündete. Der deutlich größere Kanal, der lange Zeit Kaiser-Wilhelm-Kanal zu Ehren des „Erbauers" genannt wurde, machte deutlich mehr Erdarbeiten notwendig. Nach nur sensationellen 8 Jahren Bauzeit wurde der Kanal 1895 eingeweiht. Heute ist es kaum zu glauben, dass die Bauzeit so kurz und das Budget eingehalten wurde. Inzwischen wurde der seinerzeit 67 m breite und 9 m tiefe Kanal erweitert, damit auch die **Ozeanriesen** durch ihn

Die Eisenbahnbrücke von Hochdonn ist nur eine von vielen Technikwundern am NOK

gleiten können. Dafür brauchen sie übrigens zwingend einen **Lotsen**. Und wenn die Schiffe mehr als 6,10 m Tiefgang haben übernimmt der Lotse höchstpersönlich das Steuerrad.

Tipp: Der Radweg „NOK-Route“ zweigt zwischendurch vom Kanalufer ab und führt uns nach Burg. Diesen wunderschönen Luftkurort dürfen wir uns nicht entgehen lassen: Im **historischen Ortskern** entdecken wir viele alte Gebäude, wie das Bahnhofsgebäude, die **Apotheke** am Markt und rote Fachwerkhäuser. Das Wahrzeichen der Region ist der 21 m hohe **Aussichtsturm**, der auf einem 65 m hohen „Berg“ thront. Nicht hoch sagen Sie? Da die umliegende Gegend komplett eben ist, haben wir von hier bei guter Sicht einen phänomenalen Ausblick.

Einen Hauch von Spreewald bekommen wir, wenn wir uns in der **Burger Au** mit einem Kahn durch die 8.000 Jahre alten Fließe gleiten lassen.

Das „Wahrzeichen“ von Hochdonn haben wir schon über viele Kilometer im Auge gehabt: Die zweigleisige **Eisenbahn-Hochbrücke**. Ein Meisterwerk der Ingenieurskunst aus Stahl-Gitterfachwerk: Mehr als 2,2 km lang und bis zu 42 m hoch bringt sie die Züge sicher über den Kanal.

Unten auf der anderen Uferseite sehen wir uns die **Holländer-Windmühle** an und erwägen einen kleinen Abstecher nach Wacken zu unternehmen. Rund 2.000 Einwohner leben hier das ganze Jahr über sehr beschaulich. Außer Anfang August, denn dann ist hier das **Wacken Open Air** angesagt: 70.000 Metal-Fans aus aller Herren Länder strömen dann hierher und lassen die Erde beben,

Weiter geht´s von Hochdonn mit der Fähre ans andere Ufer. Dann rollen wir ganz entspannt am Kanal entlang wieder retour. Bei Kudensee nehmen wir wieder die Fähre und folgen dann dem Nordseeküsten-Radweg so zurück zum Camp, wie wir auf dem Hinweg fuhren oder folgen dem Nord-Ostsee-Kanal.

Auf Höhe der Burger Fähre bietet sich ein weiterer kleiner Abstecher vom Kanal an, denn nach wenigen Pedaltritten wird Wilster erreicht. Der Ort liegt 3,54 m unter dem Meeresspiegel und ist damit die **tiefste Stelle Deutschlands**. Wenn wir uns den 8 m hohen **Pfahl** ansehen und überlegen, wie hoch hier das Wasser ohne Deiche stünde, kommen wir schon ins Grübeln.

Kartentipp:
ADFC-Regionalkarte Schleswig-Holsteinische Nordsee, 1:75.000,
ISBN 978-3-87073-834-1, € 8,95
Digital für Smartphones und Tablets:
www.fahrrad-buecher-karten.de/rk-digital

Tour

9 Durch die Wildnis ins Glück

Von **Brunsbüttel** nach Glückstadt

CamperTouren Info

66 km, überwiegend auf separaten Radwegen, Radwegen neben der Straße sowie auf Nebenstraßen, keine Steigungen, regionale Wegweisung..

Start / Ziel: Camping Am Elbdeich, Platzwart 0174 / 9669700

Auswahl weiterer Camps an der Strecke: Wohnmobilstellplatz Nordermole Glückstadt

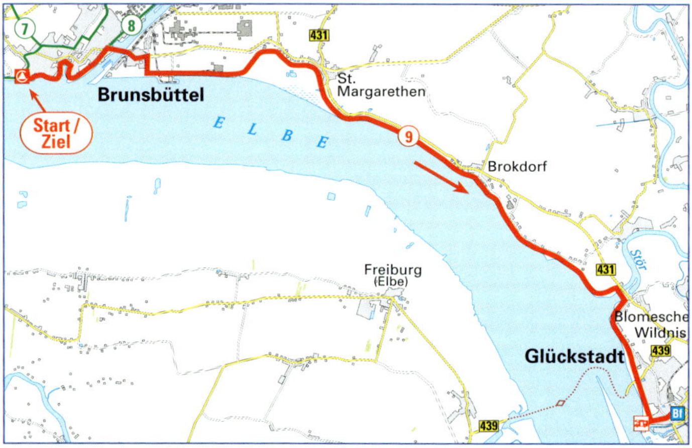

Diese Radtour verbindet zwei Perlen der Nordseeküste miteinander: Von der quirligen Schleusenstadt Brunsbüttel rollen wir ganz entspannt auf dem Nordseeküsten-Radweg nach Glückstadt, das nicht nur eine Altstadt, sondern auch ein sehenswertes Hafenbecken sein Eigen nennen darf.

Los geht´s an der Ausfahrt des Camps, die wir nach links am Deich entlang verlassen. Auf den nächsten Kilometern folgen wir dem beschilderten Nordseeküsten-Radweg, der uns stets am Ufer entlang durch Brunsbüttel bis hin zur Fähre geleitet. Am anderen Ufer folgen wir wieder den Schildern des Nordseeküsten-Radwegs. Mit Ausnahme eines Schlenkers bei St. Margarethen rollen wir stets in der Nähe des Deiches, passieren Brockdorf, überqueren die Stör und kommen durch die Blomesche Wildnis nach Glückstadt.

Es ist wirklich beeindruckend, das geschäftige Treiben im Bereich der Brunsbütteler Schleusen. Hier liegt er, der Kilometer Null des Nord-Ostsee-Kanals, den wir auf der anderen Tour noch näher kennenlernen werden. Natürlich gibt es keinen Höhenunterschied zwischen Nord- und Ostsee, die Schleusen sind aber dennoch wichtig, um das Wasser hier exakt zu regulieren. Wer mehr über die Technik und zur Geschichte dazu erfahren mag, besucht das **Schleusenmuseum** im Atrium. Übrigens: Auf einer großen **Anzeige** werden die Schiffe angekündigt, die in Kürze erwartet werden. Etwas Verweilen lohnt sich vielleicht.

Das Übersetzen mit der **Fähre** ist ein ganz besonderes Ereignis, denn wenn wir Glück haben, kurvt die kleine Fähre um riesige Frachter oder Kreuzfahrtschiffe.

Bei St. Margarethe winkt uns ein kleiner rot-weißer **Leuchtturm** zu, bevor wir bei Brokdorf daran erinnert werden, dass der Ort in den 1980er Jahren Schauplatz von Anti-Atom-Demos war.

Tipp: Jedes Jahr im Juni ist in Glückstadt **Matjeswoche** angesagt. Auf dem Marktplatz versammelt sich dann eine große Schar an Schaulustigen, die darauf wartet, dass das

Radler´s Glücksgefühle in Glückstadt

schwere Holzfass geöffnet und der erste Matjes der Saison durch einen Prominenten verkostet wird. In den nächsten Tagen ist dann Feier und Gaudi angesagt mit Bühnenprogramm auf dem Markt und einer schwimmenden Bühne im Hafen, Plattschaufelregatta, Entenrennen, Radmeile und vielem mehr.

Weiter geht´s von Glückstadt am besten auf derselben Strecke wieder retour, auf der wir hierher kamen. Eine Rückfahrt mit der Bahn ist leider nicht möglich, der Bus ist eine Variante, die aber etwas Zeit kostet.

Einfache Ausstattung, aber eine brillante Lage: So könnte man den Stellplatz für Wohnmobile an der **Nordermole** beschreiben. Von hier haben wir beste Aussicht auf die Glückstädter Nebenelbe und auf das Hafenbecken.

Und bis in die Altstadt ist es auch nicht mehr als ein kleiner Spaziergang.

Und der lohnt sich, denn die Altstadt begeistert uns mit vielen historischen Häusern und **Adelshöfen**. Mittendrin ragen die **Glückstädter Kirche** und das **Rathaus** empor. Es steht direkt am **Marktplatz**, dessen Mitte von einer herrlichen alten Leuchte markiert wird.

Am **Binnenhafen** setzt sich das herrliche Bild fort: Auch hier klicken die Auslöser der Kamera beim Alten Salzspeicher, beim Wiebke-Kruse-Turm oder beim Königlichen Brückenhaus.

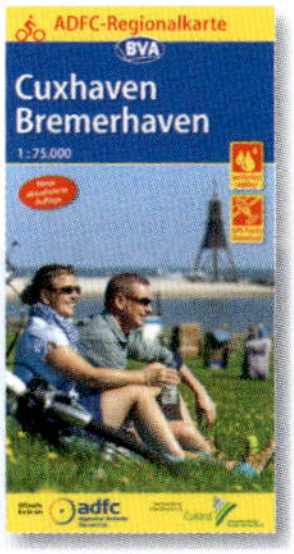

Kartentipp:
ADFC-Regionalkarte Cuxhaven / Bremerhaven, 1:75.000,
ISBN 978-3-87073-916-4, € 8,95
Digital für Smartphones und Tablets:
www.fahrrad-buecher-karten.de/rk-digital

10 Durch den Gespensterwald

Vom **Ostseebad Kühlungsborn** nach Warnemünde

CamperTouren Info

27 km, überwiegend auf separaten Radwegen sowie Radwegen neben der Straße bzw. auf Nebenstraßen, keine Steigungen, regionale Wegweisung..

Start / Ziel: Campingpark Kühlungsborn, www.topcamping.de

Auswahl weiterer Camps an der Strecke: Ferien-Camp Börgerende

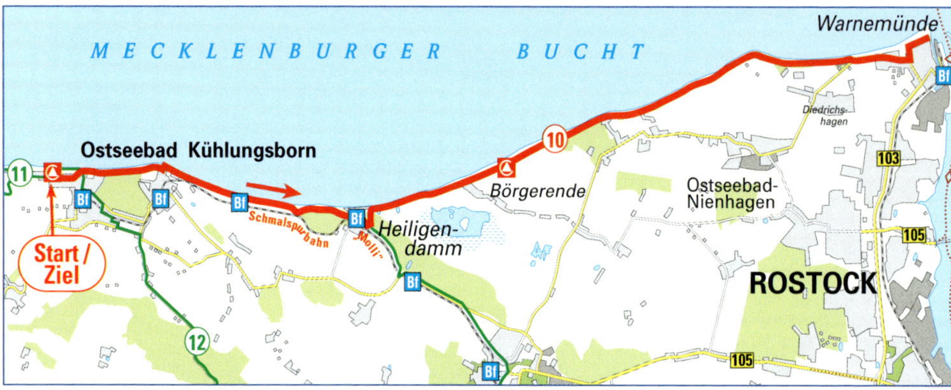

Viel Abwechslung bietet unsere Tour, die mit tollen Aussichten stets an der Ostsee entlang führt. Touristische Attraktionen wie die Flaniermeile von Warnemünde begeistern uns dabei genauso, wie weniger Bekanntes wie der Gespensterwald.

Ein Urlaub im **Campingpark Kühlungsborn** sollte rechtzeitig reserviert werden, denn das Camp ist sehr beliebt. Wer einmal hier war, weiß warum: Unter mächtigen, Schatten spendenden Bäumen erstrecken sich große Parzellen und der weiße Ostseestrand grenzt direkt ans Gelände. Dazu Privatsphäre durch Hecken zwischen den Parzellen, beste Sanitäreinrichtungen und ein breites Freizeit- und Speisenangebot – einfach toll!

Der Urlaubsgenuss setzt sich im **Ostseebad Kühlungsborn** fort: Rund um den kleinen Park gibt es Einkehr- und Shoppingmöglichkeiten, die Gebäude sind teils modern, teils in klassischer **Bäder-Architektur** und die Uferpromenade lädt zum Flanieren ein,

Los geht's an der Ausfahrt des Camps nach links und an der nächsten Ecke wieder links in die Tannenstraße. Diese bringt uns ans Meer, wo wir dem bestens gekennzeichneten Ostseeküsten-Radweg folgen können. Um die Fußgänger nicht zu gefährden, meiden wir die Promenade von Kühlungsborn und radeln „in zweiter Reihe". So kommen wir vorbei am Hafen von Kühlungsborn, und kommen schnell nach Heiligendamm.

Im Jahre 1783 wurde in Heilgendamm Geschichte geschrieben: Hier entstand der erste Seebadeort von Kontinentaleuropa. Noch heute strahlt das **Ostseebad Heiligendamm** einen ganz besonderen Charme aus: Die weiß getünchten Villen und Hotels versammeln sich in Strandnähe, sind aber nicht alle für uns erreichbar. Darunter auch das Grand Hotel, wo einst der G8-Gipfel stattfand. Schön anzusehen ist auch der alte Bahnhof, an dem die **Bäderbahn Molli** hält.

Gute Aussichten an der Kühlungsborner Promenade

Weiter geht's von Heiligendamm vorbei an Börgerende, Nienhagen und Diedrichshagen nach Warnemünde.

Börgerende-Rethwisch heißt der Ort, den wir als nächstes tangieren. Hier steht nicht nur eine alte Fachwerkscheune, sondern immer noch einer von 27 Grenztürmen, mit der die DDR einst die Ostseeküste bewachte.

Rund um das **Ostseebad Nienhagen** steht ein uriger, 180 ha großer Wald. Die teils bizarr aussehenden Bäume wirken wie im Märchen, so dass dieser schöne Fleck Erde den Beinamen „**Gespensterwald**" bekam – keine Angst: Gruselig ist es hier keineswegs, nur schön. Kurz darauf wird es wieder grün: 83 qkm groß ist das **Naturschutzgebiet Stoltera**, in dem auch eine Klippe unter Schutz gestellt wurde.

Tipp: Die kurze Strecke bietet so viel Kurzweil, dass die Zeit im Nu verfliegt. Zum Glück können wir von Warnemünde bzw. von Rostock aus mit dem ÖPNV, besonders schön natürlich mit der **Molli**, wieder zurück nach Kühlungsborn fahren. Wer noch genügend Puste hat, radelt die 27 km locker wieder zurück.

Ein schöneres Tourziel als Warnemünde hätten wir uns kaum aussuchen können: Kilometerlang zieht sich der weiße **Strand** neben unserem Radweg entlang. Seit 1821 gibt es hier, am Ufer der Warne, einen Badebetrieb. Fotomotive, wohin das Auge blickt: Der **Leuchtturm**, die **Promenade**, die schmucken Häuser am **Achterreeg**, die Kutter an der **Mole** oder die glücklichen Besucher auf den Außenterrassen der Cafés und Restaurants.

Kartentipp:
ADFC-Regionalkarte Ostseeküste / Schwerin, 1:75.000,
ISBN 978-3-87073-740-5, € 8,95
Digital für Smartphones und Tablets:
www.fahrrad-buecher-karten.de/rk-digital

11 Steilküste und Salzhaff

Vom **Ostseebad Kühlungsborn** nach Rerik und Neubukow

CamperTouren Info

42 km, überwiegend auf separaten Radwegen sowie Radwegen neben der Straße bzw. auf Nebenstraßen, wenige moderate Steigungen, regionale Wegweisung.

Start / Ziel: Campingpark Kühlungsborn, www.topcamping.de

Auswahl weiterer Camps an der Strecke: Campingpark Rerik, Ostseecamp Seeblick Lange und Pönitz OhG

Naturerlebnisse stehen im Mittelpunkt dieser Radtour, die uns schon nach wenigen Minuten am ersten Naturschutzgebiet mit einem Strandsee vorbei führt. In Rerik fühlen sich die Urlaubsgäste seit vielen Jahren wohl, während im benachbarten Salzhaff und im Naturschutzgebiet Wustrow Tiere und Pflanzen geschützt werden.

Los geht´s vom Campingplatz kommend nach rechts an der Straße. Der beschilderte Ostseeküsten-Radweg zweigt hinter dem Ortsausgang rechts ab zum Meer und bringt uns vorbei an Meschendorf nach Rerik.

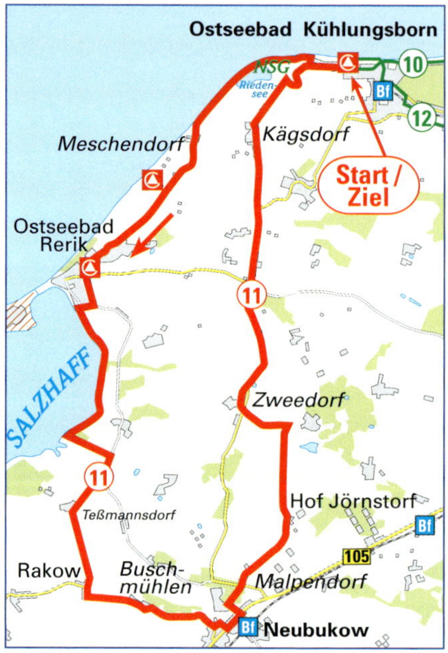

Schon gleich zu Beginn unserer Tour bekommen wir einen Eindruck von der abwechslungsreichen Natur, die wir durchradeln: Neben uns tut sich die Steilküste auf. Und auf der anderen Seite liegt ruhige Natur: rund 90 ha umfasst das **Naturschutzgebiet Riedensee.** Eine Besonderheit ist der Strandsee, der als einer der letzten gut intakten seiner Art gilt. Hier konnten besonders viele seltene Tiere und Pflanzen erhalten werden. Klar, dass wir hier nur aus der Ferne hinblicken dürfen – der Strand lädt uns aber zum Verweilen ein.

Alt Gaarz – „Alte Burg" – so lautete der slawische Name unseres ersten größeren Ortes, den wir erreichen. Offiziell wird nur noch das Ostseebad Rerik genannt, das als Urlaubsort weit über die Landesgrenzen hinaus bekannt ist. Zu Zeiten der DDR beherbergte Rerik im Sommer bis zu 16.000 Urlauber – und die wussten, warum sie herkamen: Es ist hier einfach schön! Das wird uns besonders deutlich, wenn wir auf der 170 m langen **Seebrücke** wandeln, uns den Wind um die Nase wehen lassen und auf´s Festland blicken.

Nicht versäumen dürfen wir es, durch den **historischen Ortskern** zu streifen, denn der wurde aufwändig restauriert, so dass uns viele hübsche alte Hausfassaden entgegen strahlen. Am höchsten schaut dort der Turm der Hallenkirche heraus, die im Innern barocke Elemente hat. An den schön angelegten **Promenaden** können wir flanieren und einkehren – und zwar einmal auf der Seeseite und einmal auf der Seite des Salzhaffs.

Blick über's stille Salzhaff

Empfehlenswert ist es auch, in Rerik auf den **Schmiedeberg** zu steigen. Dies ist eigentlich nicht viel mehr als eine Düne, verschafft uns aber von der Aussichtsplattform einen herrlichen Blick: Wir erkennen, dass das **Naturschutzgebiet Wustrow** nur durch eine kleine Landzunge mit dem Festland verbunden ist. Rechts der Landzunge schäumt die Ostsee, links der Landzunge das **Salzhaff**.

Weiter geht's von Rerik entlang des Salzhaffs – mit teils tollen Aussichten. Wir tangieren Teßmannsdorf, Rakow, Buschmühlen und gelangen ins etwas größere Neubukow. Von hier folgen wir den regionalen Schildern via Malpendorf, Hof Jörnstorf, Zweedorf und Kägsdorf wieder zurück nach Kühlungsborn.

Das Naturschutzgebiet Wustrow, das wir schon von unserem Aussichtspunkt sehen konnten, trennt das Salzhaff von der Ostsee ab. Durch die regelmäßigen Wechsel von Überflutungen und Austrocknungen entstanden Salzwiesen mit einer seltenen Flora und Fauna.

Über dem Ortskern thront die Kirche von Rerik

Neubukow ist gar nicht so neu, wie es sich anhört – schon im 13. Jh. gab es hier eine Siedlung. Der **Marktplatz** ist unsere zentrale Anlaufstelle – von hier erreichen wir das farbenfrohe, barocke **Rathaus** und die Stadtkirche mit ihrem 52 m hohen Turm. Etwas nordwestlich liegt die prachtvolle **Galerie-Holländerwindmühle**. Auch eine alte **Wassermühle** gibt es noch in der Stadt – schon 1304 wurde die erste erbaut.

Kartentipp:
ADFC-Regionalkarte Ostseeküste / Schwerin, 1:75.000,
ISBN 978-3-87073-740-5, € 8,95
Digital für Smartphones und Tablets:
www.fahrrad-buecher-karten.de/rk-digital

12 Abwechslungsreiches Hinterland

Vom **Ostseebad Kühlungsborn** nach Bad Doberan

CamperTouren Info

38 km, überwiegend auf separaten Radwegen sowie Radwegen neben der Straße bzw. auf Nebenstraßen, einige moderate Steigungen, regionale Wegweisung.

Start / Ziel: Campingpark Kühlungsborn, www.topcamping.de

Auf dieser Tour möchten wir uns dem „Hinterland" widmen, das sich entlang des Küstenstreifens befindet. Auf der etwas welligen Strecke wandeln wir auf Spuren der alten Mönche, die sich vor urlanger Zeit hier niederließen und entdecken eine beeindruckende Windmühle.

Los geht´s vom Camp nach links und wieder links zur Küste. Dem Ostseeradweg folgen wir dieses Mal nur bis Heilgendamm und zweigen dann rechts ab, um via Kammerhof nach Bad Doberan zu radeln.

Im Jahre 1232 wurde die Kirche von Kloster Doberan geweiht – und damit die Keimzelle der heutigen Stadt geschaffen. Das **Münster** ist daher unser wichtigster Anlaufpunkt. Toll, wie sich die roten Ziegel des hochgotischen Backsteingebäudes im Teich spiegeln!

Um das Münster herum finden wir eine gut erhaltene bzw. restaurierte Altstadt mit einladender Gastronomie. Erst seit 2000 wurde Doberan der Beiname „Bad" verliehen. Wer mehr dazu erfahren möchte, besucht das schicke **Möckelhaus.** Darin ist das Stadt- und Bädermuseum untergebracht. Interessant ist auch der „Kamp", ein dreieckiger, rund 2 ha großer Park, der um 1800 angelegt wurde. Hier steht auch das Kurhaus, das 1793 als Logierhaus errichtet wurde.

Vom Tempelberg blickt der **Wasserturm** – heute wird er als Wohnhaus genutzt. Unsere müden Radlergelenke können wir in den **Moorbädern** regenerieren, für die Bad Doberan als Kurort anerkannt ist.

Tipp: Am Bahnhof von Bad Doberan beginnt die rund 15 km lange Strecke der **Bäderbahn Molli.** 1886 erteilte der Großherzog von Mecklenburg den Auftrag, eine Schmalspurbahn anzulegen, um Gäste bequem ins Ostseebad Heiligendamm zu kutschieren. Später wurde die Strecke noch verlängert. Der Nostalgie ist es zu verdanken, dass die **Dampflok** mit Personenanhängern bis heute durch die Landschaft schnauft – eine gute Alternative, um wieder zurück nach Kühlungsborn zu gelangen.

Die Molli dampft an der See entlang

Imposantes Münster von Bad Doberan

Weiter geht´s von Bad Doberan über Reddelich nach Kröpelin. Von hier streben wir wieder dem Meer entgegen: Jennewitz liegt auf unserem Weg zurück nach Kühlungsborn. Der ist etwas anstrengender, da es immer wieder leicht, aber merklich bergauf geht.

Im kleinen Ort Reddelich finden wir einige schöne alte Gebäude, wie z.B. an der Steffenshagener Straße. In Funk und Fernsehen war Reddelich aber urplötzlich, als im benachbarten Ostseebad Heilgendamm der G8-Gipfel stattfand. Damals wurde der Ort als **Basislager** der Globalisierungsgegner von rund 5.000 Demonstranten überschwemmt.

Kaum zu glauben: Wir sind kaum von der Küste weg, schon melden uns die Waden, dass es bergauf geht – zumindest für Flachlandtiroler: Bis zu 80 m über dem Meeresspiegel liegt die Region, die wir durchradeln.

Historisches Feeling kommt in Kröpelin rasch auf, denn rund um den Markt stehen herrliche alte Häuser, darunter einige aus strahlend weißem Fachwerk. Von hier wird der Blick auch frei auf die 1904 erbaute **Galerie-Holländerwindmühle**. Diese ist bestens in Schuss und gibt ein tolles Motiv ab. Wer sich ihr auf die richtige Weise nähert, hat den Eindruck, die Mühle verschwinde im Boden und tauche dann wieder auf – eine Talsenke gaukelt uns dies vor. Ansehen müssen wir uns auch noch die gotische **Backsteinkirche** mit einer barocken Kanzel. An der Hauptstraße 5 finden wir die Bibliothek mit Stadtmuseum und Ostrock-Museum. Es erzählt von der Geschichte, dass hier in Kröpelin seit vielen Jahren das Ostrock-Festival stattfindet.

Unsere Rückfahrt führt uns durch das 30 ha große Landschaftsschutzgebiet des Kröpeliner Torfmoors.

Kartentipp:
ADFC-Regionalkarte Ostseeküste / Schwerin, 1:75.000,
ISBN 978-3-87073-740-5, € 8,95
Digital für Smartphones und Tablets:
www.fahrrad-buecher-karten.de/rk-digital

13 Architektur pur auf Rügen

Von **Prora** nach Göhren

CamperTouren Info

34 km, überwiegend auf separaten Radwegen, Radwegen neben der Straße sowie auf Nebenstraßen. Bis Göhren keine größeren Steigungen, dann einige kurze, knackige Steigungen, regionale Wegweisung.

Start / Ziel: Camping Meier in Prora, www.camping-meier-ruegen.de

Auswahl weiterer Camps an der Strecke: Reisemobilhafen Rüther in Sellin, Regenbogencamp Göhren

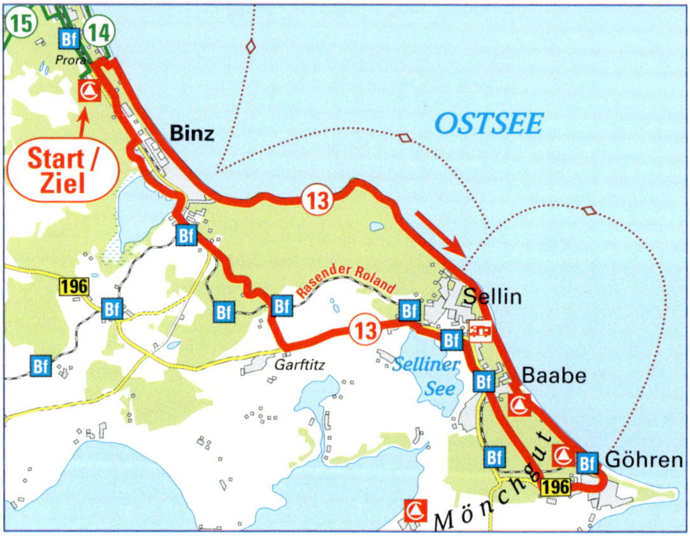

Deutschlands größte Insel hat sich zu einem echten Besuchermagnet entwickelt. Das liegt auch daran, dass Rügen ungemein abwechslungsreich ist. Das gilt auch für diese Tour: Mondäne Bäderarchitektur wechselt sich ab mit spektakulärer Küste und ruhigem Wald.

Der familiär geführte **Campingplatz Meier** am Rande von Prora ist ideal für alle, die einen idyllischen Stellplatz suchen, der viel Grün und Nähe zum Meer bietet. Wer sich am strahlend weißen **Strand** verausgabt hat, kann sich in der „**Mückenwirtschaft**" mit allerlei Leckereien verwöhnen lassen.

Los geht´s an der Ausfahrt des Camps, von der wir geradeaus über den Strandweg radeln. Dann folgen wir rechts der Seepromenade, die uns nach Binz geleitet. Am Ortsende geht es ein wenig bergauf und immer in der Nähe der Küste etwas hügelig durch ruhige Landschaft nach Sellin. Durch Baabe erreichen wir Göhren.

Die **Seepromenade** bietet uns gleich zu Beginn der Tour eine herrliche Aussicht auf die See. Sie geleitet uns würdevoll ins größte Seebad der Insel. Aus dem ehemaligen Fischer- und Bauerndorf Binz entwickelte sich ab 1875 rasant ein beliebter Urlaubsort. Ebenso schnell reifte die Entscheidung, die Gäste nicht in großen Hotels, sondern in kleinen und feinen Logierhäusern unterzubringen. Es entstand jene **Bäderarchitektur**, die wir heute in voller Pracht genießen dürfen – allen voran das imposante Kurhaus. Wer die Blicke von den reich verzierten Häusern reißen kann, widmet sich der 350 m langen Seebrücke und dem breiten, weißen Strand.

Das Ostseebad Baabe liegt auf der Halbinsel **Mönchgut**. Zu den heimischen Küstenfischern gibt es hier sogar ein eigenes **Museum**. Die nette kleine Dorfkirche sollten wir uns ebenso ansehen, wie die vielen **reetgedeckten Häuser** im Ort.

Weiße Träume in Binz

In Göhren können wir wieder auf einer Seebrücke der Ostsee entgegen schreiten – diese hier ist 270 m lang. Im **Rookhus**, einem reetgedeckten Fischerhaus, finden wir das interessante Heimatmuseum.

Weiter geht´s von Göhren, das wir landeinwärts über Post- und Berliner Straße etwas bergauf verlassen. Dann rollen wir durch die „hinteren" Ortsteile von Baabe und Sellin. Am Selliner See entlang wird es dann etwas anstrengender, wenn wir an Garftitz vorbei hinauf zum Tempelberg kurbeln. Danach geht's abwärts nach Binz und weiter entlang der Bahn zurück zum Camp.

Tipp: Die Strecke durch das „Inland" von Rügen ist äußerst reizvoll, aber auch ein wenig anstrengend, weil es doch bergauf geht. Daher ist es eine Überlegung wert, wieder an der Küste entlang zurück nach Prora zu radeln. Und wer es noch bequemer mag, steigt einfach in den **Rasenden Roland** und lässt sich nach Binz zurückfahren. Die Dampflok beschert uns dabei noch ein ganz besonders Urlaubsvergnügen.

Rund 90 Höhenmeter meistern wir, um auf den Tempelberg zu gelangen. Das herrliche **Jagdschloss Granitz**, das uns hier oben erwartet, entschädigt aber mehrmals für die Mühen. Vom Schloss genießen wir eine unglaubliche Sicht über die Insel. Auch der **Schmachter See**, an den wir noch kommen werden, ist gut zu erkennen. Dann widmen wir uns dem eigentlichen Schloss, das uns mit seinen verspielt wirkenden Türmen einlädt. Direkt daneben steht das **Granitzhaus**. Das einstige Gasthaus beherbergt heute die Infostelle des Biosphären-Reservates.

Kurz vor unserem Camp kommen wir noch am Schmachter See vorbei, der im Bereich von Binz auch mit einer Promenade versehen wurde. Hier ist es deutlich ruhiger – und naturverbundener, denn der See steht teils unter Naturschutz.

Kartentipp:
ADFC-Regionalkarte Rügen/Fischland-Darß, 1:75.000,
ISBN 978-3-87073-736-8, € 8,95
Digital für Smartphones und Tablets:
www.fahrrad-buecher-karten.de/rk-digital

14 Schwindelerregende Kreidefelsen

Von **Prora** zum Naturpark Jasmund

CamperTouren Info

45 km, überwiegend auf separaten Radwegen, Radwegen neben der Straße sowie auf Nebenstraßen. Bis Neu Mukran keine größeren Steigungen, dann einige kurze, knackige Steigungen, regionale Wegweisung.

Start / Ziel: Camping Meier in Prora, www.camping-meier-ruegen.de

Auswahl weiterer Camps an der Strecke: Reisemobilhafen Rüther in Sellin, Regenbogencamp Göhren

Wir rollen am beeindruckenden „Koloss von Prora" vorbei zum Jasmunder Bodden. Das Naturschutzgebiet ist bekannt für die lauschigen Wälder und die berühmten Kreidefelsen, für die viele Gäste von weither anreisen.

Direkt vor den Toren unseres Campingplatzes liegt der „**Koloss von Prora**". Was nach einem heroischen Hintergrund klingt, ist ein Zeitzeuge des Irrsinns, der im Dritten Reich herrschte: „Kraft durch Freude" – das war die Organisation, bei der sich seinerzeit das Volk mit System erholen sollte. Dafür bauten die Nazis an dieser Stelle einen sage und schreibe 8 km (!) langen Trakt, in dem bis zu 20.000 Menschen Urlaub machen sollten. Das Ungetüm wurde nie fertig, da das Geld für den Krieg gebraucht wurde. Fünf der ursprünglich acht geplanten Blöcke – auch schon 4,5 km lang – wurden zwischenzeitlich in der DDR als Kaserne genutzt. Prora ist also ein Teil deutscher Geschichte und wird als solcher auch erhalten bleiben. Zum Glück mit friedlicher Nutzung. Eine **Jugendherberge** mit 400 Betten, ein **Hochseilgarten** und gleich mehrere Museen bzw. Dokumentationszentren sind hier untergerbacht. Wer das nötige Kleingeld hat, kann auch eine **Ferienwohnung** kaufen. Hier? Natürlich! Unverbaubarer Blick auf die Ostsee und zu Füßen feinster **Sandstrand**!

Los geht´s an der Ausfahrt des Camps, von der wir geradeaus über den Strandweg radeln. Dann folgen wir der Seepromenade dieses Mal nach links und radeln vor dem Koloss von Prora her. So gelangen wir stets in

Strandnähe fahrend nach Neu Mukran. Nun verlassen wir die See, umfahren die Hafenanlagen und kommen nach Sassnitz. Ein kleiner Abstecher führt ins Naturschutzgebiet Jasmund und wieder retour nach Sassnitz.

Sassnitz war einst das beliebteste **Seebad** der Insel. Mit dem Ausbau von Hafen und Bahnanlagen war es damit dann vorbei. Seit die großen Fähren vom „neuen" Terminal bei Neu Mukran abfahren und die Züge auch dorthin

Um die Kreidefelsen zu sehen, kommen die Menschen von weit her

rollen, wurde Sassnitz wieder zum Ferienort mit beschaulichem Fischerhafen und Strandpromenade. Dorthin führt eine moderne, „schwungvolle" 274 m lange **Hängebrücke**. Im **Kurviertel** finden wie einige Häuser in Bäderarchitektur.

Von Sassnitz erreichen wir die Halbinsel Jasmund, die sehr weitläufige Waldgebiete umfasst und unter Naturschutz gestellt wurde. Unbeschreiblich schön ist die Steilküste mit den strahlend weißen Kreidefelsen. Der **Königsstuhl** ist ohne Frage die bekannteste Klippe hier. Täglich kommen viele Touristen hier her, um sich dies anzusehen. Nicht minder schön sind die anderen Kreidefelsen entlang der Küstenlinie. Unter ihnen auch der **Wissower Klinken**, der aber dasselbe Schicksal teilt, wie viele andere Felsen: Sie rutschen nach und nach ins Meer ab. Kaspar David Friedrich verewigte schon früh die Schönheit der Felsen auf seinen Bildern.

Tipp: Die Tour durch die **Halbinsel Jasmund** ist anstrengender, als man zunächst vermuten mag. Es geht stetig auf und ab. Nicht besonders steil, nicht besonders lang, aber dennoch melden die Waden dies eindeutig zurück. Zudem ist der Untergrund, auf dem wir radeln nicht überall optimal. Der Tipp ist also, genau abzuwägen, ob die Strecke bis zum **Königsstuhl** (von Sassnitz hin und retour rund 18 km) mit dem Rad zurückgelegt oder eine andere, näher liegende Felsformation an der Küste angesteuert wird.

Weiter geht´s von Sassnitz über Klementelvitz nach Sagard und vor dort durch Wostevitz zu den Toren Neu Mukrans. Von hier können wir am Strand oder neben der Straße wieder zurück zum Camp fahren.

Die **St. Michael-Kirche** von Sagard überrascht uns mit dem Verhältnis des wuchtigen Turms zum Schiff. Nicht weit ist es von hier bis zum **Martinshafen** am **Jasmunder Bodden**. Der Bodden ist eine große, 14 km lange Lagune, deren Wasser natürlich schneller warm wird, wie die Ostsee. Darum ist der Sandstrand hier besonders einladend.

Kartentipp:
ADFC-Regionalkarte Rügen/Fischland-Darß, 1:75.000,
ISBN 978-3-87073-736-8, € 8,95
Digital für Smartphones und Tablets:
www.fahrrad-buecher-karten.de/rk-digital

15 Von der weißen Stadt zur Inselmetropole

Von **Prora** nach Putbus und Bergen auf Rügen

CamperTouren Info

41 km, überwiegend auf separaten Radwegen, Radwegen neben der Straße sowie auf Nebenstraßen. Bis Putbus keine größeren Steigungen, dann einige kurze, knackige Steigungen, regionale Wegweisung.

Start / Ziel: Camping Maier in Prora, www.camping-meier-ruegen.de

Auswahl weiterer Camps an der Strecke: Wohnmobilstellplatz bei Bergen

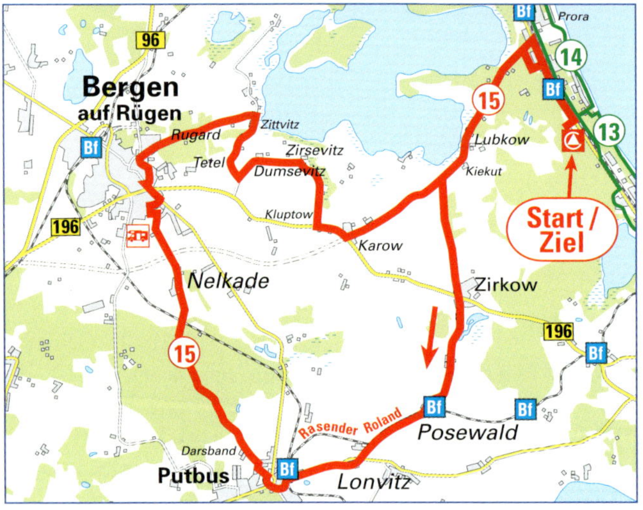

Los geht´s an der Ausfahrt des Camps, von der wir dem Radweg entlang der Straße nach links folgen. Später links Richtung Bergen und hinter Lubkow wieder links Richtung Putbus. Zirkow, Posewald und Lonvitz liegen auf unserem zum Schluss deutlich ansteigenden Weg nach Putbus.

Auf dieser Tour folgen wir den Spuren, die Wilhelm Malte I. auf Rügen für die Ewigkeit hinterließ. Nach einem ruhigen Beginn rollen wir durch die „weiße Stadt" Putbus und stellen fest, dass der Name wirklich passt. Etwas hügeliger verläuft der Rest der Rundfahrt durch Bergen.

Die **Ostsee** ist ein „Brackwassermeer" – und sogar das größte der Erde! Der Begriff stammt von dem Umstand, dass es nur wenig Verbindung zur Nordsee gibt und damit der Salzgehalt eher gering ist. Dabei ist die Ostsee, auch Baltisches Meer genannt, richtig groß. Sie bedeckt eine Fläche von 421.000 qkm und bildet den Meereszugang für gleich **neun Länder** Europas.

In Zirkow finden wir einen schönen historischen Ortskern, im dem mehrere **Fachwerkhäuser** unter Denkmalschutz gestellt wurden. Mittendrin ragt die **gotische Johanniskirche** empor.

Vor den Toren Posewalds liegen einige **Großsteingräber** aus der Jungsteinzeit. Deutlich „später" wurde das **Gutshaus** mit seinen markanten Türmen errichtet.

Kaum zu glauben, aber Putbus ist die jüngste Stadt auf Rügen. Zugleich ist der Ortsteil Lauterbach das älteste Seebad auf der Insel. Wilhelm Malte I., Fürst zu Putbus, wurde hier in der Gegend geboren. Er sorgte dafür, dass ab 1810 eine Planstadt entstand, sich bestens zum bereits bestehenden Schloss mit **Park** gesellte. Am Rande des Parks sehen wir die **Orangerie**, die von zwei Löwen bewacht wird. Das Zentrum von Putbus wurde der kreisrunde, „**Circus**" genannte Platz mit einem 19 m hohen **Obelisk** in der Mitte. Drumherum stehen das **Pädagogium**, einst das erste

Fürst Maltes „Schlösschen"

Der Roland „rast" von Putbus über Rügen

Gymnasium der Insel, und 15 weitere strahlend weiß getünchte Gebäude. Weitere tolle Gebäude finden wir rund um den **Markt**, wo sich auch das **Rathaus** befindet. Wer sich weiterbilden möchte, besucht das Uhren- und Musikgeräte-Museum.

Tipp: Wer Putbus in vollen Zügen genossen hat, kann in den historischen Zug steigen und sich bequem nach Binz zurückbringen lassen. Der „**Rasende Roland**", die denkmalgeschützte Kleinspurbahn verkehrt in regelmäßigem Takt und hat hier in Putbus den „Heimathafen".

Weiter geht´s von Putbus via Darsband und Neklade, nach Bergen, das wir mit einem weiteren Anstieg erreichen. Rugard, Zittvitz, Tetel, Dumsevitz, Zirsevitz, Kluptow, Karow durchradeln wir, ehe wir bei Kiekut wieder auf die Strecke treffen, auf der wir hierherkamen. Und genauso radeln wir auch wieder zurück nach Prora.

Das älteste Bauwerk von Bergen, die **Marienkirche**, sehen wir schon von weitem, denn sie thront auf dem Joachimsberg und blickt mit ihrem Turm weit über die Stadt. Nicht weit entfernt erzählt uns das **Stadtmuseum** im Klosterhof mehr über die wechselvolle Geschichte Bergens. Außer „unserem" Fürsten Malte I. gilt der Dichter und Politiker Ernst Moritz Arndt als wichtigster Sohn der Insel. Er wurde 1769 auf Rügen geboren und machte sich einen Namen als Professor. Auf dem 91 m hohen Rugard, einem Hügel bei Bergen, steht ein nach ihm benannter 27 m hoher **Turm**. Wer die 80 Stufen in die gläserne Kuppel geschafft hat, wird von einem unglaublichen **Fernblick** überwältigt.

Kartentipp:
ADFC-Regionalkarte Rügen/Fischland-Darß, 1:75.000,
ISBN 978-3-87073-736-8, € 8,95
Digital für Smartphones und Tablets:
www.fahrrad-buecher-karten.de/rk-digital

16 Ostsee-Perlen

Von **Stubbenfelde** nach Ahlbeck

CamperTouren Info

33 km, überwiegend auf separaten Radwegen, Radwegen neben der Straße sowie auf Nebenstraßen. Nur einige kleinere Steigungen, regionale Wegweisung.

Start / Ziel: Campingplatz Stubbenfelde, www.stubbenfelde.de

Auswahl weiterer Camps an der Strecke: Naturcampingplatz Am Strand, Waldparkplatz Bansin, Camping Familie Knüppel, Mobilcamp bzw. Campingplatz Heringsdorf, WoMo-Stellplatz am Korbwerk, Caravanplatz Am Wiesengrund, Wohnmobilstellplatz Ahlbeck, Nandalsee Camping, Naturcamping Hafen Stagnieß

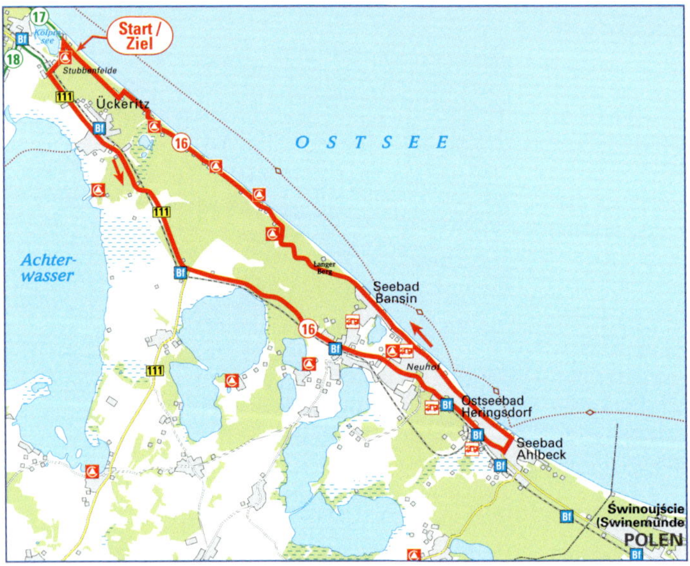

Der Radweg verläuft direkt vor den Toren des Camps – und wer einmal keine Lust zum Radeln hat, steigt in die Bäderbahn, die 300 m entfernt hält. Gäste werden mit Wellness, Sauna, Fitness, Spielplatz, Restaurant, und noch vielem mehr verwöhnt.

Los geht´s an der Ausfahrt des Camps, den wir geradeaus durch den Ort Stubbenfelde verlassen. Nachdem wir die Bahnschienen passiert haben, nehmen wir den Radweg an der Bundesstraße nach links. So radeln wir durch Ückeritz, Bansin, Neuhof und Heringsdorf nach Ahlbeck, wo wir nach links die Uferpromenade ansteuern.

Usedom wird im Durchschnitt von 1906 Sonnenstunden im Jahr verwöhnt und gilt damit als eine der sonnenreichsten Regionen des Landes. Bis zu 70 m breit und sagenhafte 42 km lang ist der feine Sandstrand. Der wird begleitet von einem perfekten Radweg, der uns unbeschwertes Vergnügen verspricht.

Wow – was für eine Lage! Der **Campingplatz Stubbenfelde** liegt malerisch unter hohen, Schatten spendenden **Laubbäumen** am langen **Sandstrand** der Ostsee. Wem eher der Sinn nach ruhigerem Wasser steht, ist nach wenigen Schritten am Ufer des **Kölpinsees**.

Schon zur Bronzezeit war die Gegend um Ükeritz besiedelt. Unsere Vorfahren wussten vermutlich auch schon die gute Lage am **Achterwasser** zu schätzen. Das heutige Seebad empfängt uns mit einer schönen **Promenade** mit farbenfrohen Holzhäusern.

Ahlbeck ist das perfekte Zwischenziel unserer Radtour, denn es gehört zu den „**Drei Kaiserbädern**", wie auch Bansin und Heringsdorf. Die wundervolle **Bäderarchitektur** zieht

Holzsteg in den Urlaub – der Endlosstrand von Ahlbeck

sich durch die komplette Stadt – immer wieder entdecken wir neue, weiß getünchte und verzierte **Villen**. Der weiße Strand wird geziert von der **ältesten Seebrücke Deutschlands**. Komiker Loriot ließ die baufällige Brücke samt Prachtbau darauf herrichten, denn sie diente in seinem Film „Papa ante Portas" als Kulisse.

Tipp: Die wundervolle Promenade samt Radweg bringen uns mit nur wenigen Pedalumdrehungen nach **Swinemünde**. Kaum zu glauben, dass wir heutzutage so unkompliziert die Grenze nach Polen überschreiten können. Auch hier geht die eindrucksvolle Promenade weiter. Und direkt dahinter hält Swinemünde viele historische Gebäude bereit.

Weiter geht´s von Ahlbeck stets an der Uferpromenade entlang – der feinen Adressen von Heringsdorf und Bansin. Dann rollen wir um den „Langen Berg" herum und kehren wieder zurück an die See. Unser Radweg führt uns geradewegs zurück zum Camp.

Sagenhafte 42 km ist der endlos wirkende **Sandstrand** von Usedom lang. Von Swinemünde bis Bansin wurde eine 12 km lange **Promenade** geschaffen – es ist die längste Europas und damit eine perfekte Flanier- und Radelmeile.

Bansin schmücken eine 285 m lange Seebrücke und ein bestens erhaltenes Ensemble der **Bäderarchitektur**. Diese geht gemeinsam mit der tollen Promenade nahtlos über in Heringsdorf. Und gleich der nächste Superlativ: Die **Seebrücke** von Heringsdorf misst 508 m und ist damit die längste Ihrer Art in Deutschland.

Wir kommen nochmals an Ückeritz vorbei, dieses Mal an dem Ortsteil, der Zugang zum Ostseestrand und einer kleinen Shoppingmeile hat.

Kartentipp:
ADFC-Regionalkarte Usedom/Stettiner Haff, 1:75.000,
ISBN 978-3-87073-818-1, € 8,95
Digital für Smartphones und Tablets:
www.fahrrad-buecher-karten.de/rk-digital

Tour

17 Erfreuliche Reise in die dunkle Geschichte

Von **Stubbenfelde** nach Peenemünde

CamperTouren Info

31 km, überwiegend auf separaten Radwegen, Radwegen neben der Straße sowie auf Nebenstraßen. Keine Steigungen, regionale Wegweisung.

Start / Ziel: Campingplatz Stubbenfelde, www.stubbenfelde.de

Auswahl weiterer Camps an der Strecke: Campingplatz am Sandfeld, Wohnmobilstellplatz Damerow, Camping Am Dünengelände, Camping Pommernland, Camping Ostseeblick, Dünencamp Karlshagen

Bei Koserow erreichen wir die Stelle, an der Ostsee und Achterwasser bis auf 300 m aneinanderrücken. Die **Salzhütten** rund um Koserow und Zempin herum haben teils Reetdächer, die soweit runtergezogen sind, dass man das Fachwerk kaum noch erkennen kann. Zur See hin genießen wir die Steilküste und die Fahrt durch den **Dünenwald**, der uns noch einige Kilometer begleiten wird. Wer genau hinschaut, entdeckt bei Zempin Reste der **Startrampe** einer V1-Rakete. Eine Infotafel erklärt uns mehr zu dieser düsteren Geschichte. Erhellender ist da ein Blick auf die See, die hier vom sogenannten Bernsteinstrand begleitet wird.

Zinnowitz ist wieder ein typischer Badeort mit **Bäderarchitektur** und einer 350 m langen Seebrücke. Besonders ist hier, dass es eine Tauchglocke zu sehen gibt.

Das nächste Ostseebad auf unserer Tour lässt nicht lange auf sich warten: Trassenheide gehört zwar zu den kleineren Bädern, gefällt uns aber besonders durch die ruhige **Promenade** und die herrliche **Schmetterlingsfarm**, die als größte ihrer Art in Europa gilt

Nachdem wir bereits an der Küste entlang zu den „Kaiserbädern" unterwegs waren, lernen wir heute etwas weniger bekannte Seebäder Usedoms kennen. Auch diese haben ihren eigenen Charme, dem wir uns nicht entziehen können.

Los geht´s wieder an der Ausfahrt des Camps, wo wir nach rechts wegfahren und dem Ufer des Kölpiner Sees folgen. Danach gesellen wir uns ans Ufer der Ostsee und radeln entspannt vorbei an Koserow, Zempin und Zinnowitz. Ab Trassenheide finden wir Schatten bei der Fahrt durch den Dünenwald, ehe wir an Karlshagen vorbei rollen. Später verlassen wir die See, biegen links ab und gelangen nach Peenemünde.

An der Seebrücke von Zinnowitz gibt es sogar eine Tauchglocke

Die Gegend um Karlshagen herum war lange Zeit Sperrgebiet. Grund war die Heeresversuchsanstalt Peenemünde. Für die dort beschäftigten Soldaten und Wissenschaftler wurde hier in Karlshagen eine **Wohnsiedlung** errichtet. Während des Krieges gab es zudem ein Zwangsarbeiterlager, in dem auch Kriegsgefangene interniert wurden. Gut, dass eine Gedenkstätte daran erinnert, dass solche Zeiten nie wieder kommen dürfen.

Heute gefällt uns Karlshagen mit einer schmucken **Strandpromenade**, einer Marina und schicken Ferienhäusern.

Weiter geht´s von Peenemünde über den Deich zum Hafen von Karlshagen. Auch dahinter bleiben wir stets am Ufer des Peenestroms, kommen durch Zecherin nach Mahlzow. Hier zweigen wir links ab und rollen auf dem Radweg neben der B111 durch Bannemin und Zinnowitz nach Zempin. Von hier geht's auf demselben Weg zum Camp zurück, auf dem wir herkamen.

Bei unserer Fahrt über den Deich haben wir zu beiden Seiten nur blaues Wasser um uns herum. Kurz darauf kommen wir an den **Bunkeranlagen** vorbei.

Tipp : Wer die Tour verkürzen möchte, fährt nur bis Karlshagen und dann an der Küste wieder retour. Damit sind es in Summe nur rund 38 km. Wenn bei Mahlzow die Lust oder der Akku am E-Bike nachlassen, können wir hier in die **Bahn** steigen und nach Stubbenfelde zurück fahren.

Pennemünde ist die größte Gemeinde der Insel. Bekannt wurde sie allerdings durch die **Heeresversuchsanstalt**, in der das „Aggregat 4" entwickelt und getestet wurde. Als „V2" machte die Rakete von sich Namen. Das ehemalige **Kraftwerk** der Anstalt vermittelt uns einen Eindruck von den Dimensionen, in denen hier einst Unfug getrieben wurde. Heute ist hier ein **Museum** eingezogen, das die Historie aufarbeitet.

Kartentipp:
ADFC-Regionalkarte Usedom/Stettiner Haff, 1:75.000,
ISBN 978-3-87073-818-1, € 8,95
Digital für Smartphones und Tablets:
www.fahrrad-buecher-karten.de/rk-digital

18 To(u)r zum Festland

Von **Stubbenfelde** nach Wolgast

CamperTouren Info

31 km, überwiegend auf separaten Radwegen, Radwegen neben der Straße sowie auf Nebenstraßen. Keine Steigungen, regionale Wegweisung.

Start / Ziel: Campingplatz Stubbenfelde, www.stubbenfelde.de

Das Achterwasser schließt Usedom sanft ein, während auf der anderen Seite der Nehrung die Ostsee brandet. Ein schöner Radweg führt uns auf der fast gesamten Tour entlang des Achterwassers und gestaltet das Radeln zum Naturerlebnis.

Los geht´s an der Ausfahrt des Camps, die wir geradeaus verlassen, um die Schienen und gleich darauf die Straße geradeaus zu passieren und rechts der Hauptstraße zu folgen. An der Strandstraße biegen wir nach links Richtung Loddin, wo wir auf das Achterwasser treffen und folgen dem Ufer nach rechts. Wir tangieren Koserow, Forsthaus Damerow und gelangen nach Zempin.

Am Sportboothafen von Loddin haben wir das Achterwasser erreicht. „Achtern" bedeutet im Niederdeutschen soviel wie „hinten" und ist damit eine gute Umschreibung dafür, dass das **Achterwasser** eine Lagune hinter der Ostseeküste bildet. Bei Zempin ist die Nehrung, die beide Gewässer trennt, gerade einmal 300 m breit. Zugleich mündet der Peenestrom hier in die See, was eine einzigartige Landschaft modellierte. Das Achterwasser ist nicht allzu tief und wärmt sich natürlich schneller auf als die Ostsee. Daher ist es ein beliebtes Revier für Wassersportler.

Die **Loddiner Höft** ragt bis zu 16 m über dem Wasser heraus und sorgt für gute Ausblicke. Gleich in der Nachbarschaft gibt es Deutschlands nördlichsten „Weinberg". Etwas nördlich des Ortes liegt der ruhige **Kölpinsee**, der in den 1920er und 1930er Jahren als Filmkulisse diente.

Auf unserer Tour kommen wir am **Forsthaus Damerow** vorbei. In dem schönen, reetgedeckten Bau ist ein Hotel mit Wellness-Oase untergebracht.

Am Anglerhafen Zempins begrüßt uns eine etwa 350 Jahre alte, üppig gewachsene Eiche. An den Dorfstraßen finden wir viele weitere **reetgedeckte Häuser**. Im gesamten Ort sollen es fast 50 sein.

Kaum auf dem Festland angekommen begrüßt uns Wolgast mit seinem Speicher

Weiter geht´s von Zempin am Ufer des Achterwassers entlang. Wir passieren den Yachthafen von Zinnowitz und radeln nach weiteren entspannten Kilometern am Ufer rechts ab nach Neuendorf. Hinter dem Ort gelangen wir wieder ans Achterwasser, dem wir nach rechts folgen. Durch Krummin erreichen wir Neeberg, wo wir rechts abbiegen. Rasch ist die Peenebrücke erreicht, über die wir nach Wolgast rollen. Die Bahn bringt uns wieder zurück nach Stubbenfelde.

Spektakulär sieht sie aus, die blau gestrichene **Peenebrücke**. Wenn sie aufgeklappt wird, um Schiffe passieren zu lassen, wird erst richtig deutlich, welche Meisterleistung die Ingenieure hier vollbracht haben. Sie dient dazu, dass Bahnen, aber auch etwa 12.000 Fahrzeuge pro Tag hinüber nach Usedom gelangen können, ohne die Fähre zu nutzen. 1945 wurde die Brücke durch die Wehrmacht gesprengt, allerding blieb der Klappteil erhalten. Nach fünf Jahren Bauzeit war die Brücke wieder befahrbar und erhielt den Namen „Brücke der Freundschaft".

Tipp: Wer mag, kann auch mit dem Rad zurückfahren. Wenn wir dabei den **Radweg** entlang der B111 nutzen, sind die 21 Kilometer rasch geschafft.

Wolgast ist ein ideales Ziel für unsere Radtour, denn wir haben hier noch viel zu sehen – nicht nur die Peenebrücke. Direkt hinter der Brücke liegt der alte Wolgaster Hafen mit dem **Speicher** von 1836.

Im historischen Zentrum entdecken wir viele **Fachwerkhäuser** und das strahlend weiße **Rathaus**. Die **Petrikirche** wurde zunächst im gotischen Stil erbaut und später umgestaltet. Wer mehr über die Stadt erfahren mag, besucht das Stadtgeschichtliche Museum.

Kartentipp:
ADFC-Regionalkarte Usedom/Stettiner Haff, 1:75.000,
ISBN 978-3-87073-818-1, € 8,95
Digital für Smartphones und Tablets:
www.fahrrad-buecher-karten.de/rk-digital

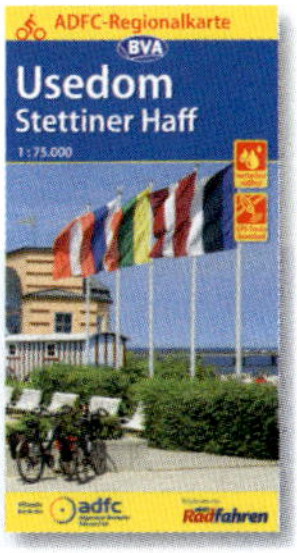

19 Fische, Vögel und eine geruhsame Innenstadt

Von **Waren** zum Warnker See

CamperTouren Info

24 km, überwiegend auf separaten Radwegen, Radwegen neben der Straße sowie auf Nebenstraßen. Leicht hügelig, keine größeren Steigungen, regionale Wegweisung

Start / Ziel: Camping- und Wohnmobilpark Kamerun bei Waren, www.campingpark-kamerun.de

Auswahl weiterer Camps an der Strecke: Wohnmobilstellplatz Waren, Campingplatz Ecktannen

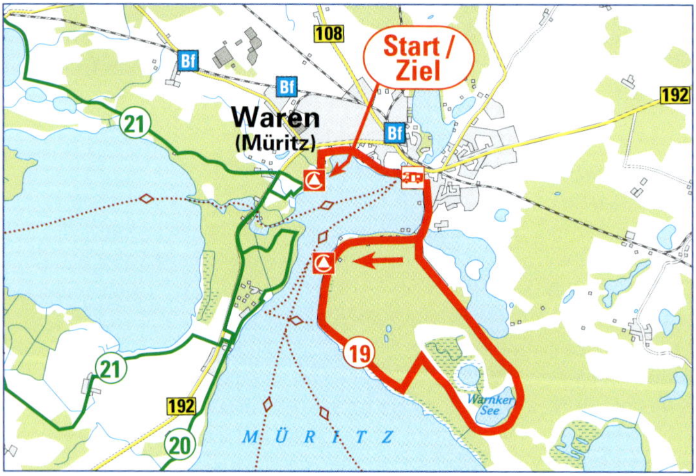

toben sich auf dem Spielplatz mit Seilbahn aus.

Los geht´s an der Ausfahrt des Camps, die wir entlang des Wassers Richtung Innenstadt verlassen, um dem Müritz-Rundweg durch Obstwiesen zu folgen. Wir treffen auf einen Steg, den wir schiebend nutzen. Dahinter radeln wir am Volksbad vorbei und gelangen stets in Ufernähe ins Herz von Waren.

Diese Tour ist bewusst recht kurz gehalten, damit genügend Zeit bleibt, die herrliche Stadt Waren an der Müritz kennenzulernen. Aber auch Naturliebhaber kommen auf ihre Kosten, denn wir drehen eine Runde durch den Warener Staatsforst.

Der **Camping- und Wohnmobilpark Kamerun** ist genial gelegen: Einerseits ruhig inmitten eines schattigen Waldes, andererseits aber auch in direkter Nähe zum Besucher-Hotspot Waren. Was das Camp aber perfekt macht, ist seine Lage direkt an der Müritz mit einem Badestrand. Wer sein Boot mitbringt, findet hier direkt vor der Tür Liegeplätze. Aber auch das Leihen von Booten, Kanus und Kajaks ist möglich. Die Kleinen

Der Kurort Waren an der Müritz hat sich zu einem echten Besuchermagneten entwickelt. Es ist aber auch so schön hier: Im weitläufigen **Stadthafen** mit seinen alten Speicherbauten schaukeln die (Haus-) Boote, während sich direkt dahinter eine schmucke Altstadt erhebt. An der höchsten Stelle steht die **St. Marien-Kirche** mit ihrem helmgekrönten Turm. 175 Stufen führen hinauf auf den 54 m hohen Turm, von dem wir das Treiben in der Stadt und auf dem Wasser bestens beobachten können. Gleich in der Nähe der Kirche liegen der Neue Markt mit dem **Neuen Rathaus** in englischer Tudorgotik und die einladende Fußgängerzone. Hier finden wir reichlich Möglichkeiten zum Shoppen und Ein-

Hotspot: Am Hafen von Waren haben Radler, Kapitäne, Flanierer und andere Gäste ein Stelldichein

kehren. Schön anzusehen sind auch das **Alte Rathaus** aus dem 14. Jh., die Kirche St. Georgen, die **Löwenapotheke** und die ehemalige Posthalterei.

Tipp: Der Besuch des **Müritzeums** sollte unbedingt mit auf dem Besuchsprogramm von Waren stehen. Das größte Süßwasser-Aquarium Deutschlands zeigt uns mehr als 40 heimische Fischarten. Zum Müritz-Nationalpark gibt es zudem eine Multimediale Ausstellung.

Weiter geht´s von Waren am Hafen entlang der Straße „Am Seeufer“, die wir später nach rechts in die Strandpromenade verlassen. So tangieren wir Ecktannen und tauchen ein in ruhige Natur. Beim Vogel-Beobachtungsturm biegen wir links ab und fahren vom Ufer weg. An der nächsten Ecke rechts und dann gegen den Uhrzeigersinn um den Warnker See herum. Auf einer bestens ausgebauten „Fahrradstraße“, die sogar etwas bergab geht, kommen wir wieder zurück zu den Toren Warens. Von hier fahren wir stets in Ufernähe auf demselben Weg zum Camp zurück, auf dem wir herkamen.

Nach dem Abbiegen auf die **„Strandpromenade“** radeln wir unterhalb einer kleinen Siedlung. An einer Stelle führt eine Treppe dort hinauf. Von hier haben wir eine herrliche Sicht auf den Hafen und die Skyline von Waren. Hinter Ecktannen mit seinen wenigen Häusern und dem Campingplatz wird es richtig ruhig – wir radeln stets am Ufer entlang mit guten Blicken über den See. Schnell wird klar, warum sich die Vögel hier so wohl fühlen. Vom **Beobachtungsturm** können wir ihnen näher ins Gefieder schauen.

Kartentipp:
ADFC-Regionalkarte Mecklenburgische Seenplatte, 1:75.000,
ISBN 978-3-87073-953-9, € 9,95
Digital für Smartphones und Tablets:
www.fahrrad-buecher-karten.de/rk-digital

20 Sandiges Westufer

Von **Waren** nach Röbel

CamperTouren Info

27 km, überwiegend auf separaten Radwegen, Radwegen neben der Straße sowie auf Nebenstraßen. Leicht hügelig, keine größeren Steigungen, regionale Wegweisung

Start / Ziel: Camping- und Wohnmobilpark Kamerun bei Waren, www.campingpark-kamerun.de

Auswahl weiterer Camps an der Strecke: Campingplatz Sietower Bucht, Campingplatz C 80, Campingplatz Hirschberg, Zeltplatz Gotthun, Campingplatz Pappelbucht

Wir machen uns heute auf, das idyllische Westufer der Müritz zu entdecken. Der Naturgenuss steht dabei im Vordergrund, denn die meiste Strecke legen wir durch dichten Wald zurück. Kleine Orte und herrliche Ausblicke über den See sorgen dabei immer wieder für Kurzweil.

Los geht´s quasi mitten im Camp, das wir auf dem dort verlaufenden Müritz-Rundweg verlassen. Die Strecke führt malerisch, aber etwas hügelig, kurvig und sandig durch den Wald und trifft bei Eldenburg auf die Straße. Dort links über die Brücke (etwas eng!) und gleich wieder rechts. Stets in Ufernähe gelangen wir zu einigen Feriensiedlungen und in den Òrt Klink.

Bei Eldenburg überqueren wir den Eldekanal, der auch Reeckkanal genannt wird. Er verbindet die Müritz mit dem Kölpinsee und ist damit bei Freizeitkapitänen sehr beliebt.

In Klink wurde 1974 das FDGB-Erholungsheim „Völkerfreundschaft" mit 1.000 Zimmern errichtet. Zusammen mit anderen Einrichtungen wurde es zum größten Ferienzentrum der Region. Noch heute kommen die Erholungssuchenden in diese Gegend. Viele steigen etwas feiner ab im Schlosshotel Klink, das uns mit den Türmchen und Erkern zurecht an die Schlösser der Loire erinnert.

Weiter geht´s von Klink vorbei an Sembzin, Sietow und Zierzow nach Gotthun. Es geht hügelig weiter an einigen Campingplätzen

vorbei, ehe wir Marienfeld und die Stadtrandsiedlung tangieren und ins Herz von Röbel kommen. Hier steuern wir den Hafen an und lassen uns bequem mit dem Schiff zurück nach Waren schippern. Von hier sind es nur ein paar Minuten auf dem Müritz-Rundweg zurück zum Camp.

Sind wir an der Müritz oder an der Südsee?

In Sietow schauen wir uns die kleine Feldsteinkirche an und freuen uns im weiteren Tourverlauf auf wundervolle Ausblicke über die Müritz. Diese schöne Gegend lockt viele Gäste an – rund um Gotthun finden auch Camper weitere Unterkünfte.

Tipp: Wer noch gut bei Kräften ist, folgt weiter dem Radweg, der einmal um die Müritz herum führt. Je nach gewählter Strecke sind dies zwischen 88 und 111 Kilometer. Wegen des hügeligen Verlaufs ist das für eine Tagestour recht viel. Allerdings gibt es auf der Runde zwei weitere Gelegenheiten, auf´s Schiff umzusteigen.

Röbel reicht weit hinein ins blaue Nass der Müritz. Einst entwickelt sich eine Bauern- und Fischersiedlung rund um eine Burg. Später kamen Kaufleute und Handwerker – die siedelten sich landeinwärts an und schützten den Ort mit einer Mauer. Von der Mauer ist nicht mehr viel zu erkennen. Dafür umso mehr von der frühgotischen St. Marien-Kirche, die einen 58 m hohen Kirchturm besitzt. Wer den Aufstieg wagt, wird mit einer unglaublichen Aussicht über Stadt, Wald und Müritz belohnt. Auch die St. Nikolai-Kirche sehen wir von hier oben. Sie ragt aus den farbenfrohen Fachwerkhäusern der Altstadt empor. Zum Ausklang der Tour genießen wir von der Müritzpromenade das geschäftige Treiben der Skipper im Hafen. Wer mag, regeneriert in der Müritztherme oder schaut sich alte Loks im Freilicht-Bahnhofsmuseum an.

Kartentipp:
ADFC-Regionalkarte Mecklenburgische Seenplatte, 1:75.000,
ISBN 978-3-87073-953-9, € 9,95
Digital für Smartphones und Tablets:
www.fahrrad-buecher-karten.de/rk-digital

Tour

21 Viele Seen und viel Sehenswertes

Von **Waren** nach Malchow

CamperTouren Info

50 km, überwiegend auf separaten Radwegen, Radwegen neben der Straße sowie auf Nebenstraßen. Leicht hügelig, keine größeren Steigungen, regionale Wegweisung

Start / Ziel: Camping- und Wohnmobilpark Kamerun bei Waren, www.campingpark-kamerun.de

Auswahl weiterer Camps an der Strecke: Naturcamping Malchow

Je nachdem, wie wir zählen, kommen wir heute an acht Seen vorbei und erhalten einen guten Eindruck davon, dass die Mecklenburgische Seenplatte ihre Namen völlig zurecht bekam. Die Wege, auf denen wir radeln, sind ein stetes Auf und Ab, ohne aber sportliche Höchstleistungen von uns zu verlangen. Mit Malchow liegt einer der schönsten Städte der Region auf unserer Tour.

Los geht´s an der Ausfahrt des Camps, die wir nach links verlassen. Gleich darauf überqueren wir die Straße links versetzt geradeaus in die Straße Eldenholz. Diese verläuft etwas „zackig" durch den Wald und entpuppt sich als „Fahrradstraße". Wir kommen an gleich drei Seen vorbei und umrunden den Jabelschen See. Von hier radeln wir entlang von Straße und Schiene via Nossentin und Silz nach Malchow.

Schon kurz nach dem Start tangieren wir das Ufer des großen **Kölpinsees**, der eine Fläche von rund 20 qkm bedeckt. Gleich darauf sehen wir den **Hinteren**, dann den **Vorderen Kargowsee** und den **Jabelschen See**, den wir gegen den Uhrzeigersinn umrunden, um den Ort Jabel zu erreichen. Dort können wir uns die Dorfkirche und gleich daneben das Pfarrhaus ansehen. Von Jabel gelangt man auch zur Halbinsel namens **Damerower Werder**, auf dem sich auch Wiesente wohlfühlen.

Malchow ist ohne Frage eine der schönsten Städte der Region. Malerisch liegt der Ortskern auf einer **Insel** vom Wasser umspült. Klar, dass viele Skipper gerne hierher kommen, um dieses Panorama vom Boot aus zu genießen. Beim Schlendern durch die Gassen entdecken wir schöne alte Häuser, viele von ihnen mit **Fachwerk** gearbeitet. Unglaublich filigran gearbeitet ist die Fassade der **Malchower Klosterkirche** mit ihrem schlanken Backsteinturm.

Schön anzusehen sind auch das **Rathaus**, am Alten Markt und die Stadtkirche. In längst vergangene Zeiten entführt uns das **DDR-Museum**, in dem es vor allem Alltagsgegenstände zu sehen gibt. Deutlich älter als diese Exponate ist die **Stadtmühle**, in der elektrische Energie erzeugt wird. Seit 1997 können wir im Mecklenburgischen Orgelmuseum auf das mehr als 2.000 Jahre alte Handwerk des Orgelbaus zurückblicken.

Zu einem Stadtbesuch gehört es, in einem der Cafés oder Biergärten einzukehren und das Getümmel auf dem Wasser zu beobachten. An der **Alten Drehbrücke** ist dies besonders spannend, sie verbindet seit 1863 die Inselstadt mit der Neustadt.

Einladung zur Rast mit Seeblick

Weiter geht´s von Malchow über den Damm und dann links weg. Laschendorf, Untergöhren, Göhren-Lebbin, Wendhof und Grabenitz liegen auf dem Weg bevor wir Klink erreichen. Von hier folgen wir den Schildern des Müritz-Rundwegs, die uns geradewegs zurück zum Camp geleiten.

Tipp: Von Klink aus können wir auch entlang der B192 weiterradeln. Dies ist weniger hügelig und etwa 3 km kürzer, als der Weg durch den Wald.

Der Ort Göhren-Lebbin ist über die Landesgrenzen hinaus bekannt, denn viele machen hier Urlaub: Die großflächige **Ferienanlage Flesensee** bietet alles, was einen Aufenthalt angenehm macht. Wer hier nicht logiert, schaut sich **Schloss Flesensee** mit seinen markanten Türmen an.

Kartentipp:
ADFC-Regionalkarte Mecklenburgische Seenplatte, 1:75.000,
ISBN 978-3-87073-953-9, € 9,95
Digital für Smartphones und Tablets:
www.fahrrad-buecher-karten.de/rk-digital

22 Schlüpfriges Ziel an der Reeperbahn

Von **Billwerder** (bei Geesthacht) nach Hamburg-Mitte

CamperTouren Info

41 km, überwiegend auf separaten Radwegen, Radwegen neben der Straße sowie auf Nebenstraßen. Keine größeren Steigungen, regionale Wegweisung

Start / Ziel: Camping Land an der Elbe, www.camping-land-online.de bzw. Bahnhof St. Pauli

Auswahl weiterer Camps an der Strecke: Wohnmobilpark Elbe e.K., Campingplatz Stover Strand, Camping Oortkaten, Wohnmobilstellplatz Elbepark Bunthaus, Wohnmobilhafen Hamburg

Entspanntes Radeln in einer Millionenstadt? Das geht? Und ob: Auf dieser Tour rollen wir auf dem bestens gestalteten Elbe-Radweg stets in Ufernähe von den Außenbezirken Hamburgs bis ins Epizentrum an den Landungsbrücken.

Am „**Camping Land an der Elbe**" lohnt es sich wirklich, rechtzeitig einen Stellplatz zu reservieren, denn von einigen Parzellen aus können wir bequem aus dem Vorzelt oder dem Fenster auf die Elbe schauen. Nichts stört unsere Blicke auf das geschäftige Treiben auf dem Wasser, während unsere mobile Unterkunft unter einem der alten Bäume einen Schattenplatz einnimmt.

Los geht´s an der Ausfahrt des Camps, die wir nach rechts verlassen. Wir passieren den Campingplatz Stover Strand, wechseln mit einem Schlenker auf den anderen Radweg und folgen einfach immer weiter dem Verlauf der Elbe bzw. dem Elberadweg. So passieren wir Elbstorf, Drage, Laßrönne und Stöckte, ehe wir bei Hoopte mit der Fähre das Ufer wechseln nach Zollenspieker.

Gleich zu Beginn der Tour radeln wir an einem weiteren Campingplatz vorbei. Der ist genauso schnell belegt, wie unser Camp, denn hier ist echtes Südsee-Feeling angesagt: Entlang des Elbufers gibt es wunderbare Sandstrände, die zum Erholen und zum Sprung ins Wasser einladen. **Stover Strand**

Der Hamburger Hafen – Deutschlands Tor in die weite Welt

nennt sich diese beliebte Region vor den Türen der Millionenstadt.

Nachdem wir mit der Fähre übergesetzt haben, lernen wir ein weiteres Ausflugsziel kennen. Das **Fährhaus Zollenspieker** wird gerne von Radlern, Bikern und Spaziergängern angesteuert. Es liegt am Rand des gleichnamigen **Naturschutzgebietes**.

Weiter geht´s von Zollenspieker am Ufer entlang. Nach einigen Pedalumdrehungen durchs Hinterland passieren wir die Tatenberger Schleuse und gesellen uns wieder direkt zur Elbe, die links neben uns schwappt. Holzhafen, Oberhafen, Deichtorhallen, Speicherstadt und natürlich die Elbphilharmonie liegen auf unserem Weg, bis wir die Landungsbrücken erreichen. Hier geht's rechts ein paar Meter hinauf nach St. Pauli. Von hier kehren wir mit einmal Umsteigen am Hamburger Hauptbahnhof mit der Bahn zurück nach Geesthacht. Vom Bahnhof Geesthacht haben wir unser Camp in wenigen Minuten wieder erreicht.

Je näher wir dem Zentrum kommen, desto abwechslungsreicher wird es: Immer noch rollen wir auf besten Wegen an der Elbe entlang. Die Stiftung „Wasserkunst" hat sich zur Aufgabe gesetzt, das schöne alte **Wasserwerk** auf der Halbinsel Kaltehofe zu erhalten.

Komplett neu und chic hingegen sind die Gebäude am Holzhafen, von denen der Kristall Tower 72 m empor ragt. Auf 20 Etagen bietet er seit 2011 Platz für Büros und Wohnungen.

Ähnlich ist es auch in der **HafenCity**. Zu ihr zählt auch die alte **Speicherstadt**. In die altehrwürdigen, riesigen Lagerhäuser sind ebenfalls Büros und Wohnungen eingezogen. Wir finden hier auch Einkehrmöglichkeiten, ein Gewürzmuseum und das **Miniatur Wunderland**, dessen Name Programm ist. Modellbauer haben hier gleich mehrere perfekte Welten im Kleinformat erschaffen.

Tipp: Wer die Tour etwas eher beenden und sich das Umsteigen sparen möchte, biegt bei den **Deichtorhallen** rechts ab und radelt direkt zum Hamburger Hauptbahnhof.

Dann kommen wir vorbei am neuesten Wahrzeichen der Stadt: Die **Elbphilharmonie** sorgte lange für Schlagzeilen, erstrahlt aber seit 2016 in außergewöhnlichem Gewand und verzaubert die Besucher mit guter Musik.

Es geht Schlag auf Schlag weiter: An den **Landungsbrücken** flanieren die Besucher, probieren ein Fischbrötchen an einer der vielen Buden und steigen auf die Boote zur **Hafenrundfahrt**.

Nur ein paar Meter bergauf erreichen wir die **Reeperbahn**, die auch tagsüber stets gut besucht ist und im Abendschein ihrem Ruf als „Rotlichtmeile" gerecht wird. Leichte Mädchen, „spannende" Geschäfte, aber auch gute Restaurants machen den Aufenthalt hier kurzweilig.

Kartentipp:
ADFC-Regionalkarte Hamburg und Umgebung, 1:75.000,
ISBN 978-3-87073-683-5, € 8,95
Digital für Smartphones und Tablets:
www.fahrrad-buecher-karten.de/rk-digital

23 Kurzbesuch in der Nordheide

Von **Billwerder** (bei Geesthacht) nach Buchholz i.d.N.

CamperTouren Info

78 km, überwiegend auf separaten Radwegen, Radwegen neben der Straße sowie auf Nebenstraßen. Hügeliger Verlauf, keine größeren Steigungen, regionale Wegweisung

Start / Ziel: Camping Land an der Elbe, www.camping-land-online.de

Auswahl weiterer Camps an der Strecke: Campingplatz Jesteburg, Camping Nordheide

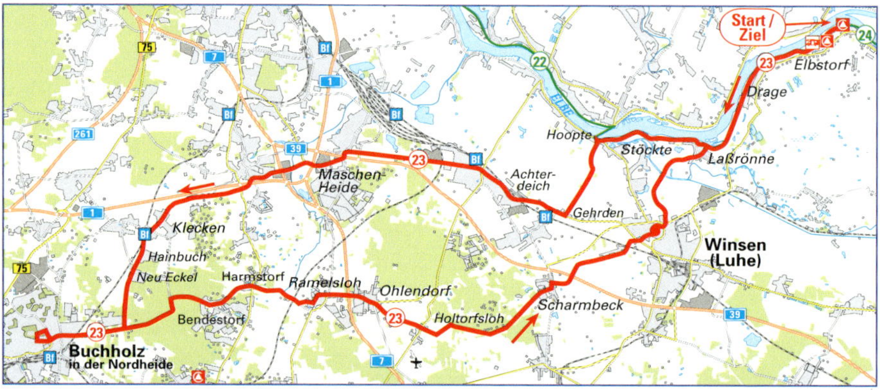

Hübsche Kleinstädte im Süden Hamburgs – so hätte man diese Tour auch nennen können. Unsere Radtour führt uns durch Buchholz, das bereits zur Lüneburger Heide zählt und durch Winsen, einer charmanten Kleinstadt an der Luhe.

Ländliche Idylle

Los geht´s an der Ausfahrt des Camps, die wir nach links verlassen und an der Windmühle eine Kehrtwende auf die Stover Straße vollziehen. Wieder passieren wir Elbstorf, Drage, Laßrönne und Stöckte, ehe wir bei Hoopte links abbiegen nach Gehrden. Achterdeich, Maschen Hittfeld, Klecken, Hainbuch und Neu-Eckel liegen auf unserem Weg nach Buchholz, das wir über die gerade Bendesdorfer Straße erreichen.

Das Buchholz von heute können wir als „modern" und „kulturelles Zentrum der Region" beschreiben. Es lag viele Jahrhunderte lang im „Dornröschenschlaf", die Breite Straße markierte noch 1918 die „Innenstadt", die aus einem Holzschuppen, einer Gaslaterne, einem Misthaufen und der St. Pauls-Kirche bestand. Glauben Sie nicht? Das Stadtarchiv hält ein entsprechendes Bild bereit. Zu der Zeit war der Aufschwung aber schon nicht mehr aufzuhalten – schon Ende des 19. Jhs.

Rechts oder links? Schön ist´s überall in der Heide

wurde Buchholz i.d.N. „wachgeküsst“, als hier ein **Eisenbahnknotenpunkt** entstand, aus dem sich die größte Stadt des Landkreises Harburg entwickelte. In der kleinen, aber feinen **Fußgängerzone** gibt es gute Lokale und Cafés, die zur Einkehr rufen, ansonsten wird vor allem die Kultur gepflegt mit Bürgerfesten, Sommermarkt, Porschetreffen und anderen Veranstaltungen.

Tipp: Etwas südlich unseres Weges liegt der Ortsteil Seppensen. Hier locken das Heimatmuseum und der 1992 eingerichtete **Schmetterlingspark**. Die Farbenpracht der kühnen Segler kommt im Tropenraum mit seinen üppigen Pflanzen besonders schön zur Geltung. Wir lernen hier, dass die 140 unterschiedlichen Arten zu unterschiedlichen Tageszeiten aktiv sind. Nachtaktiv ist der Atlas-Seidenspinner mit seinen über 30 cm Flügelspannweite. Der Gegensatz zu diesem größten Schmetterling der Welt ist der nur 2 cm große Glasflügler Greta. Nicht weit entfernt liegt sehr idyllisch unter Bäumen an einem See die **Seppenser Mühle**.

Weiter geht´s von Buchholz zunächst zurück auf der Bendesdorfer Straße, die uns zum gleichnamigen Ort bringt. Harmstorf, Ramelsloh, Ohlendorf, Holtorfsloh und Scharmbeck sind die Orte, die wir passieren, ehe wir nach Winsen (Luhe) gelangen. Die Stadt verlassen wir über den Laßrönner Weg nach Laßrönne. Von hier radeln wir auf demselben Weg wieder zurück zum Camp, den wir auf dem Hinweg nahmen.

Ganz in der Nähe unseres Weges liegen **Großsteingräber**. Sie stammen vermutlich von 2500 v.Chr. Das größte, ein Ganggrab, hat die erstaunlichen Abmaße von 48 x 6 Meter.

In Winsen (Luhe) müssen wir einen langen Aufenthalt einplanen, denn es gibt viel zu sehen: Auf und rund um eine Insel in der Luhe recken sich die wunderbaren Häuser der **Altstadt** empor. Zu ihnen zählen der Marstall, das Blaufärberhaus und die St. Marienkirche. Malerisch in einen Park eingebettet wurde das 1315 erstmals erwähnte **Schloss Winsen**. Dies war stets der Sitz von Großvögten, Amtmännern und Landräten.

Gegen Ende unserer Tour radeln wir durch das **Naturschutzgebiet von Luhe und Ilmenau**. Es ist eine der letzten Regionen, die in dieser markanten Art und Weise von den Gezeiten bestimmt werden.

Kartentipp:
ADFC-Regionalkarte Hamburg und Umgebung, 1:75.000,
ISBN 978-3-87073-683-5, € 8,95
Digital für Smartphones und Tablets:
www.fahrrad-buecher-karten.de/rk-digital

24 Am hohen Elbufer

Von **Billwerder** (bei Geesthacht) nach Lauenburg

CamperTouren Info

45 km, überwiegend auf separaten Radwegen, Radwegen neben der Straße sowie auf Nebenstraßen, keine größeren Steigungen, regionale Wegweisung

Start / Ziel: Camping Land an der Elbe, www.camping-land-online.de

Auswahl weiterer Camps an der Strecke: Campingplatz Hohes Elbufer, Bother Campingplatz Elbstrand, Campingplatz Worthmann, Wohnmobilstellplatz Hohnsdorf, Campingplatz Flecken Artlenburg, Camping Im Piepensack, Campingplatz Funke, Freizeit- und Campingpark Tespe

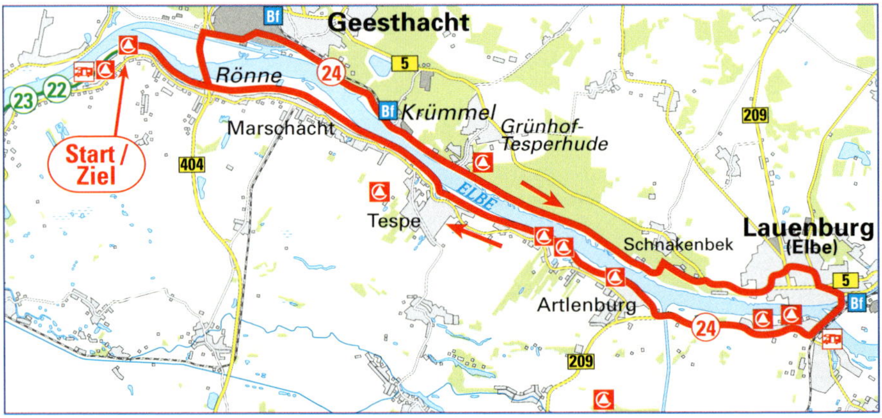

Die vielen Campingplätze entlang unserer Strecke lassen es erahnen: Dieser Abschnitt der Elbe ist landschaftlich ganz besonders schön. Und als ob das noch nicht ausreichen würde, wartet am Scheitelpunkt der Tour mit Lauenburg noch eine wunderbare Kleinstadt auf uns.

Los geht´s an der Ausfahrt des Camps, die wir Richtung Osten verlassen. Nach kurzer Fahrt können wir bei Rönne links abbiegen und über das Stauwehr die Elbe samt Nebenarm überqueren. Auf der anderen Seite bleiben wir am Ufer von Geesthacht, dem wir flussaufwärts folgen. Krümmel, Grünhof-Tesperhude und Schnakenbek tangieren wir, ehe wir nach Lauenburg gelangen.

Nach wenigen Metern sind wir schon in Schleswig-Holstein angekommen, denn die Elbe trennt die Bundesländer. Geesthacht empfängt uns mit der **Kirche St. Salvatoris**, die aus feinstem Backstein-Fachwerk errichtet wurde.

Ein Stück weiter an der Elbe entlang erinnert uns ein verfallener 30 m hoher **Wasserturm** daran, dass hier einst eine Sprengstofffabrik von Alfred Nobel stand. Später wuchs hier in Krümmel ein Kernkraftwerk heran.

Lauenburg ist nicht nur eine alte Schifferstadt an der Elbe, sondern auch eine echte Augenweide. Schönstes Fachwerk mit Backsteinen erwartet uns an der Promenade der Stadt, während auf der Elbe die Schiffe dümpeln. Aus dem Dächermeer der Altstadt streckt sich die **Maria-Magdalenen-Kirche**, die schon im 13. Jh. gegründet wurde. Vom einstigen Lauenburger Schloss ist noch der

Lauenburgs Schokoladenseite an der Elbe

Turm über, der auf dem Schlossberg thront. Von einer **Aussichtsterrasse** überblicken wir nicht nur die Stadt, sondern auch die Elbe und die umliegende Gegend. Sie liegt beim **Fürstengarten**, der 1590 als Lustgarten für Herzog Franz II. geschaffen wurde.

Seit über 1.000 Jahren gibt es Schifffahrt auf der Elbe. Mehr über die Menschen, die Technik und die Schiffe, die dazu im Einklang nötig sind, berichtet das **Museum** direkt am Ufer. Das angegliederte Archiv wird von einem Förderverein betrieben, ebenso der stilvolle **Raddampfer** „Kaiser Wilhelm", der immer noch auf dem Wasser dampft.

Tipp: Wer zurecht Gefallen am tollen **Elberadweg** gefunden hat, kann noch weiter radeln zu weiteren sehenswerten Orten wie Boizenburg und Bleckede. Eine andere lohnenswerte Variante folgt dem **Elbe-Lübeck-Kanal** über Mölln und Ratzeburg in die Hauptstadt des Marzipans.

Weiter geht´s von Lauenburg auf das andere Elbufer hinüber. Diesem folgen wir nun flussabwärts über Artlenburg, Tespe, Marschacht und Rönne wieder zurück zu unserem Camp.

Wenn wir auf dem anderen Ufer ankommen und uns nochmals umsehen, erkennen wir, wie toll das **Panorama** von Lauenburg ist: Die Häuser sind maximal 3 Etagen hoch, haben meist rote Dächer und ebenso rote Backsteinwände, viele von ihnen mit Fachwerk.

Artlenburg war einst ein wichtiger Übergang über die Elbe, der mit der auf der anderen Uferseite gelegenen Ertheneburg geschützt wurde. Auch im Zweiten Weltkrieg spielte der Flecken eine bedeutende Rolle. Heute geht es nur noch friedlich zu – und dazu rotiert beruhigend die schöne **Holländer-Windmühle**.

Kartentipp:
ADFC-Regionalkarte Hamburg und Umgebung, 1:75.000,
ISBN 978-3-87073-683-5, € 8,95
Digital für Smartphones und Tablets:
www.fahrrad-buecher-karten.de/rk-digital

25 Einkehr am Kutterhafen

Von **Norddeich** nach Greetsiel

CamperTouren Info

50 km, überwiegend auf separaten Radwegen, Radwegen neben der Straße sowie auf Nebenstraßen, keine Steigungen, regionale Wegweisung

Start / Ziel: Nordsee-Camp Norddeich, nordsee-camp.de

Auswahl weiterer Camps an der Strecke: Wohnmobilstellplatz Greetsiel

Los geht´s an der Ausfahrt des Camps, die wir nach links verlassen, um uns neben die Deichstraße zu gesellen. Diese führt uns in einem langen Bogen an der Küste entlang. Dann treffen wir auf den Lorenzweg, wo wir rechts und hinter dem Schöpfwerk nochmals rechts abbiegen. Schnurgerade geht es zu den Toren von Greetsiel.

Auf guten Radwegen rollen wir tiefenentspannt an der See entlang zur wundervollen Kleinstadt Greetsiel. Auf dem Rückweg statten wir einer der ältesten Städte Ostfrieslands einen Besuch ab und lernen mehr über die Kultur des Teetrinkens.

Direkt hinter dem Seedeich liegt unser **Nordsee-Camp**, das uns eine Fülle von Aktivitäten beschert: Außer den schon geplanten Radtouren können wir die ostfriesischen Inseln besuchen, Inliner Fahren, Wandern, Schwimmen, Segeln, Kiten und vieles mehr unternehmen. Und das alles mit dem UNESCO-Weltnaturerbe Wattenmeer vor der Tür. Entspannter kann ein Urlaub gar nicht sein.

Wir rollen durch die weitläufige Landschaft, die sich **Westermarsch** nennt. Neben uns schwappt die See in der Leybucht, ehe wir an das **Schöpfwerk Leybuchtsiel** und an den Störtebekerdeich gelangen. Er wurde in den 1950er Jahren errichtet und rang dem Meer weiteres Land ab, auf dem heute die Rinder weiden. Vor dieser Zeit gab es hier immer wieder verheerende Sturmfluten.

Gleich am Ortseingang von Greetsiel stehen sie vor uns, die **Zwillingsmühlen**. Wunderbar anzuschauen, dienen sie unterschiedlichen Zwecken: Während die eine Mühle noch in Betrieb ist, um Schrot zu mahlen, können wir nebenan einkehren und Tee trinken. Nicht versäumen dürfen wir es, der Straße an den Windmühlen vorbei ins Ortszentrum zu folgen, denn hier finden wir eine herrliche **Altstadt** und einen bezaubernden kleinen **Hafen**. Fangfrisch werden hier die Krabben und Fische verkauft, nachdem die Kutterflotte eingelaufen ist.

Einkehren und Tee trinken in den Zwillingswindmühlen

Tipp: Zum Nachtisch stellen wir uns an der **Eisdiele** an oder kehren in eines der guten Cafés oder Restaurants ein.

Weiter geht´s von Greetsiel, das wir über die Greetsieler Straße Richtung Norden verlassen und direkt rechts abbiegen in den Cirksenaweg. Den Schildern folgend radeln wir via Upgant-Schott nach Marienhafe und dann schnurgerade nach Norden. Von hier rollen wir zur Küste in Norddeich, der wir nur ein Stückchen nach links folgen müssen, um wieder zurück zu unserem Camp zu gelangen.

Ganz entspannt rollen wir durch die weiten Wiesen und Felder des Hinterlandes und erreichen Upgant-Schott mit der Windmühle Sterrenberg. An dieser Stelle gab es wohl schon 1569 eine erste Mühle, die immer wieder verändert wurde oder auch abbrannte. Heute steht hier eine Galerie-Holländerwindmühle, die ab und an zu Vorführungen in Betrieb genommen wird.

In Marienhafe steuern wir die schmucke **Marienkirche** an. Wer sich aufrafft und auf den 40 m hohen Turm steigt, genießt einen außergewöhnlichen Blick über das sogenannte Brookmerland.

Auf dem Radweg entlang der Straße kommen wir zu den ersten Häusern von Norden. Beim Bahnhof finden wir ein **Eisenbahnmuseum** mit historischen Anlagen, Gleisbau-Werkzeugen und natürlich Fahrzeugen.

In Norden können wir uns stundenlang aufhalten, ohne dass es langweilig wird, denn es gibt viel zu sehen: Ein Stückchen hinter dem Bahnhof erheben sich die **Deichmühle** mit einer 14 m hohen Galerie und auf der anderen Straßenseite die vierstöckige **Gnurre-Mühle Frisia**.

Am Markt stehen die „**Dree Süsters**“, ein Ensemble von drei Bürgerhäusern aus der Renaissance. Aus etwa derselben Zeit stammt das reich verzierte Schöningsche Haus, während die **Ludgerikirche** seit Jahrhunderten auf die Szenerie herunterblickt. Bevor wir unsere Rundtour beenden, schauen wir noch im **Ostfriesischen Teemuseum** vorbei und lassen uns erklären, dass der Teegenuss in dieser Region eine lange Tradition besitzt.

Kartentipp:
ADFC-Regionalkarte Ostfriesland, 1:75.000,
ISBN 978-3-87073-836-5, € 8,95
Digital für Smartphones und Tablets:
www.fahrrad-buecher-karten.de/rk-digital

26 Inselfeeling auf Norderney

Von **Norddeich** nach Norderney

CamperTouren Info

39 km, überwiegend auf separaten Radwegen, Radwegen neben der Straße sowie auf Nebenstraßen, keine Steigungen, regionale Wegweisung

Start / Ziel: Nordsee-Camp Norddeich, nordsee-camp.de

Auswahl weiterer Camps an der Strecke: Wohnmobilhafen Norddeich

Norderney ist die zweitgrößte der 15 Ostfriesischen Inseln. Sie ist bestens erschlossen, so dass wir eine schöne Rad-Runde einmal um die Insel herum fahren können. Der Wind bläst gefühlt immer von vorne und lässt uns kräftig in die Pedale treten.

Los geht´s an der Ausfahrt des Camps, die wir nach rechts verlassen, um uns neben die Deichstraße zu gesellen. Diese führt uns schnurgerade zum Hafen, wo wir auf die Fähre steigen und uns nach Norderney übersetzen lassen.

Insgesamt 15 Inseln zählen zu den **Ostfriesischen Inseln**, die im naturgeschützten **Nationalpark Niedersächsisches Wattenmeer** liegen und den Gezeiten, aber auch den Stürmen ausgesetzt sind. Damit entsteht ein raues Reizklima, das bestens für die Atemwege ist. Auch der Wind fegt meist über die Inseln, so dass wir gefühlt immer gegen den Wind radeln müssen – Glück hat, wer ein E-Bike fährt!

Bei den Inseln gibt es einige unbewohnte Eilande. Norderney ist mit rund 26 qkm nach Borkum die zweitgrößte Insel und touristisch bestens erschlossen. Die meisten Besucher tummeln sich in der gleichnamigen Inselhauptstadt, die seit 1948 Stadtrechte genießt. Das anerkannte **Nordseeheilbad** zählt nur rund 6.000 Einwohner, aber ungleich mehr Gäste, die oft zum Kuren hierher kommen. Das hat natürlich zur Folge, dass vor allem im Westen der Stadt größere Hotels entstanden, die sich aber ganz gut in das Panorama einfügen. Wer mehr über die Historie des Kurens auf der Insel erfahren mag, besucht das Bade-Museum.

An der höchsten Stelle sehen wir das „**Kap**", seit 1927 eine wichtige Landmarke für die Schifffahrt. Hoch heraus ragt auch der **Große Norderneyer Leuchtturm**.

Tipp: Auf unserer Rundfahrt über die Insel sehen wir immer wieder **Sanddornbüsche**, die sich der wilden Natur gut entgegenstemmen. Aus den Früchten werden Säfte und Marmeladen hergestellt, die zwar nicht allzu süß, dafür wegen des hohen Vitamingehaltes sehr gesund sind. Perfekt geeignet also als Souvenir von der Insel.

Totale Entspannung auf Norderney

55 m hohes Leuchtfeuer für die Schiffe

Weiter geht´s vom Fährhafen auf Norderney nach links immer am Deich entlang in die Inselhauptstadt. Nach dem Stadtbesuch kehren wir ans Ufer zurück und folgen dem Strandweg, der stets im Uhrzeigersinn an der Küstenlinie entlangführt. So gelangen wir an die äußerste Spitze der Insel, ehe wir, dieses Mal nicht direkt an der offenen See, wieder zurück radeln. Auf dem Weg liegen noch die Jugendherberge und der Flugplatz von Norderney, ehe wir nach rund 33 km wieder den Hafen erreichen. Am Ende unserer Insel-Runde besteigen wir wieder die Fähre, setzen über ans Festland und folgen der Deichstraße nach rechts zurück zum Camp.

Der Nordstrand, an dem wir entlang radeln, macht seinem Namen alle Ehre. Am „anderen Ende" Norderneys radeln wir durch die sogenannte **Rattendüne**, der äußerste Zipfel wurde **Nordbake** getauft. In diesem Teil der Insel sind nun nicht mehr so viele Besucher unterwegs.

Kartentipp:
ADFC-Regionalkarte Ostfriesland, 1:75.000, ISBN 978-3-87073-836-5, € 8,95
Digital für Smartphones und Tablets:
www.fahrrad-buecher-karten.de/rk-digital

Nachdem wir uns auf Norderney haben so richtig durchpusten lassen, ist in Norddeich genau der richtige Zeitpunkt, einen Tee zu genießen. Oder wie wär´s mit einem Besuch im **Meerwasser-Schwimmbad Ocean Wave,** das natürlich beheiztes Wasser verwendet? Auf dem Besuchsplan sollte unbedingt auch die **Seehundstation im Nationalpark-Haus** stehen, in dem wir mehr über diese possierlichen Meeresbewohner erfahren. Auch die Artenvielfakt des Wattenmeeres wird uns anschaulich nähergebracht.

27 Große Friesen-Runde

Von **Norddeich** nach Aurich

CamperTouren Info

81 km, Verkürzung möglich, überwiegend auf separaten Radwegen, Radwegen neben der Straße sowie auf Nebenstraßen, keine Steigungen, regionale Wegweisung

Start / Ziel: Nordsee-Camp Norddeich, nordsee-camp.de

Auswahl weiterer Camps an der Strecke: Campingfreunde Löwenzahn, Wohnmobilstellplatz Dornumersiel

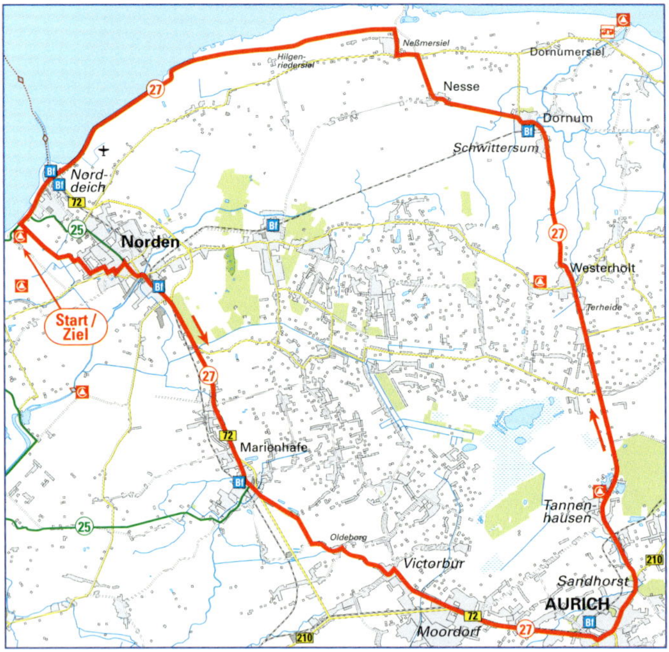

Auf guten Trassen radeln wir ganz ohne Steigungen durch das Südbrookmerland. Unser Ziel ist Aurich, das uns mit einer herrlichen Innenstadt einlädt, länger zu bleiben. Für den Rückweg haben wir noch ein wenig Nordseeküste eingeplant, um die Lungen mit frischer Luft zu versorgen.

Los geht´s an der Ausfahrt des Camps, die wir nach rechts verlassen, um gleich wieder rechts abzubiegen in den Kugelweg. Im Zick-Zack gelangen wir zu einem Kreisel. Wir fahren rechts und folgen den Straßen „Am Markt", „Burggraben", „Bahnhofstraße" aus der Stadt heraus. So gelangen wir via Marienhafe, Oldeborg, Victorbur und Moordorf nach Aurich.

Wir radeln auf den ersten Kilometern durch das Südbrookmerland, das nachweislich als erste Moorregion Ostfrieslands besiedelt wurde. Nachdem die Hochmoorgebiete urbar gemacht wurden, folgte ein wirtschaftlicher Aufschwung, der sich in den großen Kirchen wiederspiegelt. Sichtbare Zeugen dieser Zeit sind ein altes **Kolonialistenhaus** in Oldeborg und die **Kirche St. Victor** in Victorbur.

Aurich ist mit seiner perfekt sanierten Altstadt der Höhepunkt unserer Radrunde. Das kündigt sich schon zu Beginn mit der imposanten **Stiftsmühle** an. Als Museum zeigt heute die fünfstöckige Galerie-Holländerwindmühle wie hier einst Mehl gemahlen wurde. Auch auf die Technik der Entwässerung geht das Museum anschaulich ein. Lassen Sie die Auslöser der Kamera nur fleißig arbeiten, denn sie ist die zweithöchste Windmühle Ostfrieslands!

In der Innenstadt steuern wir zunächst den Marktplatz an, auf der eine 25 m hohe moderne Plastik aus Stahl und Plexiglas steht. **Sous-Turm** wird sie auch genannt, da sie 1990 vom Würse-

Albert Sous schuf die sehenswerte 25 m hohe Plastik aus Abfällen

ler Künstler Albert Sous geschaffen wurde. Verwendet hat er dabei vor allem Abfälle aus dem (Kern-) Forschungszentrum Jülich.

Schön anzusehen ist auch das **Knodtsche Haus** am Marktplatz. Das Bürgerhaus wurde im niederländischen Barock erbaut.

Von hier flanieren wir vorbei an der 1835 umgestalteten **Lambertikirche** zum **Schlossbezirk**. Hier war einst die Residenz der ostfriesischen Fürsten. Heute empfängt uns ein repräsentativer Bau im schmucken Tudorstil. Deutlich älter ist der Marstall. Er stammt von 1588 und wurde später mit barocken Elementen versehen. Als Wahrzeichen der Stadt gilt das putzige **Pingelhus**, das einst direkt am Alten Hafen der Stadt lag.

Tipp: Von Aurich aus können wir auf derselben Strecke wieder retour fahren, auf der wir herkamen. Dann reduziert sich die Strecke auf rund 66 km. Auch mit der **Bahn** können wir uns nach Norden bzw. Norddeich kutschieren lassen.

Weiter geht´s von Aurich über Sandhorst, Tannenhausen, Terheide, Westerholt, Reersum, Dornum, Nesse und Neßmersiel an die Küste. Dieser folgen wir nach links und kommen durch Hilgenriedersiel und Norddeich wieder zurück zu unserem Camp.

Zwei stolze Löwen und ein Wassergraben beschützen **Schloss Dornum**, das aus der alten Norderburg hervorging. Bis 1707 erfolgte ein Umbau als Schloss im barocken Stil. Denselben prachtvollen Stil finden wir auch in der **Kirche St. Bartholomäus**, was das Äußere eher nicht vermuten lässt. Wer mehr über den Ort Dornum erfahren möchte, besucht das **Heimatmuseum** im Oma-Frese-Haus.

Kartentipp:
ADFC-Regionalkarte Ostfriesland, 1:75.000,
ISBN 978-3-87073-836-5, € 8,95
Digital für Smartphones und Tablets:
www.fahrrad-buecher-karten.de/rk-digital

28 Auf zur Friedensstadt

Vom **Alfsee** nach Osnabrück

CamperTouren Info

28 km, überwiegend auf separaten Radwegen, Radwegen neben der Straße sowie auf Nebenstraßen, eine größere Steigung, regionale Wegweisung

Start / Ziel: Alfsee Camping- und Erlebnispark, www.alfsee.de/de/camping/

Auswahl weiterer Camps an der Strecke: Wohnmobilstellplatz am Nettebad, Campingplatz Niedersachsendorf

Wir radeln auf guten Wegen von unserem Feriencamp durch die berühmte Tuchmacherstadt Bramsche zum Mittelland-Kanal. Wer mag, stattet Arminius einen „Besuch" ab. In unserem Ziel Osnabrück wurde einst Weltgeschichte geschrieben.

Los geht´s am Ufer des Alfsees vor dem Camp und wir folgen dem Uferweg nach Süden. Später passieren wir den Zuleiter und die Bahn und gesellen uns neben die Straße Richtung Bramsche. Unser Radweg zweigt bei Hesepe schräg links in den Ort ab und folgt einigen Nebenstraßen nach Bramsche.

Bramsche war über lange Zeit hinweg eine wohlhabende Tuchmacher-Stadt. Mehr über diese Historie erfahren wir im **Tuchmacher-Museum**, das idyllisch am historischen Mühlenort liegt. Das Tolle an diesem Museum: Es wird noch gearbeitet: Die automatische Spinnmaschine, Webstühle und vieles mehr präsentieren uns, wie aus der weißen Wolle Tücher entstehen. Auch das Färben der Stoffe wird hier demonstriert – das Bramscher Rot war einst überregional bekannt.

Weiter geht´s von Bramsche, das wir an der Osnabrücker Straße entlang verlassen. Wir queren den Mittelland-Kanal. Dann orientiert sich unser Radweg an der Bundesstraße, neben der wir mal rechts, mal links durch Wallenhorst ins Herz von Osnabrück radeln. Hier steuern wir den Bahnhof an. So bringt uns die Bahn in einer guten Stunde nach Rieste. Von hier sind es nur ein paar Minuten mit dem Rad zurück zum Camp.

Der Dom St. Peter ist eine Oase der Ruhe mitten in der Großstadt

Tipp: Wir müssen dem Mittelland-Kanal nur ein paar Kilometer folgen, um einen Ausflug in die Geschichte zu unternehmen. Diese wird uns am **Museum und Park Kalkriese** vermittelt. Der Name geht auf einen großen Felsen mit Kalkgestein zurück, doch die eigentliche Sensation folgte in den 1990er Jahren: Archäologische Funde deuteten darauf hin, dass hier die berühmte **Varusschlacht** stattgefunden haben muss. In der zweiten Hälfte des 9. Jhs. soll der Chiruskerfürst Arminius den Römischen Legionen unter der Führung von Varus die entscheidende Niederlage beigebracht haben. Arminius wird auch „Herrmann“ genannt – ihm zu Ehren ragt bei Detmold eines der höchsten Denkmale der Welt aus dem Wald. Wer übrigens den Park von Kalkriese in Gänze betrachten möchte, braucht Zeit: Auf 20 ha können wir zusehen, wie die Archäologen ihre mühsame Arbeit verrichten.

Das Zentrum von Osnabrück wird vom imposanten **Dom St. Peter** markiert, an den sich der Kreuzgang und das Bischöfliche Palais anschließen. Gleich „nebenan“ erheben sich die evangelische **St. Marienkirche** und das **Rathaus des Westfälischen Friedens**. Dieses harmonische Miteinander der Konfessionen und des Weltlichen wurde 1648 nach langjährigen Verhandlungen im Vertrag festgeschrieben. Damit war der 30jährige Krieg endlich beendet. Das Rathaus schauen wir uns also ganz genau an, entdecken eine Friedenstaube an der Türklinke und bestaunen im **Friedenssaal** die Portraits der Gesandten.

Unsere Rückreise können wir in Osnabrück besonders schön antreten, denn der **Hauptbahnhof** aus 1895 ist nicht nur eine Drehscheibe des Schienenverkehrs, sondern auch ein Baudenkmal mit modernen Anbauten.

Kartentipp:

ADFC-Regionalkarte Osnabrücker Land / Oldenburger Münsterland,
1:75.000, ISBN 978-3-87073-679-8, € 8,95
Digital für Smartphones und Tablets:
www.fahrrad-buecher-karten.de/rk-digital

29 Herrlicher Alfsee

Einmal um den **Alfsee** herum

CamperTouren Info

24 km, überwiegend auf separaten Radwegen, Radwegen neben der Straße sowie auf Nebenstraßen, eine kleine Steigung bei Hesepe, regionale Wegweisung

Start / Ziel: Alfsee Camping- und Erlebnispark, www.alfsee.de/de/camping/

Auswahl weiterer Camps an der Strecke: Wohnmobilstellplatz Alfsee, Campingplatz Tho-Bo-Garten

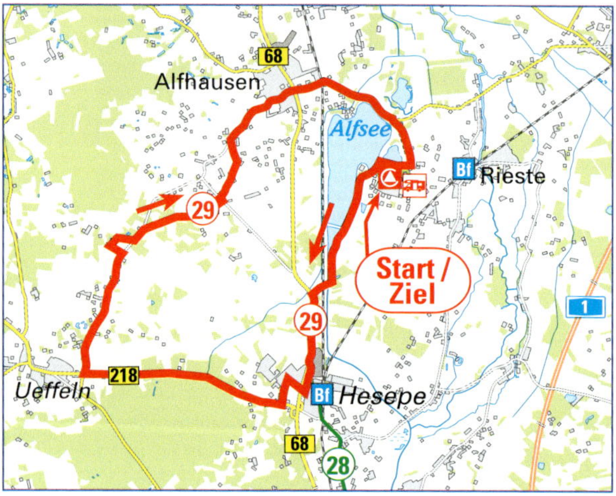

Los geht´s am Ufer des Alfsees vor dem Camp und wir folgen wieder dem Uferweg nach Süden. Später passieren wir den Zuleiter und die Bahn und gesellen uns neben die Straße Richtung Bramsche. Unser Radweg zweigt bei Hesepe schräg links in den Ort ab, ehe wir nach rechts mit der Hauptstraße die B 68 überqueren. Dahinter links in die Ostland- und rechts in die Ueffelner Straße. So gelangen wir zu den Toren des gleichnamigen Ortes, wo wir rechts abbiegen.

Streusiedlungen – so werden die Orte gerne genannt, durch die wir auf dieser Rundtour radeln. So haben wir ausreichend Zeit, uns die alte Wassermühle anzusehen, in Alfhausen einzukehren oder auf dem Alfsee dem Wassersport zu frönen.

„**Camping- und Erlebnispark**" – allein der Name verspricht, dass wir hier einen abwechslungsreichen Urlaub verbringen können. Und in der Tat wird rund um den Alfsee alles geboten, was das Herz begehrt: Wir können nach der Radtour im Alfen-Saunaland, der germanischen Wellness-Welt, entspannen, am Badestrand faulenzen oder in den See springen. Wer´s etwas aufregender mag, besucht das Indoor-Funcenter, das Kinderautoland oder die Kartbahn. Der Campingplatz gehört zu den LeadingCampings Europa, was eine perfekte Ausstattung garantiert.

In und um Hesepe bekommen wir einen guten Eindruck, wie sich unsere Radtour gestalten wird: Kleine verstreute Bauernschaften, hin und wieder ein etwas größeres Dorf und vor allem viel Natur um uns herum. Schauen Sie bei Hesepe mal an der Grundschule vorbei – hier sitzen auf einem Stein zwei „**Streithähne**".

Auch unser nächster Ort, Ueffeln, wird offiziell als „**Streusiedlung**" bezeichnet. Immerhin gibt es in der Mitte die schöne, strahlend weiß getünchte Marienkirche mit einem 20 m hohen Turm. Ganz in der Nähe liegt das Großsteingrab Wiemelsberger Steine, ein neolithisches Ganggrab.

Weiter geht´s von Ueffeln durch ruhige Landschaften und kleine Örtchen. Mit einem Schlenker zur Wassermühle kommen wir nach Alfhausen. Die Gose- später Riesterstraße bringt uns zum Ufer des Alfsees. Dies

Die Wasserskianlage auf dem Alfsee – rasanter Ausgleichssport für müde Radlerbeine

umrunden wir im Uhrzeigersinn und gelangen zurück zu unserem Camp.

Wunderschön anzusehen ist die **Wassermühle Riesau**: Eingebettet in einen schattigen Laubwald präsentiert sie sich in schönstem Fachwerk. Nachdem wir uns das Mahlwerk angesehen haben, können wir uns im kleinen Biergarten stärken.

Mit rund 4.000 Einwohnern ist Alfhausen der größte Ort unserer Rad-Rundtour. Demzufolge empfängt uns auch ein interessanter Ortskern mit der stattlichen **Johanniskirche** aus dem 13. Jh. Gleich nebenan wurden in der Nähe des Friedhofes Speicherhäuser abgelegt. Heute werden die schönen **Fachwerkbauten** als Wohnhäuser genutzt.

Tipp: Überregional bekannt ist die **Wasserskianlage** auf dem Alfsee. Wer sich also mal ganz rasant und hoffentlich auch elegant über das Wasser bewegen möchte, hat hier die beste Gelegenheit dazu.

Der Alfsee wurde ab 1971 angelegt, um das Hochwasser des Flüsschens Hase in den Griff zu bekommen. Später wurde sogar noch ein Reservebecken angelegt. Aus dem geplanten Rückhaltebecken ist also inzwischen eines der wichtigsten **Naherholungsgebiete** Norddeutschlands geworden.

Kartentipp:
ADFC-Regionalkarte Osnabrücker Land / Oldenburger Münsterland,
1:75.000, ISBN 978-3-87073-679-8, € 8,95
Digital für Smartphones und Tablets:
www.fahrrad-buecher-karten.de/rk-digital

Tour

30 Spielend leichte Tour zum Spielzeugmuseum

Rundtour von **Wietzendorf** über Soltau

CamperTouren Info

27 km, Rundtour meist auf befestigten Radwegen, die ersten 4 km auf wenig befahrener Nebenstraße, leicht wellig, keine größeren Steigungen, regionale Wegweisung

Start / Ziel: Südsee-Camp Wietzendorf, www.suedsee-camp.de

Auswahl weiterer Camps an der Strecke: Campingplatz Imbrock, Röder´s Park Premium Camping, Campingplatz Auf dem Simpel, Camping Harberer Mühlenbach

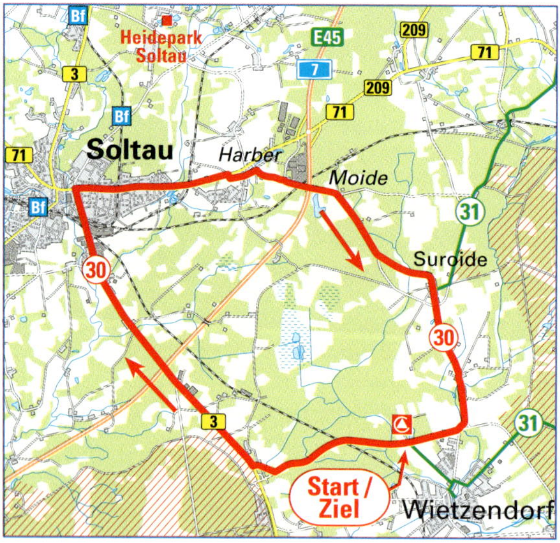

Die Lüneburger Heide ist ein gern besuchtes Urlaubsziel. Die sanft gewellte Landschaft wird von einem dichten Netz aus Radwegen durchzogen. Die verbinden spannende Kleinstädte und Sehenswürdigkeiten miteinander. Und wer zur rechten Zeit hier ist, sieht auch die putzigen Heidschnucken grasen.

Los geht´s aus dem Camp kommend nach rechts. Nachdem die ersten 4 km ohne durchgehenden Radweg geschafft sind, biegen wir rechts ab Richtung Soltau, das wir auf schnurgeradem Radweg neben der Straße nach einiger Zeit erreichen.

Soltau wurde 937 als „curtis salta" (Hof an der Salzaue) erstmals erwähnt. In der Stadtmitte Soltaus angekommen, haben wir Mühe, auszuwählen, was wir zuerst besuchen: Das **Rathaus** gefällt uns mit seiner außergewöhnlichen Farbgestaltung – es ist in den Stadtfarben getüncht. Ähnlich sieht das **Norddeutsche Spielzeugmuseum** auf der gegenüberliegenden Straßenseite aus, nur dass es im Innern noch viel mehr zu bieten hat. Hier können wir uns nicht nur historisches Spielzeug ansehen – es wird auch zum Spielen aufgefordert! Das Museum im ehemaligen **Pastorenhaus** widmet sich in der Dauerausstellung der Geschichte von Stadt, Menschen, Handwerk und Gewerbe. Wer das freundliche Personal fragt, bekommt – wenn die Zeit es zulässt – eine „Privatführung" mit so vielen Geschichtchen, die man sich gar nicht merken kann.

Ebenfalls in unmittelbarer Nähe liegen die hübsche **Kirche St. Johannis**, die Touristen-Info und die einladende **Fußgängerzone**, deren Mitte der Heiratsbrunnen markiert.

Die **Soltau-Therme** ist bestens geeignet, unsere müden Radler-Beine zu regenerieren: Es gibt ein Freibad, mehreren Saunen und Solebecken.

Weiter geht´s von Soltau, das wir entlang der Lüneburger Straße verlassen. Etwa 1,5 km hinter dem Ortsausgang von Soltau biegen

Klein, fein und total entspannend: Die Fußgängerzone von Soltau

wir rechts ab und radeln durch Harber. Dann rechts, im Kreisel geradeaus und dann via Moide, Brümmerhof, Suroide, Meinholz wieder zurück zum Camp.

Tipp: Nur ein kleiner Abstecher ist es bis zum **Heidepark Soltau**. Wenn sie ihn besuchen, sollten Sie an dieser Stelle keine Weiterfahrt dieser Tour mehr planen, denn der Abenteuerpark bietet einfach unglaublich viel: Vor allem die Fahrgeschäfte, wie Wildwasserbahn, Hänge-Loopingbahn, Geisterbahn und die größte Holzachterbahn der Welt, Collossos, machen den Besuch zu einem rasanten Vergnügen. Doch auch für Freunde der etwas langsameren Gangart wird hier reichlich geboten, wie Kasperle-Theater, Märchenbahn oder Kinderlok. Ein nostalgischer **Mississippi-Dampfer** schippert uns vorbei an der Freiheitsstatue, gleich auf mehreren Bühnen können wir verschiedene Shows genießen.

Ganz in der Nähe von Harber gab es 1936 ein Reichsarbeitsdienstlager für den Bau der A 7. Nach Kriegsende wurde es zum Flüchtlingslager, wobei viele Flüchtlinge sich direkt in der Region hier niederließen. Auf dem Gelände des ehemaligen Lagers ist heute ein Gewerbegebiet und nur ein paar Pedaltritte entfernt wurde ein **Outlet-Center** eingerichtet.

Kartentipp:
ADFC-Regionalkarte Lüneburger Heide, 1:75.000,
ISBN 978-3-87073-819-8, € 8,95
Digital für Smartphones und Tablets:
www.fahrrad-buecher-karten.de/rk-digital

31 Geschützte Natur im Sperrgebiet

Rundtour von **Wietzendorf** über Munster

CamperTouren Info

32 km, Rundtour meist auf befestigten Radwegen und auf wenig befahrenen Nebenstraßen, keine größeren Steigungen, regionale Wegweisung

Start / Ziel: Südsee-Camp Wietzendorf, www.suedsee-camp.de

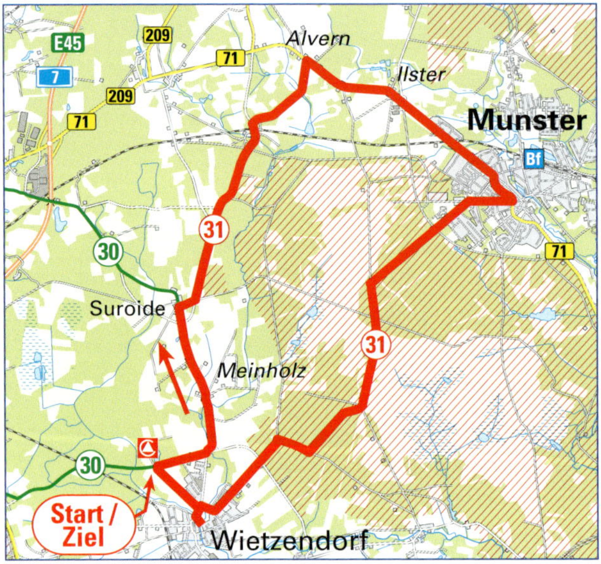

Es klingt schon fast absurd: Durch den Umstand, dass seit Jahrzehnten Panzer durch die Lüneburger Heide pflügen, konnte sich eine einzigartige Flora und Fauna entwickeln. Auf unserer Tour werden wir beides sehen: Heidelandschaft und Panzer.

Das **Südsee-Camp** ist einer „DER" Campingplätze Europas. Auf die Gäste wartet alles, was heute von einer Campinganlage erwartet wird: Den Südsee, einen Badesee mit Rutsche und Piratenschiff, Sportplätze, Animationsprogramm, Minigolf, mehrere Restaurants, Shops, gepflegte Stellplätze sowie Sanitäranlagen und vieles mehr. Besonders toll ist das subtropische **Badeparadies** mit Sauna, Rutschen, Piratenschiff und einem tollen Wildwasserkanal.

Los geht´s aus dem Camp kommend nach links und kurz darauf wieder nach links. Über Meinholz und Suroide erreichen wir Alvern. Hier biegen wir rechts ab und rollen durch Ilster nach Munster.

Munster ist großer Bundeswehrstandort bekannt. Die Truppen sind zwar allgegenwärtig, doch gibt es im Ort viel mehr zu entdecken, wie z.B. den hübschen Platz mit dem Brunnen, die **Altdorfanlage** „Ollershof" oder die historische Wassermühle. Beim Streifzug durch den Ort fallen zudem immer wieder hübsche Backstein- oder **Fachwerkfassaden** ins Auge. Eher idyllisch versteckt hinter Bäumen ist die **Kirche St. Urbani**, eine der schönsten Heidekirchen, deren älteste Teile aus dem 13. Jhd. stammen.

Tipp: Etwas abseits gelegen im Westen finden wir die **Schafstallkirche St. Martin**. Hier dient seit 1989 ein ausgedienter Schafstall als Gotteshaus. Deckenbalken aus Holz mit eingeritzten Psalmen, Krippen und ein großes Fenster als Altarbild mit Blick auf Rasen und Bäume geben der Kirche ein unverwechselbares Etwas.

Das **Panzermuseum** ist eine gemeinsame Einrichtung der Stadt Munster und der Bundeswehr. Gezeigt wird die Entwicklung der Truppengattungen von 1917 bis heute. Noch älter sind die deutschen Uniformen und Orden, deren älteste Stücke bis 1813 zurückreichen.

Der Peetshof: Touristeninfo, Bauern-, Landwirtschafts-, Torf- und Imkermuseum in einem

Im Innern sind die Exponate chronologisch sortiert, Blickfang sind vor allem die Panzer auf den Freiflächen, wobei auch Fahrzeuge der US-Army und der NVA gezeigt werden. Bewegte Bilder können wir uns im Videoraum ansehen.

Weiter geht´s von Munster, das wir über den Emminger Weg verlassen. Hinter dem Kreisel links in den Wietzendorfer Weg. Dieser verläuft fast genau 3 km schnurgerade und biegt dann links ab. Wieder 3 km später knickt unser Wietzendorfer Weg schräg rechts ab und trifft nach 2 km auf die Übungsplatzstraße, Hier rechts und an der nächsten Ecke links – es ist wieder der Wietzendorfer Weg, und der bringt uns geradewegs in die Ortsmitte. Von hier folgen wir den Schildern, um nach wenigen Minuten wieder zurück zum Camp zu gelangen.

Wietzendorf ist ein schöner, anerkannter Erholungsort. Inmitten von Kiefernwaldungen, Restmoor- und Heidegebiete liegt dieses von Backstein und **Fachwerk** geprägte Örtchen, das sich rund um die **St.-Jacobi-Kirche** postiert. Die Kirche stammt von 1876 und versteckt sehenswerte Malereien. Ebenfalls mitten im Ort liegt der **Peetshof**, der gleich Touristeninfo, Bauern-, Landwirtschafts-, Torf- und Imkermuseum in einem ist.

Kartentipp:
ADFC-Regionalkarte Lüneburger Heide, 1:75.000,
ISBN 978-3-87073-819-8, € 8,95
Digital für Smartphones und Tablets:
www.fahrrad-buecher-karten.de/rk-digital

32 Eine Runde um die Badewanne

Rundtour von **Gatow** um den Wannsee

CamperTouren Info

30 km, Rundtour meist auf befestigten Radwegen und auf wenig befahrenen Nebenstraßen, keine größeren Steigungen, regionale Wegweisung

Start / Ziel: DCC-Campingplatz Gatow, www.dccberlin.de/gatow

Auswahl weiterer Camps an der Strecke: Berliner Camping-Club, Zeltplatz Breitehorn, Wohnmobilstellplatz in der Marina Lanke

Der Wannsee wird gerne als die „Badewanne Berlins" bezeichnet. Das liegt zum einem am unglaublichen großen Strandbad, an dem wir auch vorbeiradeln. Vor allem aber liegt es an der herrlichen Natur, die wir rund um den See erleben dürfen.

Der familiäre **DCC-Campingplatz Gatow** beschränkt sich auf die Elemente, die für uns Camper besonders wichtig sind: Beiderseits der „Camp-Hauptstraße" finden wir große Parzellen in saftig-grüner Umgebung. Die Sanitäranlagen sind bestens gepflegt und ein Radweg führt direkt an der Einfahrt vorbei. Es ist also alles da für einen schönen Urlaub!

Los geht´s aus dem Camp kommend nach links auf dem Kladower Damm. Diesen verlassen wir nach rund 1,5 km nach links auf die Friedrich-Hanisch-Straße, die wir direkt wieder nach rechts verlassen. So gelangen wir zum Schiffanleger. Hier setzen wir über nach Wannsee.

Rund 20 Minuten dauert die 4,4 km lange „Seereise" mit der **Fähre F10**, die werktags von Pendlern stark benutzt wird und am Wochenende den Ausflüglern gehört. Sie nimmt 300 Fußgänger und bis zu 60 Fahrräder auf – da sollte sich auch für Sie ein Plätzchen finden lassen.

Schon bei der Überfahrt wird deutlich: Der **Große Wannsee**, so der offizielle Name, ist wirklich sehr groß – genau genommen bedeckt er eine Fläche von fast 3 qkm. Schon früh entdeckten die Berliner und auch weiter anreisende Gäste die Schönheit der Natur. Ab 1870 entstanden zahlreiche prachtvolle **Villen** für gut betuchte Bürger, leider sind nicht mehr viele dieser Bauten erhalten. Die Bedeutung

Pack die Badehose ein, nimm dein kleines Schwesterlein und dann nischt wie raus nach Wannsee

als **Naherholungsgebiet** wuchs nach dem Krieg noch weiter an, denn der Wannsee lag im „eingemauerten" Westberlin.

Tipp: Gar nicht weit weg von unserem Fähranleger liegt das Dorf Stolpe mit der 1859 fertiggestellten **Kirche** am Stölpchensee und dem **ältesten Gebäude Wannsees**, in dem sich seit 1980 eine Galerie befindet.

Weiter geht´s von Wannsee über den Kronprinzessinnenweg, den wir später nach links auf dem Badeweg verlassen. Das Strandbad wird passiert, ehe wir uns ans Ufer des Wannsees gesellen. Diesem folgen wir einige Zeit bis zur Havelchaussee, die uns kurvig durch die Natur bringt. Am Ende geht's in einem Bogen auf die Heerstraße und hinter der Freybrücke nach links zurück ans Ufer. Stets in Seenähe gelangen wir auf den Breitehornweg. An der Stelle an der diese Straße in den Kladower Damm übergeht, biegen wir rechts ab und radeln zurück zum Camp.

In einer großen Villa am Wannsee wurde dunkle deutsche Geschichte geschrieben. Hier fand die sogenannte **Wannsee-Konferenz** statt, bei der die Deportation und Ermordung der Juden beschlossen wurde. Erfreulicher ist da der Anblick der Liebermann-Villa. Das Anwesen des Malers Max Liebermann steht inmitten eines farbenfrohen Gartens.

Der Ort Wannsee gehört seit 1920 zur Stadt Berlin und wurde einfach nach dem größten der Havelseen benannt. Um 1930 entstand hier, direkt an unserem Radweg, das **größte BinnenSeebad Europas**. Nachdem 2007 eine Runderneuerung erfolgte, strömen bei schönem Wetter Tausende von Sonnenanbetern und Wasserratten hierher – bis zu 30.000 können es sein!

Kartentipp:
ADFC-Regionalkarte Berlin und Umgebung, 1:75.000,
ISBN 978-3-87073-738-2, € 8,95
Digital für Smartphones und Tablets:
www.fahrrad-buecher-karten.de/rk-digital

33 Berliner Touri-Tour

Rundtour von **Gatow** nach Berlin-Mitte

CamperTouren Info

46 km, Rundtour meist auf befestigten Radwegen und auf wenig befahrenen Nebenstraßen, teils entlang stark befahrener Straßen, keine größeren Steigungen, regionale Wegweisung

Start / Ziel: DCC-Campingplatz Gatow, www.dccberlin.de/gatow

Auswahl weiterer Camps an der Strecke: Berliner Camping-Club, Zeltplatz Breitehorn, Wohnmobilstellplatz in der Marina Lanke, Wohnmobilstellplatz Berlin-Tegel

Berlin ist nicht nur die Bundeshauptstadt, sondern auch ein Touristenmagnet. Das liegt an der Fülle von Sehenswertem, die wir hier in der Metropole finden. Unsere Tour verläuft freilich teils entlang stark befahrener Straßen, was sich nicht vermeiden lässt. Sie enthält aber auch ruhige Abschnitte entlang der Spree und sie führt uns vorbei an den Hotspots der Stadt. Vermutlich werden wir die Tour mehrfach fahren, um nur einen Bruchteil der Highlights zu entdecken.

Los geht´s aus dem Camp kommend nach rechts auf dem Kladower Damm. Diesen verlassen wir nach rund 3,5 km nach rechts zum Ufer hin. Dem Ufer folgen wir bis zur querenden Heerstraße. Hier rechts und dann auf der anderen Seite der Brücke wieder links zum Ufer der Havel. Diesem folgen wir rechts ein Stück, ehe wir über Dorfstraße, Tiefwerderweg und rechts Schulenburgstraße zur Charlottenburger Chaussee kommen. Deren Radweg folgen wir nach rechts (später ist das der Spandauer Damm, dann Otto-Suhr-Allee) und erreichen den Ernst-Reuter-Platz. Von hier entlang der Straße des 17. Juni, auch hinter dem Großen Stern. So gelangen wir zum Brandenburger Tor. Dahinter weiter geradeaus „Unter den Linden" zur Museumsinsel mit dem Dom.

Weit, einladend und lang ist sie, die **Straße des 17. Juni**, die mit dem Namen an den Volksaufstand 1953 in der DDR erinnert. In der Mitte der Prachtallee liegt der **Große Stern**, auf den gleich mehrere Straßen münden. In der Mitte des Platzes erhebt sich die Siegessäule.

Das **Brandenburger Tor** ist ohne Frage eine der weltweit bekanntesten Sehenswürdigkeiten. Dies liegt zum einen an der tollen **Quadriga**, die es schmückt, aber auch daran, dass hier einst die stark bewachte innerdeutsche Grenze verlief und das Tor damit zum Symbol der Deutschen Wiedervereinigung wurde. Es ist übrigens das letzte von ehemals 18 Stadttoren, mit denen Berlin früher geschützt war.

Die Museumsinsel mit dem Dom ist Berlins erste Adresse für Kultur

Hinter dem Tor beginnt die Straße **Unter den Linden**. Sie wurde einst als Reitweg für den Kurfürst angelegt und entwickelte sich später als Prachtstraße und bildet heute eine beliebte Flaniermeile.

Sehr würdevoll erhebt sich der **Berliner Dom** vor uns mit seinen Kuppeln. Er ist gar nicht mal so alt, denn erst 1905 erfolgte die Fertigstellung. Er steht auf der sognannten **Museumsinsel**. Sie liegt mitten in der Spree und ist so etwas wie die historische Mitte Berlins. Mit Alten und Neuen Museum, der Alten Nationalgalerie, dem Bode-Museum und dem **Pergamonmuseum** zählt sie zu den meistbesuchten Museumskomplexen der Welt.

Weiter geht´s von der Museumsinsel über die Straße Am Kupfergraben, rechts mit Geschwister-Scholl-Straße über die Spree, dahinter links-rechts-links auf die Reinhardtstraße, die uns wieder über die Spree zum Bundestag bringt. Dahinter vor dem Spreeufer links, ein ganzes Stück am Fluss entlang und an der Brücke vor Schloss Bellevue nach links (!) auf den Spreeweg, der uns wieder zum Großen Stern bringt. Von hier entweder auf derselben Strecke zurück wie auf der Hinfahrt, oder – etwas kürzer – im schnurgeradeaus, bis wir wieder zur Havelbrücke kommen. Ab hier kennen wir den Weg zurück zum Camp bereits von der Hinfahrt.

Seit 1999 sitzt der Deutsche Bundestag wieder im sogenannten **Reichstagsgebäude**. 1894 wurde der Bau im Stil der Neorenaissance am linken Ufer der Spree fertiggestellt. Schon der Reichstag des Deutschen Kaiserreiches als auch der Reichstag der Weimarer Republik tagten hier.

Tipp: Ein Besuch der **Glaskuppel** im Reichstag gehört zum Berlin-Besuch. Planen Sie es früh morgens oder abends ein, dann sind die Schlangen an der Kasse vielleicht etwas kürzer.

Auf der anderen Spreeseite erhebt sich das **Kanzleramt**. Ob wir es schön finden, ist Geschmacksache, aber der wichtigste Mensch Deutschlands hat hier seinen Amtssitz. Ganz in der Nähe liegt **Schloss Bellevue**, der Amtssitz des Deutschen Bundespräsidenten. Entsprechend repräsentativ kommt er daher – strahlend weiß getüncht und mit der Standarte des Präsidenten in Sichtweite.

Kartentipp:
ADFC-Regionalkarte Berlin und Umgebung, 1:75.000,
ISBN 978-3-87073-738-2, € 8,95
Digital für Smartphones und Tablets:
www.fahrrad-buecher-karten.de/rk-digital

34 Agenten, Könige, Schauspieler und ganz viel Wasser

Rundtour von **Gatow** nach Potsdam

CamperTouren Info

32 km, Rundtour meist auf befestigten Radwegen und auf wenig befahrenen Nebenstraßen, keine größeren Steigungen, regionale Wegweisung

Start / Ziel: DCC-Campingplatz Gatow, www.dccberlin.de/gatow

Auswahl weiterer Camps an der Strecke: DCC-Campingplatz Berlin-Kladow, Wohnmobilstellplatz Potsdam, Campingpark Sanssouci

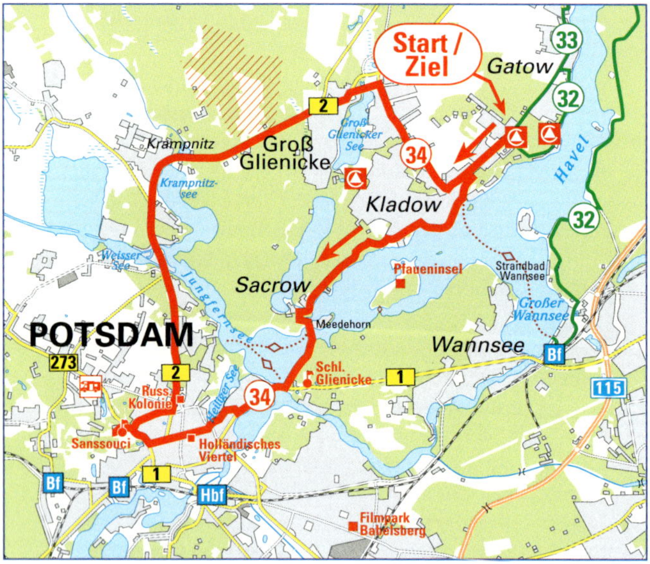

Diese Tour bietet nun wirklich für jeden Geschmack etwas: Naturliebhaber erfreuen sich an den vielen Seen am Wegesrand und an den Schlossgärten von Sanssouci, Kinofreunde besuchen den Filmpark Babelsberg und gemütliche Radler kehren ein im Holländischen Viertel.

Los geht´s aus dem Camp kommend nach links auf dem Kladower Damm. Diesen verlassen wir nach rund 1,5 km nach links auf die Friedrich-Hanisch-Straße, die wir direkt wieder nach rechts verlassen. So gelangen wir wieder zum Schiffsanleger, folgen aber dieses Mal dem Ufer weiter und kommen via Sacrow nach Meedehorn. Hier setzen wir mit der Fähre in wenigen Minuten über auf die andere Seite und folgen dort dem Ufer nach rechts. Später rollen wir rechts über die Glienicker Brücke ins Herz von Potsdam.

Von unserem Radweg am Ufer des Wannsees blicken wir hinüber zur **Pfaueninsel**, auf dem ein wunderschönes kleines Schloss steht. Dies wirkt fast so, wie aus einem Modellbausatz.

Später rollen wir am genauso schönen **Schloss Glienicke** vorbei und radeln über die Glienicker Brücke, die einst Ost- und Westdeutschland verband. Diese wurde einst als „Agentenbrücke" bezeichnet, da hier im Februar 1986 einer von drei Agentenaustauschen zwischen der DDR und der BRD stattfand.

Rechts von unserer Kurfürstenstraße, auf der wir durch Potsdam radeln, liegt das **Holländische Viertel**. Der holländische Baumeister leitete bis 1742 die Errichtung der 134 Ziegelstein-Häuser, die exakt in Karrees aufgeteilt wurden. Hier finden wir schöne Fotomotive, aber auch gute Einkehrmöglichkeiten.

Reichlich Wasser, üppiges Grün und viel Sehenswertes in und um Potsdam

Tipp: Nur wenige Pedalumdrehungen entfernt von unserer Radtour liegt der **Filmpark Babelsberg**. Hier kommen Film-Enthusiasten voll auf ihre Kosten: Bei zahlreichen Attraktionen wie Filmkulissen, 4-D-Kino, Shows und vielem mehr dreht sich alles um Film und Fernsehen.

Auf unserer Radtour radeln wir direkt darauf zu – natürlich auf der Kurfürsten-Straße, wie es sich gehört: Und es gibt wohl kaum einen Besucher, der nicht beeindruckt ist von den phantastischen Gärten und dem herrlichen **Rokoko-Schloss Sanssouci**. Preußenkönig Friedrich II. zeichnete höchst persönlich die Skizzen, nach denen bis 1747 sein Sommerschloss fertiggestellt wurde. Es erhebt sich aus einem weitläufigen Garten, der uns in eine andere Welt entführt.

Gar nicht weit vom Schloss steht auch hier in Potsdam ein **Brandenburger Tor**. Es wurde um 1771 erbaut und bildet den Anfang der Brandenburger Straße, an deren anderem Ende die Kirche St. Peter und Paul steht.

Weiter geht´s von Potsdam, das wir über Hegelallee und rechts Schopenhauerstraße verlassen. Nachdem wir uns das Schloss angesehen haben, verlassen wir Potsdam über den Voltaireweg und links Jägerallee. Diese geht in die Nedlitzer Straße und später in die Tschudistraße über. Am Ufer des Krampnitzsees vorbei gelangen wir zum gleichnamigen Ort. Von hier radeln wir via Groß Glienicke und Kladow wieder zurück zum Kladower Damm, an dem unser Camp liegt.

An der Jägerallee liegt die **Russische Kolonie Alexandrowka**. Sie wurde 1827 auf Geheiß des Preußenkönigs für 12 russische Sänger angelegt. Die alten Holzhäuser und die Gedächtniskirche bilden ein sehenswertes Ensemble.

Nur ein Stück dahinter liegt der Heiligen See. Er ist einer der vielen Seen dieser Region. Auch am Jungfern- Weißen, Krampnitz- und am Groß Glienicker See radeln wir noch entlang.

Kartentipp:
ADFC-Regionalkarte Potsdam / Havelland, 1:75.000,
ISBN 978-3-87073-959-1, € 9,95
Digital für Smartphones und Tablets:
www.fahrrad-buecher-karten.de/rk-digital

35 Natur von Menschenhand

Vom **Senftenberger See** nach Großräschen

CamperTouren Info

41 km, überwiegend auf separaten Radwegen, Radwegen neben der Straße sowie auf Nebenstraßen, keine größeren Steigungen, regionale Wegweisung

Start / Ziel: Komfortcamping Senftenberger See, www.senftenberger-see.de/de/komfortcamping.html

Auswahl weiterer Camps an der Strecke: Seecamping Geierswalde, Wohnmobilstellplatz Tätzschwitz, Wohnmobilstellplatz Großkoschen

Es soll einmal Europas größte künstliche Wasserlandschaft werden: Das Lausitzer Seenland. Die ehemaligen „Löcher" der Tagebaue, in denen einst Braunkohle gewonnen wurde, entwickeln sich zu einem tollen Urlaubs- und Radelrevier.

Wunderschöne, gepflegte Stellplätze in Nischen, die mit Büschen eingefasst sind, dazu beste Sanitäranlagen und nur ein paar Schritte bis ans Wasser: Camperherz, was begehrst Du mehr? All´ das finden wir auf dem **Komfortcamping Senftenberger See**. Zelte und Wohnmobile stehen am Hafencamp unter schattigen Bäumen, während sich die Kinder auf dem Abenteuerspielplatz oder am flachen Strand vergnügen. Wer das eigene Boot mitbringt, findet direkt am Camp Liegeplätze, und wer kein mobiles Zuhause dabei hat, übernachtet in Mietunterkünften.

Los geht´s an der Ausfahrt des Camps, von der wir über die Schwarze Elster rollen und dahinter gleich rechts abbiegen. Im Zick-zack geht es durch Senftenberg, ehe wir links in die Rostocker Straße abbiegen, die in die Wilhelm-Piek-Straße übergeht. Dann links parallel zur Klettwitzer Straße und hinter der B169 rechts, Linksbogen und wieder rechts in den kleinen Weg. Am Querweg rechts, die nächste links und in grober Richtung Norden gelangen wir nach Freienhufen, wo wir rechts fahren nach Klein-Räschen.

Wir sind direkt an der „Grenze" zwischen Nieder- und Oberlausitz unterwegs. Der kleine Ort mit dem interessanten Namen Freienhufen empfängt uns mit seiner strahlend weiß getünchten **Dorfkirche.** Das Innere ziert eine barocke Kanzel aus dem Jahre 1683.

Nicht minder schön ist die **Stadtkirche** von Großräschen, die sich am Marktplatz hinter dem Wasserspiel erhebt. Die **Internationale Bauausstellung Fürst-Pückler-Land** hat hier im Ort seinen Hauptsitz, weshalb Großräschen gerne als IBA-Hauptstadt

Sanfte Wellen im Senftenberger See

bezeichnet wird. Sichtbar wird das am wuchtigen Gebäude und den IBA-Terrassen am See. Schön anzusehen ist auch der sogenannte Kurmärker Großräschen, mit dem Wettigs Hof daneben.

Die Stadt vollzieht eine herrliche Wandlung von einer Bergbau- zu einer touristischen Seestadt – eine **Marina** und eine **Seebrücke** gibt es auch schon. Sie liegt mitten im Lausitzer Seenland. Durch die Flutung der Tagebaue entsteht bis Ende der 2020er Jahre Europas größte künstliche Wasserlandschaft

Tipp: Wer Gefallen am Seenland gefunden hat, folgt den Ufern von **Partwitzer, Blunoer Süd-** und **Sabrodter See** und radelt weiter nach Spremberg mit seinem eindrucksvollen Historischen Stadtkern.

Weiter geht´s von Klein-Räschen noch ein Stückchen geradeaus, dann am Ufer des Großräschener Sees vorbei. Vor Sedlitz links und wir gelangen ans Ufer des Sedlitzer Sees, den wir im Uhrzeigersinn umrunden, um an Lieske und am Flugplatz Kleinkoschen vorbei in den gleichnamigen Ort zu kommen. Hier biegen wir am Ufer rechts ab und folgen dem Senftenberger See gegen den Uhrzeigersinn, bis wir wieder zurück im Camp sind.

Rund 1.300 ha Wasserfläche bedeckt der **Senftenberger See**, der damit einer der größten künstlich angelegten Seen in Deutschland ist. Früher hörte er auf den Namen Speicherbecken Niemtsch und entstand aus dem ehemaligen gleichnamigen Tagebau, der zwischen 1967 und 1972 geflutet wurde. Ein Teil des ehemaligen Abraums aus dem Tagebau wurde dazu genutzt, in der Mitte des Sees eine 250 ha große **Insel** aufzuschütten. Sie wurde 1981 zum Naturschutzgebiet erklärt.

Kartentipp:
ADFC-Regionalkarte Niederlausitz / Lausitzer Seen, 1:75.000,
ISBN 978-3-87073-783-2, € 8,95
Digital für Smartphones und Tablets:
www.fahrrad-buecher-karten.de/rk-digital

36 Kohle, Wind und Wasser an einem Themenweg

Vom **Senftenberger See** zur Abraumförderbrücke F60

CamperTouren Info

54 km, überwiegend auf separaten Radwegen, Radwegen neben der Straße sowie auf Nebenstraßen. Etwas hügelig, aber ohne größere Steigungen, regionale Wegweisung

Start / Ziel: Komfortcamping Senftenberger See, www.senftenberger-see.de/de/komfortcamping.html

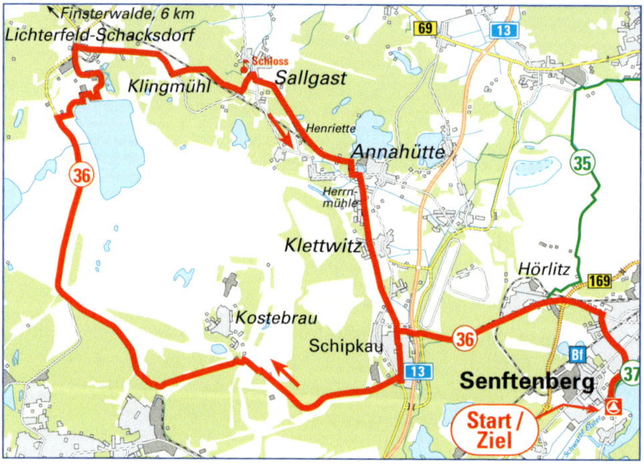

Wir sind auf Teilen der Kohle, Wind und Wasser-Tour unterwegs. Der Titel der Thementour leitet sich aus dem ab, was in der Region markant ist: Die ehemaligen Braunkohle-Tagebaue, die Seen in den gefluteten „Löchern" und die Windmühlen und -räder, die erneuerbare Energie nutzen.

Los geht´s an der Ausfahrt des Camps, von der wir wieder über die Schwarze Elster rollen und dahinter gleich rechts abbiegen. Im Zickzack geht es durch Senftenberg, ehe wir links neben die Rostocker Straße abbiegen, die in die Wilhelm-Piek-Straße übergeht. Dann links an die Klettwitzer Straße und hinter der B169 weiter schräg links entlang dieser Landstraße. Nachdem wir die A13 gequert haben, biegen wir links auf die Schillerstraße durch Schipkau. Am Ortsende rechts-links in die Kostebrauer Straße, die leider keinen durchgängigen Radweg aufweist. Dafür führt sie uns in großem Bogen um das ehemalige Tagebaugebiet, vorbei an Kostebrau nach Lichterfeld.

Senftenberg hat sich zu einem beliebten Urlaubs- und Ausflugsziel entwickelt. Die Lage ist aber auch toll: Direkt am Ufer des gleichnamigen Sees gelegen, gibt es inzwischen einen schmucken Stadthafen und in der Umgebung jede Menge **Strandfeeling**. Das Stadtzentrum wird vom **Marktplatz** markiert, um den herum sich eine sehenswerte **Altstadt** gruppiert. Hier steht auch das außergewöhnliche **Rathaus**: Der alte Teil von 1929 hat ein sehr steiles Dach mit 72,9° Gefälle. Seit dem Jahr 1999 schmiegt sich ein Anbau daran, der so gut gelang, dass er mit einem Architekturpreis ausgezeichnet wurde. Eines der schönsten Gebäude der Stadt ist die **Adler-Apotheke** mit einer üppig verzierten Fassade.

Von der Altstadt aus Richtung See liegen Reste der alten Festungsanlage und die ehemalige **Lehragksmühle**. Diese stand einst außerhalb der Stadt Richtung Schipkau. An dieser Stelle hier befand sich einst die Senftenberger Amts- oder Schlossmühle, die am ehemaligen Schlossteich lag. Die Mühle arbeitete zeitweise mit bis zu zehn Wasserrädern.

Schloss Sallgast: Lange belagert, nie erstürmt und daher noch heute wunderschön

Entspannung bieten nicht nur der See, sondern auch der grün gestaltete Neumarkt, der **Schlosspark** und die **Gartenstadt Marga** in der Nähe unseres Radwegs, die zudem noch gut erhaltene Bergarbeiter-Häuser präsentiert.

In der Nähe unserer Radrunde können wir eindrucksvolle Weitblicke genießen: Den Aussichtsturm bei Hörlitz und am **Aussichtspunkt Kostebrau**.

Nach einigen Radel-Kilometern bekommen wir im „**Besucherbergwerk Abraumförderbrücke F60**“ (in Lichterfeld-Schacksdorf) einen guten Eindruck davon vermittelt, wie es möglich war, hier die Landschaft „von links nach rechts zu krempeln“: Die F60 war bis 1992 im Braunkohletagebau aktiv und wird aufgrund der riesigen Dimensionen gerne „liegender Eifelturm der Lausitz“ genannt.

Tipp: Ein kleiner Abstecher führt uns in die Sängerstadt Finsterwalde mit seinem **Schloss** und einigen schönen alten Häusern sowie dem **Rathaus** am Markt. Der 54 m hohe eckige **Wasserturm** ist weithin sichtbar.

Weiter geht´s von Lichterfeld via Klingmühl, Sallgast, Henriette, Annahütte, Herrnmühle, Klettwitz zu den ersten Häusern von Schipkau. Von hier radeln wir auf derselben Strecke, auf der wir herkamen, zurück zum Camp.

Toll anzusehen ist das weiß getünchte **Schloss Sallgast** mit seinem Treppengiebel und dem Turm. Es ging aus der Wasserburg Zuschak hervor, die im 12. Jh erbaut und im 30jährigen Krieg belagert, aber nicht eingenommen wurde.

Kartentipp:
ADFC-Regionalkarte Niederlausitz / Lausitzer Seen, 1:75.000,
ISBN 978-3-87073-783-2, € 8,95
Digital für Smartphones und Tablets:
www.fahrrad-buecher-karten.de/rk-digital

Tour 37 Die Kutscher von Cottbus

Vom **Senftenberger See** nach Cottbus

CamperTouren Info

47 km, überwiegend auf separaten Radwegen, Radwegen neben der Straße sowie auf Nebenstraßen. Etwas hügelig, aber ohne größere Steigungen, regionale Wegweisung

Start / Ziel: Komfortcamping Senftenberger See, www.senftenberger-see.de/de/komfortcamping.html

Auswahl weiterer Camps an der Strecke: Spree-Camp, Caravanstellplatz Spreeauenpark

Dieses Mal sind wir in grober Richtung Norden unterwegs im Lausitzer Seenland. Nachdem wir weitere Gewässer umrundet haben, rollen wir geradewegs in die zweitgrößte Stadt Brandenburgs. Und das lohnt sich, denn in Cottbus gibt es viel zu erleben!

Los geht´s an der Ausfahrt des Camps, von der wir rechts noch vor der Schwarzen Elster abbiegen und dem Ufer des Sees folgen. Später biegen wir links ab, radeln durch den Schlosspark und durch die Innenstadt von Senftenberg, die wir über Bahnhof- und rechts Laugkstraße verlassen. So kommen wir vorbei am Sedlitzer See zum gleichnamigen Ort. Über die Schienen zum Großräschener, dann wieder zurück zum Sedlitzer See. In Lieske links und via Welzow Neupetershain und Raakow nach Drebkau.

Ein „neues" Wahrzeichen der Region steht an der Einmündung des Sornoer Kanals in den Sedlitzer See: Der 30 m hohe sogenannte **Rostige Nagel** ist ein aus Stahl gefertigter Aussichtsturm. Wer die 162 Stufen erklommen hat, genießt einen phänomenalen Blick über das **Lausitzer Seenland**.

Toll anzusehen ist die farbenfrohe evangelische **Kirche** von Welzow. Sie sticht heraus aus den vielen anderen Bauten, die in der Stadt meist aus Backstein errichtet wurden. Dass dies auch schön aussehen kann, belegen das Rathaus und das Feuerwehrhaus.

Auf unserer Radtour entdecken wir immer wieder schwer auszusprechende Ortsnamen. Es sind die Übersetzungen der Orte, die wir durchfahren, ins Sorbische. Hier in der Region wird die sorbische Tradition noch vielerorts intensiv gelebt. Auch in Drebkau versuchen

Grüne Pyramiden mitten in Cottbus. Hier ruhen Fürst Pückler und seine Gemahlin

wir, den komplizierten sorbischen Ortsnamen auszusprechen. Da dies aussichtslos erscheint, widmen wir uns dem **Rathaus** mit seinem interessanten Turm und der Kirche.

Weiter geht´s von Drebkau vorbei an Schorbus, Klein Oßnig und Klein Gaglow, ins Herz von Cottbus, wo unsere Tour am Bahnhof endet. Von hier bringt uns die Bahn in etwa einer halben Stunde nach Senftenberg. Vom Bahnhof sind es dann nur noch ein paar Minuten mit dem Rad zurück zum Camp.

Tipp: Bei Cottbus haben wir Anschluss an einen der schönsten Themenradwege des Landes: Der **Gurkenradweg** ist nicht nur mit den putzigen Schildern einer radelnden Gurke perfekt gekennzeichnet. Er führt auch durch die urwaldartige Landschaft des **Spreewaldes** mit seinen gelebten Traditionen.

Nachdem wir in Schorbus erstaunt sind über die Größe der **Dorfkirche**, bereiten wir uns vor auf die Großstadt. Nachdem wir uns durch die Vororte in die City gequält haben, werden wir entschädigt vom herrlichen **Altmarkt**. Wunderschöne historische Gebäude gruppieren sich rund um den Platz, auf dem wir dann in einem der Biergärten oder Cafés dafür sorgen können, dass die Kalorienhaushalte wieder aufgefüllt werden. Auf die Szenerie blickt die **Oberkirche St. Nikolai** herunter. Wer sich bilden mag, besucht das Apotheken- oder das Wendische Museum. Auf dem Pflichtprogramm steht aber der Besuch des **Branitzer Parks**. Dies ist das Meisterwerk von Hermann Fürst von Pückler-Muskau, der hier seine grünen Träume realisierte. Im Park stehen auch zwei **Pyramiden**. In der Seepyramide ist die letzte Ruhestätte des Fürsten und seiner Frau Lucie.

Kartentipp:
ADFC-Regionalkarte Niederlausitz / Lausitzer Seen, 1:75.000,
ISBN 978-3-87073-783-2, € 8,95
Digital für Smartphones und Tablets:
www.fahrrad-buecher-karten.de/rk-digital

38 Vom geheimnisvollen Brocken in den dichten Wald

Von **Elbingerode** zum Brocken

CamperTouren Info

25 km, überwiegend auf separaten Radwegen, Radwegen neben der Straße sowie auf kleineren Straßen. Einige kurze, knackige Steigungen, regionale Wegweisung

Start / Ziel: Camping Am Brocken, www.campingambrocken.de

Auswahl weiterer Camps an der Strecke: Harz-Camping am Schierker Stern

Wir lassen uns von der Brockenbahn auf den sagenhaften Berg bringen, der an der ehemaligen innerdeutschen Grenze liegt. Dann rollen wir in teils rasanter Fahrt hinunter, genießen dichten Wald und gute Luft. Dabei müssen wir aber auch einige Strecken auf der Straße zurücklegen, was wegen der schönen Natur aber leichter fällt.

Los geht´s an der Ausfahrt des Camps, von der wir am Naturbad vorbei hinunter zur Heinrich-Georg-Neuss-Straße fahren und dort rechts und nochmals rechts auf die Brockenstraße abbiegen. Die ersten rund 5 km sind zwar landschaftlich schön, vom Radeln her aber weniger, denn wir nutzen die etwas ansteigende Straße, bis wir zum Bahnhof Drei Annen Hohne gelangen. Hier setzen wir uns in die Brockenbahn und lassen und auf den Berg hinaufbringen.

„Drei Annen Hohne“ – wir wundern uns über den sonderbaren Namen des Bahnhofs. Als die Brockenbahn erbaut wurde, plante man einen Halt ein für das Gasthaus Drei Annen und das Forsthaus Hohne. Die Station wurde zunächst „Signalfichte“ getauft. Als diese der Witterung zum Opfer fiel, wurde die Haltestelle in Hohne umbenannt. Das Gasthaus Hohne ist noch heute ein beliebtes Ausflugs- und Einkehrerziel. Der Begriff „Drei Annen“ hingegen tauchte bereits 1770 in den Urkunden auf, als hier Silber und Kupfer abgebaut werden sollte.

Wir starten mit der **Brockenbahn** an unserem Bahnhof auf 542 m Höhe, bevor uns die Schmalspurbahn mit 1 m Spurbreite schnaufend genau 600 m weiter nach oben bringt. Heute sind es fast nur Touristen, die mit der Bahn fahren. Das war früher anders, denn bis 1988 wurden Baumaterial, Öl und Kohle mit ihr transportiert. Der Grund? Oben auf dem Brocken waren Grenztruppen der DDR und Sowjet-Soldaten stationiert, die von hier den Westen ausspionieren sollten.

Die Brockenbahn dampft auf den einst politisch bedeutsamen Brocken

Weiter geht´s vom Brocken nun erstmal ausschließlich bergab. Die Schilder weisen uns den Weg hinunter über die Brockenstraße. Die Knochenbrecherkurve trägt ihren Namen nicht ohne Grund – also hier nach dem ersten Kilometer vorsichtig fahren! Auch später gilt es aufzupassen, um die Schilder nicht zu verpassen und um weder sich selbst noch die Fußgänger zu gefährden. Dann rollen wir durch den langgezogenen Ort Schierke, den wir über die Hagenstraße und dann weiter geradeaus den Mandelhölzer Fußweg verlassen. Nach einer weiteren Haarnadelkurve endet die Abfahrt, wir gesellen uns neben die Bahnschienen und erreichen wieder Drei Annen Hohne. Von hier radeln wir auf derselben Strecke zum Camp zurück, auf der wir herkamen.

Genau 1.142,2 m ist er hoch, der Brocken, der im Volksmund auch gerne **Blocksberg** genannt wird. Er ragt damit höher hinaus als irgendein anderer Berg in Norddeutschland. Natürlich gibt es auch einen Gipfelstein, den wir fotografieren müssen. Viele Sagen ranken sich um den geheimnisvollen Berg, was vielleicht daran liegt, dass er sich gerne in Nebel oder Wolken hüllt. Auch ein Brockengespenst gibt es hier oben. Viele der Sagen haben mit **Hexen** zu tun, auf die wir im Harz öfters „treffen".

Tipp: Der Besuch des **Brockenhauses** ist Pflicht, denn dort erfahren wir alles Wissenswerte über den Nationalpark Harz. Dazu gehört auch die Erklärung, warum das hier einst „Stasi-Moschee" genannt wurde.

Vom Brocken führen viele Wanderwege herab durch die dichten Wälder, auch einen **Goetheweg** gibt es, denn auch der fühlte sich vom Berg anzogen. Einer der Wege führt nach Braunlage, das mit einer sehr guten **touristischen Infrastruktur** aufwarten kann.

Der **Luftkurort** Schierke ist einer der Urlaubs-Hotspots der Region. Malerisch in den Bergen eingebettet, können wir hier bestens einkehren, das schmucke **Rathaus** und die Bergkirche ansehen.

Kartentipp:
ADFC-Regionalkarte Harz, 1:75.000,
ISBN 978-3-87073-846-4, € 8,95
Digital für Smartphones und Tablets:
www.fahrrad-buecher-karten.de/rk-digital

39 Hügelige Harzer Hexen-Runde

Von **Elbingerode** zum nach Braunlage

CamperTouren Info

32 km, überwiegend auf separaten Radwegen, Radwegen neben der Straße sowie auf kleineren Straßen. Einige kurze, knackige Steigungen, dadurch anstrengend, regionale Wegweisung

Start / Ziel: Camping Am Brocken, www.campingambrocken.de

Auswahl weiterer Camps an der Strecke: Campingplatz Braunlage

Bei dieser Tour bekommen unsere Waden zu spüren, dass es auch im Mittelgebirge richtig anstrengend werden kann: Die kurzen, aber knackigen Steigungen summieren sich zu 440 Höhenmetern auf. Als Entschädigung gibt es wundervolle Natur und einen der Touristen-Hotspots im Harz.

Klein, fein und ungemein romantisch – so könnte man den **Campingplatz am Brocken** in der Nähe von Elbingerode beschreiben. Unser mobiles Zuhause steht auf einer saftigen Wiese, während sich die Kinder auf dem Spielplatz amüsieren. Um uns herum ungeheuer ruhige Natur und klare Luft – das ist Erholung pur!

Los geht´s an der Ausfahrt des Camps, von der wir am Naturbad vorbei hinunter zur Heinrich-Georg-Neuss-Straße fahren, dort rechts abbiegen und die Brockenstraße geradeaus in den Roterweg überqueren. Dieser bringt uns schnurgerade hinaus aus der Stadt. Bei den letzten Häusern geradeaus „Am Ahrendfeld", direkt links und später bei der Weggabelung schräg rechts. Nachdem wir das große Werk passiert haben, wird´s richtig anstrengend, ehe wir den Ort Elend erreichen. Den dortigen Kreisel verlassen wir über die Braunlager Straße, in der Linkskurve rechts (Alte Braunlager Straße) und kurz darauf links. Das ist wieder sehr anstrengend. Einfacher, allerdings auf der Straße, geht´s, wenn wir direkt der Landstraße folgen. Auf diese treffen wir später ohnehin wieder und gelangen ins Herz von Braunlage.

Unsere Tour führt uns durch eine Region, die geologisch als Elbingeröder Komplex bezeichnet wird. Dies sind mehrere „Sättel" und „Mulden", die einst aus Riffen und Kalkalgen entstanden, als es hier noch ein Meer gab. Der dadurch vorhandene Kalk ist ein wertvoller Rohstoff, der an vielen Stellen abgebaut wird. Wir bekommen dies auch am Wegesrand zu

Der Harz ist nicht nur eine Bilderbuchlandschaft, sondern auch anstrengend zu beradeln

sehen, wenn wir an dem großen **Kalksteintagebau** vorbei radeln.

Das kleine Örtchen Elend entstand im 18. Jh. um eine Eisenhütte herum. „Elend" wird es auch für uns, denn hinter dem Ort geht's steil den Berg hinauf.

Unten an der B27 steht ein **Mahnmal** zur deutschen Teilung und Wiedervereinigung an der ehemaligen innerdeutschen Grenze.

Wunderschön eingebettet in die Höhenzüge des Harzes empfängt uns der **Luftkurort** Braunlage. Wanderwege durchziehen die Region bis in eine Höhe von 971 m, die am Wurmberg erreicht werden. Als bedeutender Fremdenverkehrsort hält Braunlage reichlich **Einkehrmöglichkeiten** für uns bereit.

Ruhe und Erholung finden wir im weitläufigen **Kurpark**, der sich um den Kurteich herumschlängelt. Am Rande steht auch das **Heimatmuseum**, in dem wir mehr über die Region erfahren.

Tipp: Die Hexen sind in und um Braunlage „allgegenwärtig". Besonders viele Hexen sind natürlich in der **Walpurgisnacht** unterwegs. Dann gibt es einen Umzug, an dem Bewohner und Besucher in schaurige Kostüme gewandet durch den Ort ziehen. Begleitet wird dies durch ein Fest im Kurpark.

Weiter geht´s von Braunlage zunächst wieder in den Ort Elend zurück, wie wir hierher kamen. Den Kreisel dort verlassen wir dieses Mal nach rechts über die Hauptstraße und folgen dieser durch das Tal bis zum Örtchen Rohtehütte. Hier biegen wir links ab, schnaufen tief durch und kurbeln den Berg hinauf, ehe es wieder herab nach Elbingerode geht. Von hier folgen wir Roterweg und Georg-Neuss-Straße wieder zurück zum Camp.

Die Ortsnamen Rothehütte und Königshütte deuten darauf hin, dass wir bei unserer Radtour auf den Spuren der Industrialisierung wandeln. Hier wurden u.a. Erze in großem Stil verarbeitet. Einen sehr fotogenen **Wasserfall** finden wir mit einem kleinen Abstecher bei Königshütte, während ein längerer Abstecher entlang der Bode nach Rübeland führt, wo es Höhlen zu besichtigen gibt.

Kartentipp:
ADFC-Regionalkarte Harz, 1:75.000,
ISBN 978-3-87073-846-4, € 8,95
Digital für Smartphones und Tablets:
www.fahrrad-buecher-karten.de/rk-digital

40 Aaah, der Aasee!

Von der **Werse** zum Aasee

CamperTouren Info

19 km, Rundtour meist auf befestigten Radwegen bzw. Straßen/Wegen, keine Steigungen, regionale Wegweisung

Start und Ziel: Campingplatz Münster, www.campingplatz-muenster.de

Auswahl weiterer Camps an der Strecke: Wohnmobilstellplatz Münster

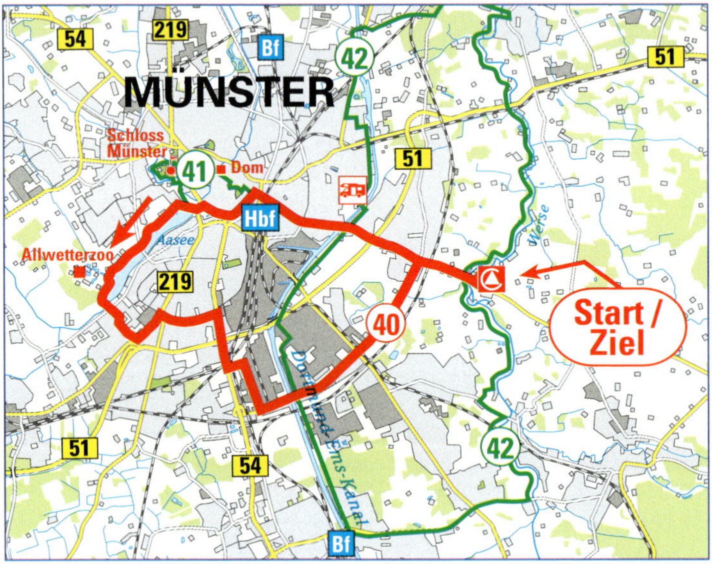

Mitten in der Stadt rollen wir einmal um Münster´s „Klimaanlage“, den Aasee. Dabei genießen wir die Autofreiheit und haben zudem die Möglichkeit, unseren Wissensdurst zu stillen. Ein Besuch des Allwetterzoos sollte auch auf dem Ausflugsprogramm stehen.

Los geht´s vom Campingplatz Münster aus nach links und an der Straße direkt wieder rechts auf den Radweg. Auf diesem fast schnurgeraden Weg bleiben wir einfach, überqueren direkt die Werse und später den Kanal und erreichen den Bahnhof. Den lassen wir links liegen und überqueren die große Kreuzung geradeaus. Dahinter biegen wir links ab in die Promenade. Nach rund 1,5 km zweigen wir links ab und kommen ans Ufer des Aasees, den wir gegen den Uhrzeigersinn umrunden. So kommen wir unter der Brücke her, vorbei am Freilichtmuseum und am Zoo an die Spitze des Aasees.

Die Münsteraner haben es wirklich gut, denn es gibt nur das gute Radwegenetz: Mitten in der Stadt bildet der Aasee mit weitläufigen Grünanlagen an seinen Ufern ein perfektes **Naherholungsgebiet**. Hier fühlen sich nicht nur Radler und Jogger sondern auch Spaziergänger und Hobbysportler wohl. Auf dem Wasser können wir segeln oder uns bequem mit dem **Ausflugsschiff** weiterschippern lassen.

Der über 40 ha große See staut das Wasser der Aa und trägt damit zum Hochwasserschutz bei. Weiterhin sorgt er dafür, dass die warmen, aus Süden einfließenden Luftmassen abgekühlt werden – er ist quasi die Klimaanlage Münsters.

Für Kurzweil ist rund um den See mit seinem 5,7 km langen Uferweg auch gesorgt: Naturwissenschaftlich Interessierte besuchen das **LWL-Museum für Naturkunde** mit Planetarium und wen die Historie der Region interessiert, flaniert durch das **Mühlenhof-Freilichtmuseum Münster**.

Perfekte Radwege erwarten uns rund um den Aasee

Tipp: Weit über die Landesgrenzen hinaus bekannt ist der **Allwetterzoo** Münster. Dieser ging aus dem 1875 Zoologischen Garten hervor und bekam seinen Beinamen durch die „Allwettergänge". Damit ermöglichten die Architekten es dem Besucher, viele Bereiche trockenen Fußes zu erreichen. Die Artenvielfalt ist beeindruckend: Elefanten, Tiger, Orang-Utans, Bären, Pinguine und viele Wildtiere mehr machen den Besuch des Zoos unterhaltsam. Mit unserem Eintritt tragen wir zudem einen Teil dazu bei, dass bei den Zuchten zur Arterhaltung beigetragen werden kann. Für Freunde des Reitsports interessant: Angegliedert an den Zoo ist das **Westfälische Pferdemuseum Münster**.

Weiter geht´s von der Spitze des Aasees nach links über die Brücke, dann schräg rechts versetzt weiter über den Canisiusweg. Nach wenigen Pedalumdrehungen schräg rechts weiter über den Radweg bis zur Weseler Straße. Deren Radweg folgen wir nach links, später rechts in den Inselbogen, der in die Metzer Straße übergeht und auf die Hammer Straße trifft. An dieser Ecke rechts, beim Preußenstadion links in die Siemensstraße und direkt wieder rechts. Nachdem wir links in die Trauttmansdorffstraße abgebogen sind, queren wir wieder den Dortmund-Ems-Kanal. Weiter geradeaus, entlang von Heumannsweg und Schmittingheide, treffen wir auf eine große Querstraße, die uns bekannt vorkommt. Hier müssen wir nur noch ein paar Meter nach rechts radeln, um dann links zu unserem Camp abzubiegen.

Kartentipp:
ADFC-Regionalkarte Münsterland, 1:75.000, ISBN 978-3-87073-906-5, € 8,95
Digital für Smartphones und Tablets:
www.fahrrad-buecher-karten.de/rk-digital

Von 1926 stammt das **Preußenstadion** von Münster, in dem der gleichnamige Club sein Zuhause hat. Galt es bei seiner Erbauung als eines der modernsten Fußballstadien Deutschlands, vermittelt ein Besuch heute einen eher familiären Charme.

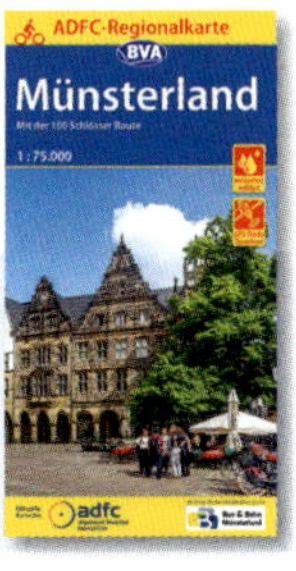

41 In der Bundeshauptstadt der Radler

Von der **Werse** in die Münsteraner Innenstadt

CamperTouren Info

14 km, Rundtour meist auf befestigten Radwegen bzw. Straßen/Wegen, keine Steigungen, regionale Wegweisung

Start und Ziel: Campingplatz Münster, www.campingplatz-muenster.de

Auswahl weiterer Camps an der Strecke: Wohnmobilstellplatz Münster

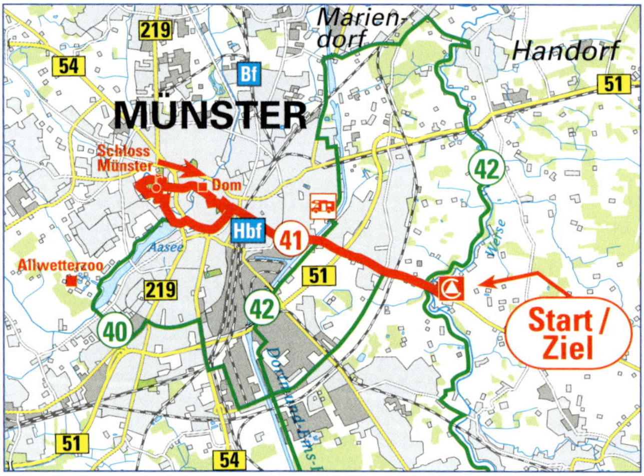

Immer geradeaus – so könnte das Motto unserer Radtour sein, denn in die Innenstadt von Münster finden wir wirklich leicht. Dass wir dabei auf guten Radwegen fahren, versteht sich von selbst, denn in Münster ist das Fahrrad Verkehrsmittel Nummer 1!

Der Name „**Campingplatz Münster**" suggeriert eine Lage mitten in der Stadt. Das täuscht, und das ist auch gut so, denn die wirkliche Lage könnte schöner kaum sein: Herrlich ruhig, mitten im Grünen, einen Steinwurf von der Werse und vom Freibad entfernt.

Los geht´s vom Campingplatz Münster aus nach links und an der Straße direkt wieder rechts auf den Radweg. Die ersten Kilometer sind genauso, wie bei der Tour zuvor: Fast schnurgerade geht es über die Werse und später über den Kanal zum Bahnhof. Nachdem wir den Bahnhof haben links liegen lassen, überqueren wir die große Kreuzung geradeaus. Dahinter biegen wir links ab in die Promenade. So gelangen wir zielsicher zum Schloss. Wer mag, folgt dem Ufer des Schlossgartens im Uhrzeigersinn.

Die **Promenade** ist herrlich: Auf breiter Piste radeln wir unter lauschigen Bäumen völlig autofrei um die Innenstadt herum. Dabei tangiert sie auch den Zwinger und geleitet uns direkt zum Schloss, das malerisch auf einer gezackten Insel liegt. Das **Fürstbischöfliche Schloss Münster** wurde in barocker Pracht 1787 fertiggestellt. Heute ist es Teil der Universität – in diesen Räumen lässt es sich den Vorlesungen besonders gut folgen. Dreimal am Tag gibt es Ablenkung, denn dann spielen die **18 Glocken** Klassiker wie „die Gedanken sind frei".

Weiter geht´s am Schloss, das wir über Schlossplatz und geradeaus Frauenstraße verlassen. Der Überwasserkirchplatz führt uns zum Münster, an dem wir rechts vorbei radeln. Michaelisplatz, rechts Prinzipalmarkt und links Klemensstraße bringen uns aus der City heraus. Beim Clemenspark links, „An der Clemenskirche", nächste rechts Servatiikirchplatz, links Klosterstraße und rechts Salzstraße

Staunen und Flanieren am Prinzipalmarkt

bringen uns an die Promenade. Hier radeln wir geradeaus und folgen derselben Strecke wieder zurück, auf der wir herkamen.

Tipp: Lassen Sie sich in einem der Cafés am **Münsterplatz** oder am **Prinzipalmarkt** nieder und genießen Sie die Szenerie: Die altehrwürdigen Fassaden strahlen Ruhe und Gelassenheit aus, Jung und Alt cruisen auf den Fahrrädern umher… das ist Leben in Münster!

Münster erlitt schwere Schäden im Krieg – zum Glück wurde die Innenstadt fast genauso wieder aufgebaut, wie sie vorher aussah.

Der **Prinzipalmarkt** ist vermutlich eine der bekanntesten Häuserzeilen des Landes. Die herrlichen Arkaden verschmelzen mit den Giebelhäusern zu einer Symbiose der Leichtigkeit. Aus allem empor ragt der Stadthausturm mit seinem grünen Dach. An den Prinzipal- schließt sich der Roggenmarkt an, der als eine der ältesten Marktstraßen der Region gilt.

Zur Altstadt gehören der **Erbdrostenhof**, die **Lambertikirche** und zahlreiche andere historische Gebäude. Die Fußgängerzone lädt zum Shoppen und Verweilen ein. Dabei fällt immer wieder auf, dass Münster „auch modern kann": An vielen Ecken entstanden toppmoderne Gebäude, die ökologisch ausgerichtet wurden. Nicht komplett ist der Besuch Münsters, ohne das historische Rathaus zu besuchen, wo der Friedenssaal noch im Original erhalten ist: Genau hier wurde am 15. Mai 1648 der Westfälische Frieden geschlossen. Mit ihm wurden der 30-jährge Krieg und der 80-jährige Unabhängigkeitskrieg in den Niederlanden besiegelt.

Kartentipp:
ADFC-Regionalkarte Münsterland, 1:75.000, ISBN 978-3-87073-906-5, € 8,95
Digital für Smartphones und Tablets:
www.fahrrad-buecher-karten.de/rk-digital

42 An Werse und Kanal

Von der **Werse** zum Dortmund-Ems-Kanal

CamperTouren Info

32 km, Rundtour meist auf befestigten Radwegen bzw. Straßen/Wegen, keine Steigungen, regionale Wegweisung

Start und Ziel: Campingplatz Münster, www.campingplatz-muenster.de

Auswahl weiterer Camps an der Strecke: Wohnmobilstellplatz Münster

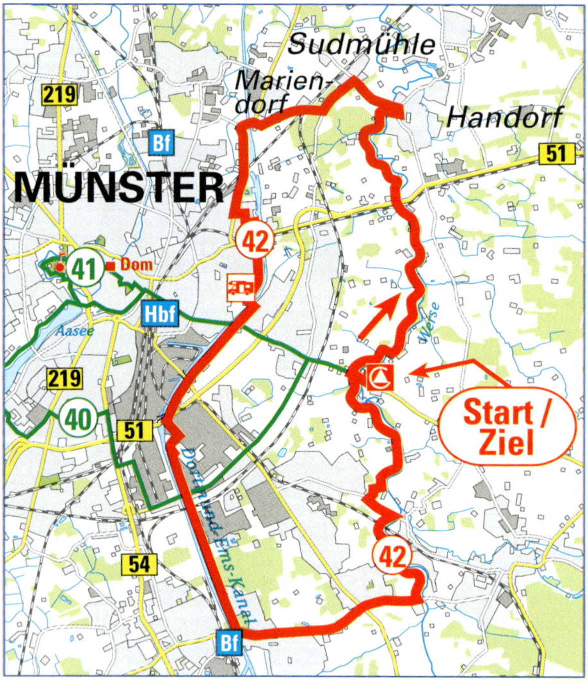

Zwei Fließgewässer, die unterschiedlicher nicht sein könnten, begleiten unsere Radrunde im Westen Münsters: Zunächst folgen wir der wunderbar naturnahen Werse, ehe wir auf schnurgeraden Wegen am Dortmund-Ems-Kanal entlang radeln. Gute Radwege sind ebenso garantiert, wie beste Laune.

Los geht´s vom Campingplatz Münster aus nach links und an der Straße direkt wieder rechts auf den Radweg. Direkt hinter der Brücke schräg rechts hinunter und mit einer Haarnadelkurve auf den Radweg. Dieser folgt dem Verlauf der Werse und verläuft über weitere Teile autofrei, bis wir Handorf erreichen.

Es fängt schon traumhaft an: Wir radeln auf einem idyllischen Radweg entlang der Werse. Der 2007 eröffnete „**Werse Rad Weg**" ist bestens beschildert und beginnt sogar schon in Rheda-Wiedenbrück, so dass er auf die stattliche Länge von 125 km kommt.

Auf ihrem 67 km langen Weg von Beckum bis zur Quelle in die Ems fließt sie in teils engen Mäandern. Dabei ist die Werse an beiden Ufern oftmals dicht bewachsen, so dass wir sie vom Radweg ab und an gar nicht richtig erspähen können.

Tipp: Wer Gefallen an der Werse gefunden hat und sie noch „hautnäher" genießen möchte, steigt in ein **Kanu** und ist dem Fluss ganz nahe. Dazu gibt es an der Werse gleich mehrere Kanu-Verleiher.

Die kleine **Dorfkirche** von Handorf ist der Dorfpatronin St. Petronilla gewidmet. Hier beginnt auch ein Krippenweg zur Kirche St. Maria Himmelfahrt, die auch **Dyckburg-Kirche** genannt wird.

Weiter geht´s von Handorf nach links über die Werse hinweg bis zu den ersten Häusern von Sudmühle. Dort links in die Dyckburgstraße und nach einem knappen Kilometer rechts in die Mariendorfer Straße, die uns in den gleichnamigen Ort führt. Kurz darauf queren wir mit der Straße den Kanal und gesellen uns direkt dahinter ans Ufer des Dortmund-Ems-Kanals. Kurz hinter der Schleuse werden wir kurz weggeführt, kehren aber direkt danach an die Fluten zurück. Für die nächsten 9 km bleiben wir stets am Kanal, zunächst auf der einen, dann auf der anderen Seite. Unter den zweiten der hintereinander liegenden Brücken zweigen wir links ab. So gesellen wir uns an die Straße Osttor, die später in die Hiltruper Straße übergeht. Direkt vor der Werse-Brücke zweigen wir links ab und folgen dem Werse-Radweg, der uns zielsicher zurück zu unserem Camp bringt.

Um die Wette Radeln mit den Schiffen am Dortmund-Ems-Kanal

Sudmühle und Mariendorf gehören beide bereits zur Stadt Münster, wobei Sudmühle aus einer alten Ziegelei hervor ging. Für deren Arbeiter wurde erst ein Bahnhaltepunkt erbaut, später entstanden hier die ersten Wohnhäuser.

Mit dem **Dortmund-Ems-Kanal** haben wir eine echte Meisterleistung der Ingenieurskunst neben uns. Von 1822 bis 1899 errichtet, verläuft er auf einer offiziellen Länge von 223 km. Er beginnt im Dortmunder Hafen bzw. am alten Schiffshebewerk in Henrichenburg und endet bei Lingen, wo die Schiffe in die Ems abbiegen können. Damit wurde eine optimale Wasserstraße zwischen dem Ruhrgebiet und der Nordsee geschaffen – seinerzeit unverzichtbar für eine Industrieregion. Den Wasserlauf begleitet die **Dortmund-Ems-Kanal-Route**, ein absolut steigungs- und auch weitgehend autofreier Radweg auf einer Gesamtlänge von 350 km.

Die **Chemieanlagen** sind in Hiltrup kaum zu übersehen – aber auch wichtig, denn hier werden Beschichtungsstoffe wie Lacke und Farben hergestellt, die aus unserem Alltag nicht wegzudenken sind. Schöner anzusehen sind aber natürlich das kreisrunde **Wasserwerk Hohe Ward** von 1905 und die alte Kirche St. Clemens.

Kartentipp:
ADFC-Regionalkarte Münsterland, 1:75.000,
ISBN 978-3-87073-906-5, € 8,95
Digital für Smartphones und Tablets:
www.fahrrad-buecher-karten.de/rk-digital

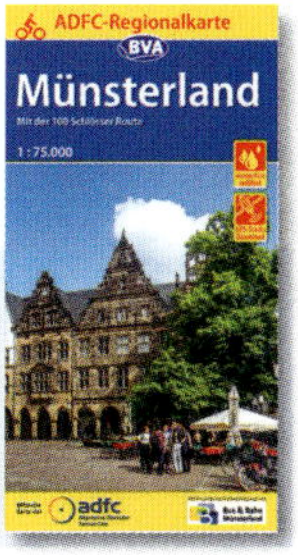

43 Nordsee, Südsee und Alleen – alles in einer Tour!

Von **Xanten** nach Rees

CamperTouren Info

42 km, überwiegend auf separaten Radwegen, Radwegen neben der Straße sowie auf Nebenstraßen. Keine größeren Steigungen, regionale Wegweisung

Start / Ziel: Wohnmobilpark Xanten, www.womopark-xanten.de

Auswahl weiterer Camps an der Strecke: Camping Gisbert Schlüter, Camping „Op et Husen", Campingplatz Verkühlen, Camping Niederrhein

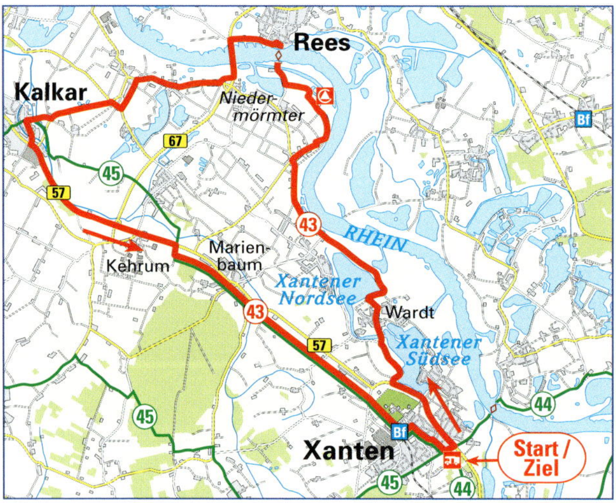

Herrliche Badeseen und der breite Rhein begleiten unsere Tour in den Nordosten von Xanten. Die Radwege sind hier am Niederrhein perfekt ausgebaut – und der schnurgerade Alleenradweg erfüllt auch die letzten Radler-Sehnsüchte.

Bei Umfragen steht er fast immer ganz vorne im Ranking: Der **Wohnmobilstellplatz Xanten**, auf dem auch Wohnwagen erlaubt sind. Nur wenige Fußminuten sind es bis in die historische Innenstadt von Xanten und zu den überregionalen Radwegen müssen wir nur ein paar Meter den Hügel hinunterrollen. Die Stellplätze sind großzügig und mit viel Grün gestaltet, wer weiter oben steht, hat zudem auch noch einen schönen Ausblick. Das kleine, aber sehr edle Sanitärgebäude lässt keine Wünsche offen und wer nach der Radtour entspannen mag, besucht auf dem Platz die Wellness-Oase oder die Salzgrotte.

Los geht´s an der Ausfahrt des Camps, von der wir zwischen Camp und Sportplatz zur Straße rollen, dort rechts und gleich wieder links. So erreichen wir den Radweg links neben der B57, dem wir rund 3 km folgen, ehe wir rechts abbiegen und an dem Xantener Südsee vorbei radeln. Bei den Großparkplätzen geradeaus über die Brücke und in grober Richtung geradeaus durch den Ort Wardt. So gelangen wir ans Ufer vom Nordsee, dem wir gegen den Uhrzeigersinn umrunden. Später gesellt sich unser Radweg an den Rhein, dem wir flussabwärts folgen, um mit der Fähre überzusetzen und ins Herz von Rees zu kommen.

Ist das herrlich: Es kommt wirklich Karibik-Feeling auf, wenn wir am **Xantener Südsee** und am **Nordsee** vorbei radeln. Feinster Sandstrand, Liegewiesen, Beachclubs, Surf- und Paddeling-Verleihe und sogar eine Halbinsel finden wir hier. Wer sich einmal niedergelassen und ins klare Wasser eingetaucht ist, wird kaum zum Weiterradeln kommen.

Die Rheinpromenade ist das Schmuckstück von Rees

Tipp: Wer nicht mit der Fähre übersetzen mag, radelt ein Stück weiter auf der Rheinseite und nutzt die **Brücke**, um nach Rees zu gelangen. Später geht´s auf demselben Weg wieder über die Brücke retour.

Mit der Fähre setzen wir über zur Reeser **Rheinpromenade**, die zugleich das Schmuckstück der Stadt ist. Die gute Gastronomie hier und in der Stadtmitte locken zu einer längeren Pause. Gut erkennbar sind die Reste der ehemaligen Stadtbefestigung. Neben der **Stadtmauer** entdecken wir den Zoll- und den Mühlenturm. Aus dem schicken Panorama ragen die Türme der **Kirchen** St. Vincentius und St. Maria Himmelfahrt empor.

Weiter geht´s von Rees über den Rhein-Radweg, den Schildern Richtung Emmerich folgend, flussabwärts. Dann radeln wir unter der Brücke her, biegen direkt dahinter rechts ab, kurbeln steil nach oben und fahren per Haarnadelkurve auf die Brücke. Diese Passagen sind recht eng, so dass wir vorsichtig fahren müssen – erst recht bei Gegenverkehr! Am anderen Ufer radeln wir via Niedermörmter nach Kalkar. Dies verlassen wir über Monreund Xantener Straße. Ab dem Kreisel wechseln wir auf den Radweg parallel zur Bundesstraße. Hinter Kehrum können wir rechts-links abbiegen und gelangen auf den Alleen-Radweg. Der bringt uns vorbei an Marienbaum und den Ausgrabungsstätten zum Bahnhof vom Xanten. Am Bahnhof links (Hagenbuschstraße), dann rechts über den Westwall und später wieder rechts auf die Viktorstraße. Nun immer geradeaus zurück zum Camp.

Kalkar erlangte in den 1980er Jahren traurige Berühmtheit durch viele Demos gegen den „Schnellen Brüter“. Das damalige Atomkraftwerk wurde stillgelegt, heute dient es als Abenteuerpark der besonderen Art. In der Ortsmitte von Kalkar finden wir die **größte Windmühle vom Niederrhein** und ein sehr schönes **Rathaus**. Davor erstreckt sich der Marktplatz mit Einkehrmöglichkeiten, einer Gerichtslinde und dem **Städtischen Museum**.

Auf dem Rückweg rollen wir über den schnurgeraden **Alleenradweg**, der komplett autofrei auf einer ehemaligen Bahntrasse verläuft.

Kartentipp:
ADFC-Regionalkarte Niederrhein Nord, 1:75.000,
ISBN 978-3-87073-837-2, € 8,95
Digital für Smartphones und Tablets:
www.fahrrad-buecher-karten.de/rk-digital

44 Wehrhaftes Wesel

Von **Xanten** nach Wesel

CamperTouren Info

30 km, überwiegend auf separaten Radwegen, Radwegen neben der Straße sowie auf Nebenstraßen. Nur eine kleinere Steigung am Ende der Tour, regionale Wegweisung

Start / Ziel: Wohnmobilpark Xanten, www.womopark-xanten.de

Auswahl weiterer Camps an der Strecke: Campingplatz Grav-Insel, Wohnmobil-Stellplatz Wesel

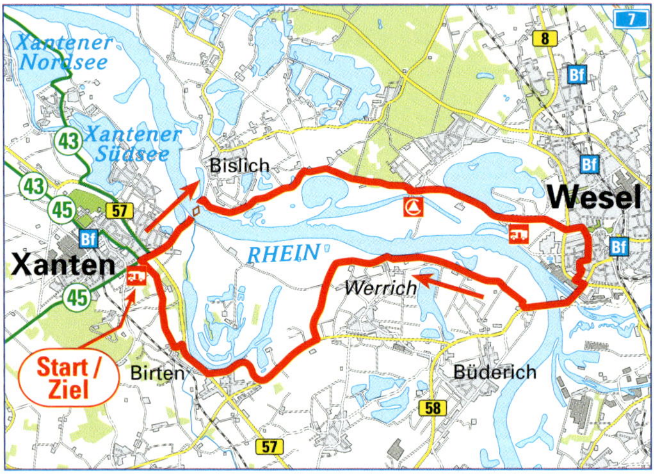

Tipp: Die **Rheinfähre** verkehrt nicht ständig, daher sollten wir uns vorher über den Fahrplan informieren. Eine gute Alternative ist es, vom Fähranleger aus am Rhein entlang bis zur Brücke und dort ins Herz von Wesel zu radeln.

Bei dieser Tour haben wir wieder ein sehr abwechslungsreiches Programm zu erwarten: Wir sind auf beiden Ufern des Rheins unterwegs und rollen durch ruhige Naturschutzgebiete. Städtisches Flair hingegen wird uns beim Besuch der Weseler Innenstadt beschert.

Los geht´s an der Ausfahrt des Camps, von der wir zwischen Camp und Sportplatz zur Straße rollen, dort rechts und an der Ampel geradeaus. So gelangen wir zur Fähre, die uns ans andere Rheinufer bringt. Hier biegen wir rechts ab (Marwick, später Bilslicher Straße, dann Deichweg) und radeln am weitläufigen Gelände des Campingplatzes Grav-Insel vorbei. Der Auesee und der Flugplatz liegen auf unserem Weg, der uns den Radschildern folgend ins Zentrum von Wesel führt.

Der **Campingplatz Grav-Insel** ist unter Campern ein Begriff. Obwohl es eine der größten Anlagen in Europa ist, herrscht eine familiäre Atmosphäre. Auch der Wohnmobil-Stellplatz von Wesel, an dem wir wenig später vorbeikommen, genießt einen guten Ruf. Beide Camps liegen in wundervoller, grüner Umgebung.

An der strategisch günstigen Mündung der Lippe in den Rhein entstand die heute rund 60.000 Einwohner zählende Stadt Wesel. Sie entwickelte sich so prächtig, dass sie 1407 in den Bund der Hanse aufgenommen wurde. Das eindrucksvollste Zeugnis aus dieser Zeit ist das **Historische Rathaus**. Nicht minder schön anzusehen ist der Willibrordi-Dom dessen Turm 1478 vollendet wurde. Ab 1681 wurde Wesel unter der Preußischen Regentschaft zu einer echten Festung ausgebaut. Die **Zitadelle** zeugt bis heute davon, dass Wesel seinerzeit bestens beschützt war. Hier finden wir – quasi standesgemäß – auch das **Preußen-Museum**. Die Zitadelle war das Haupttor des umfassenden Verteidigungssystems, zu dem auch das **Berliner Tor** gehörte.

Nicht ganz so ernst zu nehmen ist der bunte **Esel** am Berliner Tor. Er ist eine nette Anspielung auf den Spruch „wir heißt der Bürgermeister von Wesel", den fast jeder schon einmal als Echoruf ausprobiert haben dürfte.

Weiter geht´s von Wesel, das wir an der Zitadelle vorbei zur Rheinbrücke hin verlassen. Am Ende der Brücke schräg rechts hinunter und rechts-links-links auf den Radweg, der uns durch das Naturschutzgebiet Rheinaue vorbei an Fort I via Perrich und Werrich ins nächste Naturschutzgebiet namens Bislicher Insel bringt. Schließlich treffen wir auf die B57, der wir einen Kilometer folgen, um hinter Birten links und gleich wieder rechts abzubiegen. Der kleine Weg bringt uns mit einer spürbaren Steigung geradewegs zurück zum Camp. Alternativ können wir auch dem Radweg an der B57 folgen und bei der Ampel links und gleich wieder links abbiegen zum Camp.

Karibische Gefühle in Wesel

Wir kommen an **Fort I** vorbei, das einst auch zu den Verteidigungsanlagen von Wesel gehörte. Der schließende Teil der Tour ist sehr naturverbunden: Zunächst radeln wir durch das **Naturschutzgebiet Rheinaue** und dann durch das **Naturschutzgebiet Bislicher Insel,** das sich über mehr als 10 qkm erstreckt. Weil sich der Lauf des Rheins mehrfach änderte, entstand hier eine **Auenlandschaft**, die in dieser Art eine der letzten Deutschlands ist. Unzählige Vögel haben hier eine ruhige Heimat gefunden, darunter viele bedrohte Arten.

Kartentipp:

ADFC-Regionalkarte Niederrhein Nord, 1:75.000,
ISBN 978-3-87073-837-2, € 8,95
Digital für Smartphones und Tablets:
www.fahrrad-buecher-karten.de/rk-digital

45 Och, ist das schön in Goch

Von **Xanten** nach Goch

CamperTouren Info

56 km, überwiegend auf separaten Radwegen, Radwegen neben der Straße sowie auf Nebenstraßen. Einige kleinere Steigungen, regionale Wegweisung

Start / Ziel: Wohnmobilpark Xanten, www.womopark-xanten.de

Auswahl weiterer Camps an der Strecke: Campingplatz Im Erlengrund, Wohnmobilstellplatz Uedem, Campingpark Kerstgenshof, Campingplatz Birgit Ingenlath, Waldcamping Speetenkath, Campingplatz und Gaststätte Bremer

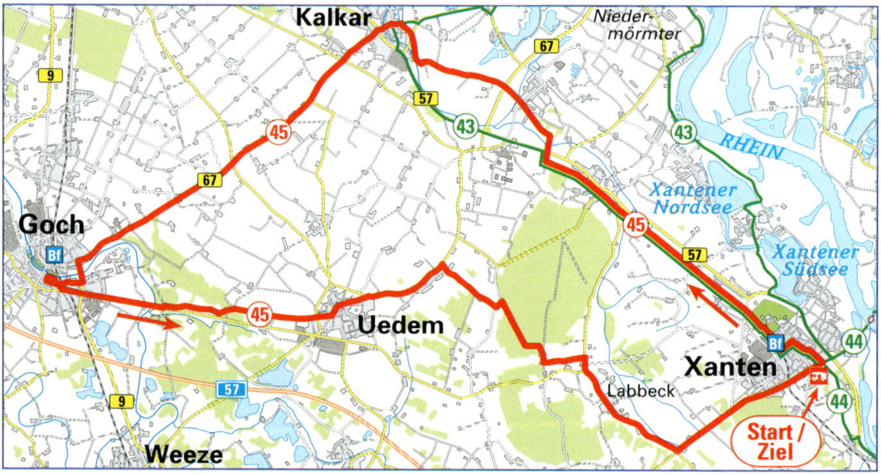

Auf der heutigen Tour machen wir einen Streifzug durch die kleinen Städte am Niederrhein und stellen fest, dass jede ihren eigenen Charme besitzt. Das Radwegenetz ist dicht, so dass wir zwar mit einigen kleinen Hügeln, aber stets mit einem guten Untergrund unterwegs sind.

Los geht´s an der Ausfahrt des Camps, von der wir zwischen Camp und Sportplatz zur Straße rollen und dort geradeaus auf die Viktorstraße fahren. Von hier links auf den Westwall und wieder links in die Bahnhofstraße, vor den Schienen rechts und dann immer weiter geradeaus auf dem Alleenradweg. Der bringt uns später auf die B57, mit deren Radweg wir Kalkar erreichen. Kalkar verlassen wir entlang der Straße nach Goch, das wir mit einer kleinen Steigung erreichen.

Zu Beginn oder zum Ende der Tour müssen wir uns der herrlichen Innenstadt von Xanten widmen. In der Mitte der Altstadt ragt seit dem 8. Jh. der stattliche **Dom St. Victor** empor. Die umliegenden Straßen, Gassen und Plätze laden zur Einkehr und zum Shoppen ein. Hier finden wir auch das strahlend weiß getünchte **Rathaus**. Mitten in der City teilte das **Mitteltor** einst die Stadt, während die **Kriemhildmühle** etwas am Rand steht.

Direkt an unserem Alleenradweg liegt der **Archäologische Park Xanten** (APX) auf einem Teil der früheren Colonia. Auch das **LVR-Römermuseum** liegt auf dem riesigen Gelände.

Tipp: Von Kalkar aus können wir die Tour um tolle Sehenswürdigkeiten erweitern: Nach wenigen Minuten wird über den beschilder-

Für Schloss Moyland lohnt sich auch ein längerer Abstecher!

ten Radweg **Schloss Moyland** erreicht, das mitten in einem Wassergraben mit umliegendem Park angeordnet ist. Noch einige Kilometer weiter liegt Kleve ganz in der Nähe zur niederländischen Grenze. Unterhalb der barocken **Schwanenburg** gibt es einige historische **Villen** zu bestaunen.

Die sehr sehenswerte Kleinstadt Goch liegt malerisch am Ufer des Flüsschens Niers. Hier finden wir mit der **Susmühle** mit ihrem roten Mühlrad und den rot-weißen Fensterläden das erste schöne Fotomotiv. Die Fensterläden sind auch ein gestalterisches Element am „**Haus zu den fünf Ringen**“, das 1550 als Patrizierhaus erbaut wurde. Noch älter ist das wuchtige **Steintor.** Es ist das einzige noch erhaltene von vormals vier Toren, die zur Stadtbefestigung gehörten. In Goch finden wir auch eine einladende **Fußgängerzone**, die nicht nur Shopping- sondern auch Einkehrmöglichkeiten bereithält.

Weiter geht´s von Goch den Radwegeschildern folgend nach Uedem und weiter am Rad-Knotenpunkt 51 vorbei nach Labbeck. Von hier zur querenden Landstraße, der wir nach links folgen. Kurz vor der Ampel an der B57 biegen wir rechts ab, um zurück zu unserem Camp zu kommen.

Die Herstellung von Schuhen war einst das prägende Handwerk von Uedem. Klar, dass es dazu auch eine **Plastik eines Schuhmachers** gibt. Am Rathaus steht eine zweite Statue, die sich mit der hier typischen Zuckerrübe präsentiert.

Im kleinen Örtchen Labbeck werden wir mit einem großen, schön gestalteten **Dorfplatz** überrascht. Hier können wir nochmals rasten und uns das Wasserspiel und „herumtollende Hasen“ ansehen.

Kartentipp:
ADFC-Regionalkarte Niederrhein Nord, 1:75.000,
ISBN 978-3-87073-837-2, € 8,95
Digital für Smartphones und Tablets:
www.fahrrad-buecher-karten.de/rk-digital

46 Viel Abwechslung und Abkühlung

Rund um den **Unterbacher See** und weiter zum Schloss Eller

CamperTouren Info

16 km, überwiegend auf separaten Radwegen, Radwegen neben der Straße sowie auf Nebenstraßen. Keine größeren Steigungen, regionale Wegweisung

Start / Ziel: Campingplatz Nord am Unterbacher See, www.unterbachersee.de/camping.html

Auswahl weiterer Camps an der Strecke: Wohnmobilstellplatz Nord, Campingplatz Süd

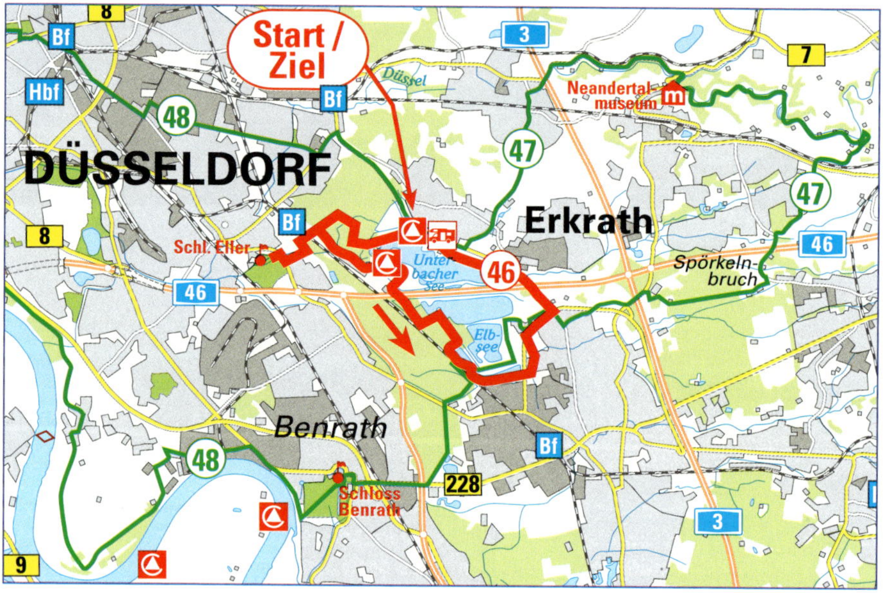

Warmradeln ist angesagt auf dieser Tour. Und so rollen wir auf besten Radwegen um den Unterbacher See herum und beziehen den Elbsee gleich mit ein. Damit die Kultur nicht zu kurz kommt, zweigen wir kurz ab von der Runde und besuchen Schloss Eller.

Der **Campingplatz Nord** am Unterbacher See liegt – wenig überraschend – dem Campingplatz Süd direkt gegenüber. Er hat sich nicht nur auf Dauercamper, sondern auch auf Touristen eingestellt. Und die finden hier eine Anlage, die viel zu bieten hat: Rad- und Joggingtouren können auf besten Wegen direkt am Platz gestartet werden, die Düsseldorfer City liegt nur wenige Minuten entfernt und das Umland hält weitere spannende Ziele bereit. Der **Hafen** des Unterbacher Sees liegt direkt daneben. Neben einem zünftigen Restaurant gibt es hier Slip- und Krananlage, um das eigene Boot zu Wasser zu lassen. Wer kein eigenes hat, leiht sich eine Familien- oder eine Kinderjolle. Für die Entspannung nach der Radtour genießen wir das **Strandbad**, das schon seit 1959 auch direkt am Camp liegt.

Los geht´s an der Ausfahrt des Camps, von wo aus wir dem Weg nach links am Strandbad und am Hafen vorbei folgen. Der Radweg verabschiedet sich vom Ufer nach rechts, kommt an einem kleinen Rastplatz vorbei und trifft auf den Kikweg, dem wir nach links folgen.

Naherholung pur vor den Toren der Landeshauptstadt

Direkt vor dem Parkplatz zweigt unsere Rundtour links ab, geradeaus geht es nach Benrath.

Tipp: Wer nicht „nur" Natur- sondern auch Kulturgenuss erleben möchte, folgt dem Kikweg weiter geradeaus über die Querstraße und über die Bahnschienen hinweg. Etwa 300 m später links, dann rechts in den Weg „In der Elb" und geradeaus über die breite Straße. Am tollen **Spielplatz** vorbei gelangen wir zum **Schloss Eller**.

Wo sich einst eine wehrhafte Wasserburg befand, entstand 1826 ein prunkvolles Schloss für den königlich preußischen Kammerherrn Freiherr Carl von Plessen. Später wohnte Prinzessin Luise von Preußen in den schicken Räumlichkeiten.

Der mehr als 83 ha große **Unterbacher See** hat weder einen Zu- noch einen Ablauf, denn er wird ausschließlich durch Grundwasser gespeist. Dabei ist er bis zu 13 m tief, was ein Indiz dafür ist, wie groß einst die Grube war, in der hier Kies abgebaut wurde.

Weiter geht´s von unserem Abzweig vom Parkplatz am Kikweg durch den Wald, bis wir wieder ans Ufer des Unterbacher Sees gelangen. Diesem folgen wir gegen den Uhrzeigersinn. Wer verkürzen mag, umrundet den See weiter. Wer noch „Saft" hat, zweigt beim Campingplatz Süd ab und umkreist noch den Elbsee gegen den Uhrzeigersinn. Dabei passieren wir zweimal die A46. Beide Runden treffen sich im Bereich der Autobahnauffahrt und folgen ab hier dem Uferweg des Unterbacher Sees zurück zum Camp.

Südlich der Autobahn wurde bis 2006 noch Kies abgebaut. Danach wurde auch diese Grube geflutet, so dass der heute 89 ha bedeckende **Elbsee** entstand. Seit 2010 steht ein großer Bereich unter Naturschutz, weil sich in dem Biotop seltene Tiere und Pflanzen wohlfühlen. Wer diese grüne Pracht überblicken möchte, steigt auf den 7,5 m hohen Aussichtsturm in der Nähe unseres Radwegs.

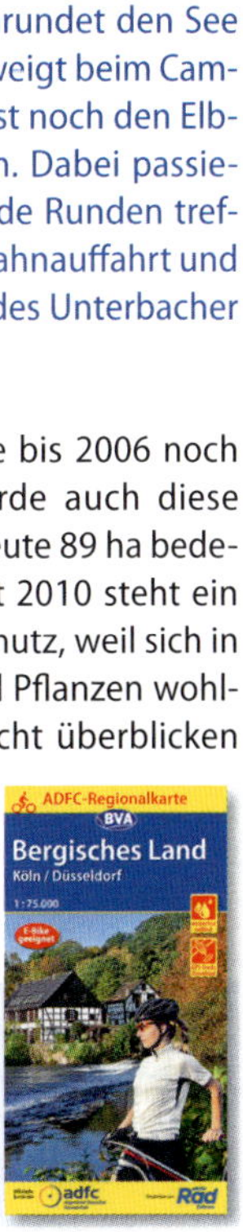

Kartentipp:
ADFC-Regionalkarte Bergisches Land / Köln / Düsseldorf, 1:75.000,
ISBN 978-3-87073-950-8, € 9,95
Digital für Smartphones und Tablets:
www.fahrrad-buecher-karten.de/rk-digital

47 Zu Besuch bei unseren Urahnen

Vom **Unterbacher See** ins Neanderthal

CamperTouren Info

25 km, überwiegend auf separaten Radwegen, Radwegen neben der Straße sowie auf Nebenstraßen. Keine größeren Steigungen, regionale Wegweisung

Start / Ziel: Campingplatz Nord am Unterbacher See, www.unterbachersee.de/camping.html

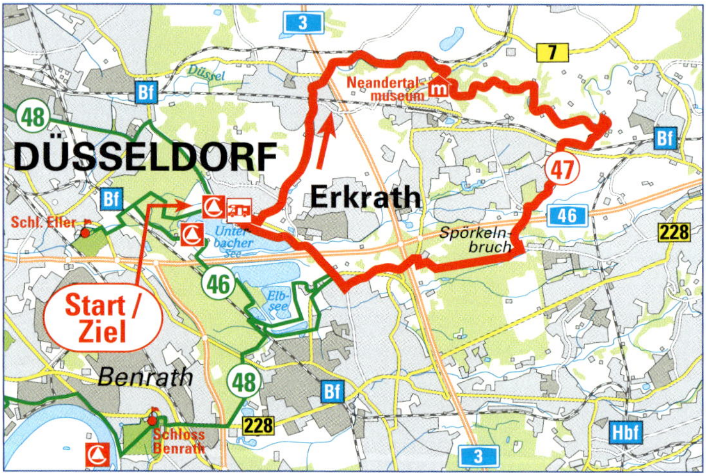

Gleich zu Beginn unserer Tour kommen wir an **Haus Unterbach** vorbei, was eine schlichte Untertreibung ist. Immerhin haben wir eine tolle Wasserburg vor uns mit einem Wassergraben, der heute von einer Brücke überspannt wird. Im Torturm sind noch Reste der alten Zugbrückenvorrichtung vorhanden.

Auf einer Anhöhe über dem Tal der Düssel baute man damals, vor dem Hochwasser sicher, eine für das damalige Dorf eigentlich zu große Kirche. Uns kann das egal sein, denn wir stehen bewundernd vor dem herrlichen Bau der **Kirche St. Johannes der Täufer**. Schön anzusehen ist auch das farbenfrohe Haus Erkrath.

Bei dieser Tour reisen wir ganz weit zurück in die Vergangenheit und „besuchen" die Neanderthaler. Wer von dort nicht mit der Bahn zurückfährt, braucht schon etwas Kondition, denn es geht öfters einen Anstieg hinauf. Gute Aussichten und interessante Geschichten gibt's inklusive.

Los geht´s an der Ausfahrt des Camps, von der wir geradeaus über die Zufahrt zur Rothenbergstraße radeln. Hier folgen wir dem Radweg nach rechts, um wenig später links in die Vennstraße abzubiegen. Dann gesellen wir uns zur Erkrather Straße, die uns merklich ansteigend ins Herz der gleichnamigen Stadt bringt. Hinter den Bahnschienen rechts in die Kirchstraße. Diese quert die A3 und wird zur Mettmanner Straße. Nun sind wir im Tal der Düssel, deren Verlauf wir nun bis zum Neanderthal-Museum folgen.

Tipp: Vom Neanderthal-Museum aus können wir über den Museumsweg hoch zum **Bahnhof** fahren bzw. schieben und von dort mit dem Zug zurück nach Düsseldorf fahren. Dabei bietet es sich an, im Bahnhof Gerresheim auszusteigen, da dieser recht nah am Unterbacher See liegt.

Ein eleganter, schnurgerader und zugleich informativer **Fußweg** führt uns zum Fundort des Neanderthalers. Hier fanden zwei Steinbrucharbeiter 1865 in den Feldhofer Grotten einige Knochen, die zunächst als Überreste eines Höhlenbären eingestuft wurden. Der

Realschullehrer Dr. Fuhlrott wurde zunächst belächelt, als er darin ein „urtypisches Individuum unseres Geschlechts aus vorhistorischer Zeit“ erkannte. Inzwischen ist klar, dass er recht hatte. Dies und noch vielmehr erfahren wir im **Neanderthal-Museum**, das wir erreichen, nachdem wir auch den **Rabenstein** mit seiner Gedenktafel passiert haben.

Fachwerkidylle als Belohnung nach der starken Steigung

Weiter geht´s vom Neanderthal-Museum noch ein ganzes Stück weiter auf der hügeligen Piste durch das Tal der Düssel. Nach rund 5,5 km zweigen wir zweimal rechts ab – jeweils in die Straße „Ehlenbeck“, die uns einen kräftigen Anstieg beschert. Vor der Bahn rechts, dann links über die Schienen auf den Hausmannsweg und im Zick-Zack am Ortsende der Siedlung vorbei. An dem Weg Mahnertmühle rechts, gleich wieder links und über die A46 hinweg. Dahinter in der Linkskurve geradeaus und links in den Spörkelnbruch und in grober Richtung immer geradeaus. Von unserer Straße, die Eickert heißt, rechts „Im Loch“, gleich wieder links und mit der Hochdahler Straße über die Autobahn hinweg. Direkt dahinter links „Giesenheide“, am Kreisel links raus und danach wieder links „Kosenberg“. Im Ort rechts auf die Gerresheimer Straße, dann geradeaus über die A46 hinweg. Nun gesellen wir uns ans Ufer des Unterbacher Sees, das uns zurück zu unserem Camp bringt.

Wir rollen stetig bergauf, denn wir folgen dem Verlaufe der **Düssel** in Richtung ihrer Quelle, die bei Blomrath liegt. Dabei stellen wir fest, dass sich das kleine Flüsschen im Verlaufe der Jahrhunderte eine tiefe Schlucht ins Gelände geschnitten hat. Ohne Frage ist dies hier der schönste Teil ihrer 40 km langen Reise bis zur Mündung in den Rhein.

An der Stelle, wo wir das Tal der Düssel verlassen, können wir einen kurzen, etwas anstrengenden, aber ungemein lohnenswerten Abstecher nach **Gruiten-Dorf** unternehmen. Wir stehen hier in der größten historischen Siedlung der Region – und entdecken herrliche **Fachwerkhäuser**, wohin das Auge blickt. Wir können uns hier bestens vorstellen, wie das Bergische Leben in längst vergangener Zeit aussah. Das „**Haus am Quall**“ aus dem 14. Jh ist das älteste Wohnhaus. Es ging aus einer sogenannten Bauernburg hervor und wird heute für Veranstaltungen genutzt.

Kartentipp:
ADFC-Regionalkarte Bergisches Land / Köln / Düsseldorf, 1:75.000,
ISBN 978-3-87073-950-8, € 9,95
Digital für Smartphones und Tablets:
www.fahrrad-buecher-karten.de/rk-digital

48 Im Herzen der Landeshauptstadt

Vom **Unterbacher See** in die Düsseldorfer Innenstadt

CamperTouren Info

47 km, überwiegend auf separaten Radwegen, Radwegen neben der Straße sowie auf Nebenstraßen. Keine größeren Steigungen, regionale Wegweisung

Start / Ziel: Campingplatz Nord am Unterbacher See, www.unterbachersee.de/camping.html

Auswahl weiterer Camps an der Strecke: Wohnmobilstellplatz Rheinterrasse, Campingplatz Lörick (andere Rheinseite)

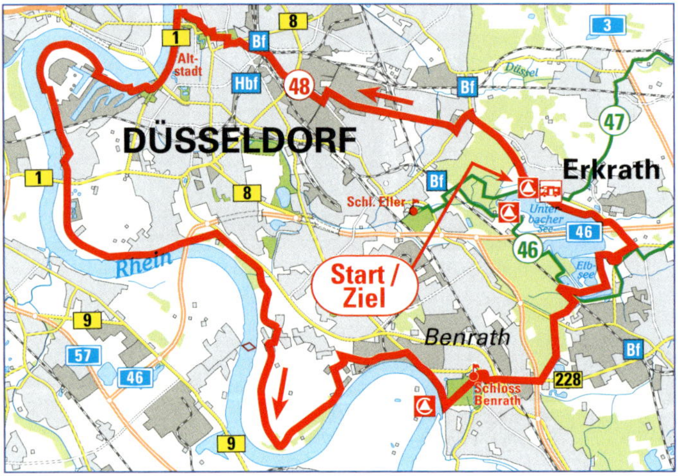

Diese Rundtour hat mehrere Gesichter: Zunächst quälen wir uns durch den Großstadtverkehr, werden aber dann entschädigt mit einer unglaublichen Fülle an Sehenswertem in der Düsseldorfer City. Der zweite Teil ist geprägt vom tollen Rhein-Radweg und Abschnitten durch viel Grün.

Los geht´s an der Ausfahrt des Camps, von der wir geradeaus über die Zufahrt zur Rothenbergstraße radeln. Hier folgen wir dem Radweg nach links, um wenig später links in die Vennhauser Allee und rechts „In den Kötten" (später Sandträgerweg, dann Königsberger Straße) abbiegen. Links Ronsdorfer und rechts Erkrather, später Mettmanner Straße und wir gelangen in die Innenstadt. Nun links Gerresheimer, rechts-links „Am Wehrhahn", rechts Jacobistraße und nach der Brücke über die Düssel nach links in den Hofgarten. Nun können wir etwas durchatmen, ehe wir mit einem Rechts-Links-Schlenker die Hofgartenstraße überqueren. Die Grünanlage durchradeln wir in grober Richtung schräg links und gelangen, nachdem wir die Straße Joseph-Beuys-Ufer überquert haben, an den Rhein. Diesem folgen wir nun eine ganze Zeit flussaufwärts.

Es ist leider nicht zu vermeiden, wenn wir einen Ausflug in die Landeshauptstadt von Nordrhein-Westfalen unternehmen möchten: Wir müssen uns über die Radwege entlang teils vielbefahrener Straßen quälen. Erst im **Hofgarten** kehrt wieder etwas Ruhe um uns ein. Der 27 ha große und 1770 angelegte Park ist die grüne Lunge der Hauptstadt. Angrenzend an den Park liegt linkerhand die **Fußgängerzone** mit Shopping- und Einkehrmöglichkeiten. Darunter auch die sprichwörtlich längste Theke der Welt und die tolle **Altstadt**. In den Gassen finden wir wunderbare historische Häuser und 300 Kneipen, Restaurants und Discos – wer hier nichts findet, ist selber schuld. Auch die berühmte „Kö" (**Königsallee**) grenzt an den Hofgarten – hier haben sich edle Boutiquen angesiedelt.

Der Kurfürst ließ sich in Benrath ein „nettes Eigenheim" errichten

Auch Kultur gibt es reichlich zu genießen in Düsseldorf: Die Basilika St. Lambertus stammt von 1394 und gilt damit als ältestes Gebäude der historischen Kernstadt. Wir flanieren vorbei an Tonhalle, **Rathaus**, Schlossturm und Neanderkirche und wissen gar nicht, was wir uns zuerst ansehen sollen. Denn es gibt auch noch reichlich Museen zu besuchen, darunter die **Kunstsammlung NRW**, die Kunsthalle und das etwas außerhalb gelegene **Löbbecke-Museum**, das auch Aqua-Zoo genannt wird. Es ist eine Symbiose aus Zoo und Naturkundemuseum.

Weiter geht´s entlang des Stroms für 26 km den Fluss hinauf. Die Mauer um das Schloss Benrath ist für uns das Zeichen, links vom Ufer abzuzweigen und einmal durch den Schlosspark bis zum Schloss zu radeln. Nun radeln wir von der Schlossallee für einige Zeit auf dem Radweg parallel der Hildener Straße. Direkt nachdem wir die A46 unterquert haben, zweigen wir beim Parkplatz schräg links ab und schnurgeradeaus durch den Wald. Bei der Wegekreuzung schräg links und wieder lange geradeaus durch den Forst. Bei dem querenden „Am Schönenkamp" schräg rechts, mit einem Schlenker über die Bahn und dann gegen den Uhrzeigerinn erst um den Elb- dann um den Unterbacher See herum bis zum Camp.

Tipp: Ein Teil des Düsseldorfer Hafens wurde als „**Medienhafen**" umgestaltet und bezaubert uns nun mit topmoderner Architektur. Auch der Düsseldorfer Landtag, der Funkturm und das WDR-Gebäude zählen zu den sehenswerten Gebäuden.

Wir genießen eine lange Etappe auf dem bestens ausgebauten und beschilderten **Rheinradweg** mit wunderbaren Bildern um uns herum. Die Krönung davon ist dann **Schloss Benrath**, das wir nach einer langen Fahrt durch den weitläufigen Park an der **Orangerie** vorbei erreichen. Bis 1773 entstand dieses Meisterwerk des Spätbarock unter Regie des Kurfürsten Karl Theodor. Um das mittige Hauptgebäude gesellen sich die Kavaliersbauten, so dass Schloss Benrath über 50 Räume besitzt, die teils als Museum genutzt werden.

Kartentipp:
ADFC-Regionalkarte Bergisches Land / Köln / Düsseldorf, 1:75.000,
ISBN 978-3-87073-950-8, € 9,95
Digital für Smartphones und Tablets:
www.fahrrad-buecher-karten.de/rk-digital

49 De richtige und de schäl Sick

Von **Rodenkirchen** in die Kölner City

CamperTouren Info

26 km, Rundtour meist auf befestigten Radwegen bzw. bzw. Straßen/Wegen, keine Steigungen, regionale Wegweisung

Start und Ziel: Camping Berger, Köln-Rodenkirchen, www.camping-berger.koeln/

Auswahl weiterer Camps an der Strecke: Wohnmobilstellplatz Niehl, Campingplatz Poll

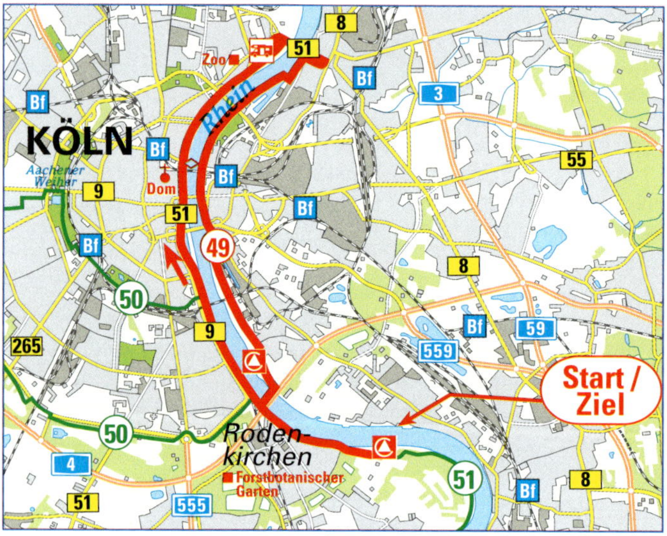

Keine deutsche Stadt wird so oft besungen, wie Köln. Auf dieser kurzen Tour zu beiden Seiten des Rheins werden wir schnell feststellen, was diese Millionenstadt so liebens- und lebenswert macht!

Die Lage des **Campingplatzes Berger** ist herrlich: Wer einen der begehrten vorderen Plätze ergattert hat, blickt aus dem Campingstuhl über den Rhein. Die Sanitäranlagen sind bestens und Einkehrmöglichkeiten gibt es gleich mehrere.

Los geht´s direkt vor der Einfahrt des Camps, denn dort verläuft der Rhein-Radweg, dem wir nach rechts folgen. Wir rollen unterhalb Rodenkirchens direkt am Rheinufer entlang, passieren die alten Werftanlagen, unterqueren mehrere Brücken und erreichen zielsicher die Kölner Altstadt.

Das Rodenkirchener Rheinufer ist bei den Kölnern sehr beliebt, denn hier findet man stets schattige Plätze am Wasser. Aber bitte beachten: Schwimmen im Rhein ist lebensgefährlich!

Rodenkirchens beschaulicher Ortskern vermittelt fast schon dörflichen Charakter. Einkehrmöglichkeiten gibt es dennoch ausreichend im Ort.

Nach wenigen Pedaltritten ist die **Agrippina-Werft** erreicht. Diese historischen Hafenanlagen bieten heute Platz für Gewerbe und Restaurants. Topmodern sind die drei „**Kranhäuser**", die das Panorama der Stadt deutlich bereichert haben. Nur einen Sprung entfernt liegt die Südstadt mit dem „Fringsveedel". Rund um Severinskirche und **Severinstorburg** können wir mit internationalem Flair speisen.

Das Rheinufer vor der **Altstadt** ist ein beliebter Treff für Einheimische und Touristen. Von hier sind der Alte Markt mit dem Historischen Rathaus, die Kirche **Groß St. Martin**, der Heumarkt mit der Reiterstatue und die **Fußgängerzone** schnell zu erreichen. Hauptziel ist natürlich der **Kölner Dom**. Würdevoll erhebt sie sich über der Altstadt und beherbergt im Innern und im angeschlos-

Die Kranhäuser bereichern das tolle Rheinpanorama Kölns

senen Museum wertvolle Schätze. Auch der **Schrein der Heiligen Drei Könige** glänzt uns entgegen.

Weiter geht´s am Rheinufer entlang auf dem Radweg. Beim Hochhaus müssen wir die Schilder genau beachten, die uns auf und über die Mülheimer Brücke führen. Am Ende der Brücke direkt wieder zurück bis ans Flussufer, dem wir nun flussaufwärts folgen. Später über die kleine Brücke auf die Halbinsel hinüber. So rollen wir unter der Zoobrücke her in den Rheinpark, unter der Eisenbahnbrücke her zum Rheinboulevard. Später unterqueren wir Deutzer, Severins- und die Südbrücke. Den Schildern „Rodenkirchen" folgend fahren wir im Bogen auf die Rodenkirchener Brücke. Nach der lauten Passage entlang der A4 geht's wieder hinunter zum Rheinufer. Der Radweg bringt uns flussaufwärts wieder zurück zum Campingplatz.

Wir fahren am **Zoo** vorbei. Wer genügend Zeit hat, sollte sich diesen großartigen Tierpark nicht entgehen lassen. Elefantenhaus, Großkatzengehege oder die putzigen Erdmännchen… wo gehen wir nur als erstes hin? Das **Colonia-Hochhaus** ist mit 42 Etagen das höchste Wohn-Hochhaus Deutschlands. Direkt zu seinen Füßen liegt der **Wohnmobil-Stellplatz**. Ein Traum: Mitten in einer Millionenstadt idyllisch am Radweg mit Blick auf den Rhein!

Der **Rheinpark** ist ein beliebtes Naherholungsgebiet: Spielplätze, Skaterpark, Minigolf, Beete, weite Grünflächen und sogar eine Kleinbahn gibt es hier.

Wir unterqueren die Hohenzollernbrücke, an deren Geländer mehrere 10.000 **Liebesschlösser** hängen und kommen zum schicken **Rheinboulevard**. Eine bessere Aussicht auf die Altstadt gibt es nicht! Diese Rheinseite wird „schäl Sick" genannt. Nicht etwa, weil „echte Kölsche" wohl nur auf der anderen Rheinseite wohnen würden. Vielmehr zogen einst Pferde hier Lastkähne stromaufwärts. Weil die Pferde dabei gegen die Sonne blicken mussten, bekamen sie Scheuklappen und blickten daher schief, „schäl", wie der Kölner sagt.

Die weitläufigen **Poller Wiesen**, an denen wir vorbei radeln, waren einst Schauplatz einer Schiffsaudienz, als der Papst Köln besuchte. Heute gibt es viel Platz zum Entspannen und einen tollen Blick auf **Kranhäuser** und Agrippina-Werft.

Kartentipp:
ADFC-Regionalkarte Bergisches Land / Köln / Düsseldorf, 1:75.000,
ISBN 978-3-87073-950-8, € 9,95
Digital für Smartphones und Tablets:
www.fahrrad-buecher-karten.de/rk-digital

50 Der unglaubliche Grüngürtel mitten in der Millionenstadt

Von **Rodenkirchen** zum RheinEnergieStadion

CamperTouren Info

29 km, Rundtour meist auf befestigten Radwegen bzw. Straßen/Wegen, keine Steigungen, regionale Wegweisung

Start/Ziel: Campingplatz Berger, Köln-Rodenkirchen, www.camping-berger.koeln/

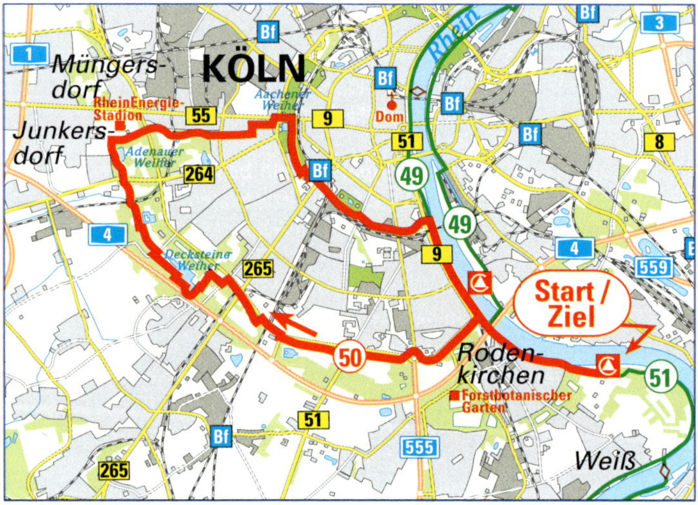

Richtung Müngersdorf bzw. später auch Junkersdorf und RheinEnergieStadion weisen uns den Weg. Autofrei geht es unter dem quirligen Verteilerkreis her, später wird es dunkel im Tunnel, ehe wir lange an der Ampel warten beim Queren der Luxemburger Straße. Dahinter ein Stück geradeaus, dann im Zick-Zack nach links zum Decksteiner Weiher. Wer ihn im Uhrzeigersinn umradelt, kann später immer geradeaus fahren. Auch die Dürener Straße queren wir geradeaus, dann liegt vor uns das RheinEnergieStadion.

Wir radeln auf mittelalterlichen Spuren, denn schon damals wurde festgelegt, dass es vor den Stadtmauern Kölns keine feste Bebauung geben durfte. Seinerzeit entstanden nacheinander zwei grüne Oasen, die sich noch heute wie ein Gürtel um Köln herumziehen. Die bestens ausgebauten Wege dort verführen zu ausgiebigen Radtouren, bei denen nur selten eine Straße gequert werden muss.

Los geht´s wieder vom Campingplatz kommend nach rechts auf den Rhein-Radweg. Nachdem wir die Autobahnbrücke unterquert haben, fahren wir über die Rampe nach oben und überqueren Straße und Schienen. Dahinter folgen wir dem Radweg durch die Grünanlagen parallel zum Militärring. Die Radschilder

Nachdem wir das Rheinufer verlassen haben, kommen wir am ersten Überrest des **Verteidigungsrings** Kölns vorbei. Gleich in der Nähe liegt der riesige **Forstbotanische Garten.**

Der **Decksteiner Weiher** wurde 1929 fertiggestellt – und bekam teils schnurgerade Konturen sowie gleich zwei Kastanien-Alleen. Von uns aus gesehen am Ende des Weihers gibt es eine Insel, Tretboote, einen Minigolfplatz und das Restaurant „Haus am See".

Genauso alt, aber deutlich kleiner ist der **Adenauer Weiher**. Um ihn herum wird Sport gelebt: Jogger, Radfahrer, Hobbykicker auf der Jahnwiese, Leichtathleten, Schwimmer und viele mehr stählen die Muskeln. Klar, die

Eine Oase für Erholungssuchende – der Decksteiner Weiher

Sporthochschule gibt es hier und auch das RheinEnergieStadion. Das **Müngersdorfer Stadion** hat alle Höhen und Tiefen des 1. FC Köln miterlebt, aber auch Fußball-WM-Spiele. Namhafte Künstler geben sich im Sommer die Ehre mit Konzerten und eine feste Größe ist „Loss mer Weihnachtsleeder singe" mit 45.000 Hobbysängern und Kindern.

Tipp: Wer infiziert ist vom Stadionflair, kann sich im **FC-Shop** (andere Stadionseite) mit Fanartikeln eindecken oder an einer Führung teilnehmen.

Weiter geht´s vom Stadion über die Junkersdorfer Straße Richtung Zentrum. Kurz hinter der Kreuzung zum Militärring schräg rechts, dann den Radschildern „Zentrum" folgend durch die Grünanlagen. Entlang der Kanäle treffen wir auf die Universitätsstraße, die wir linkerhand mit der Aachener Straße überqueren. Hinterm Aachener Weiher rechts, dann über den Hügel und weiter geradeaus an der Uni vorbei. Auf dem Eifelwall radeln wir zum Volksgarten, in und auch hinter ihm geradeaus auf den Bonner Wall, später geradeaus Alteburger Wall und weiter zum Rheinufer. Dem Rhein-Radweg folgen wir dann flussaufwärts zurück zum Campingplatz.

Der zweite Teil der Tour ist nicht minder „grün": Mitten im **Stadtwald**, der von Teichen durchzogen ist liegt ein **Wildgehege** und entlang der **Kanäle** fühlen sich Menschen und Vögel wohl. Der eckige **Aachener Weiher** zieht Sonnenhungrige an. An seinem Ufer steht das **Museum für Ostasiatische Kunst**.

Die Südstädter sind stolz auf ihren 5,5 ha großen **Volksgarten**, der auch Restaurant und Kahnverleih zu bieten hat. In der Orangerie gibt es Kunst zu sehen.

Den würdevollen Abschluss unserer Tour macht der **Friedenspark**, der 1914 um das Fort I herum angelegt wurde. Wer Boule mag, ist hier genau richtig.

Kartentipp:
ADFC-Regionalkarte Bergisches Land / Köln / Düsseldorf, 1:75.000,
ISBN 978-3-87073-950-8, € 9,95
Digital für Smartphones und Tablets:
www.fahrrad-buecher-karten.de/rk-digital

51 Durch den Weißer Bogen zur Bundesstadt

Von **Rodenkirchen** nach Bonn

CamperTouren Info

60 km, Rundtour meist auf befestigten Radwegen bzw. Straßen/Wegen, keine Steigungen, regionale Wegweisung

Start und Ziel: Campingplatz Berger, Köln-Rodenkirchen, www.camping-berger.koeln/

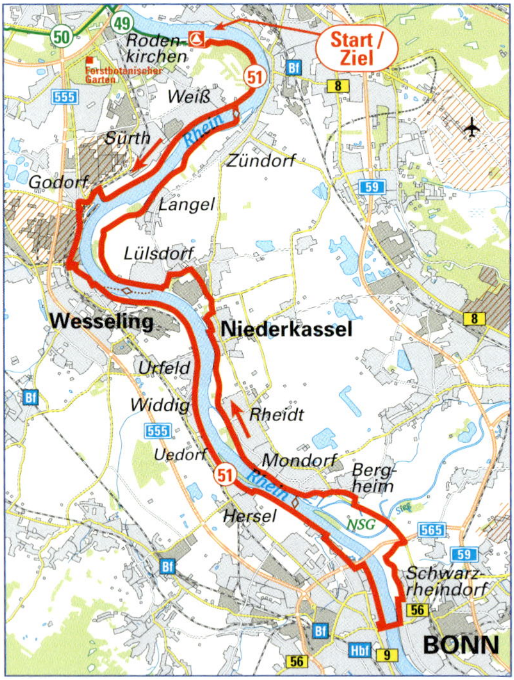

Heute nehmen wir uns einen echten Klassiker vor: Die Tour von Köln nach Bonn ist für Kölsche und Gäste gleichermaßen eine beliebte Sonntags-Tour. Auf dem bestens ausgebauten Radweg macht das mit ständigem Rheinblick aber auch wirklich Spaß!

Los geht´s wieder vor der Einfahrt des Camps, denn dort verläuft der Rhein-Radweg, dem wir dieses Mal nach links folgen. Dieser bringt uns entlang der Vororte Weiß und Sürth, ehe uns die Chemieindustrie bei Godorf und Wesseling zu kleinen Schlenkern weg vom Rhein zwingt. Vorbei an Wesseling, Urfeld, Widdig und Uedorf und Hersel ist Bonn am Rheinufer entlang rasch erreicht.

Man merkt es: Der **Weißer Bogen** steht unter Naturschutz – herrlich, so im Grünen zu radeln! In den Orten Weiß und Sürth finden wir ländlichen Fachwerk-Charme.

Schön sind sie nicht, die Chemieanlagen von Godorf und Wesseling. Wichtig aber schon, denn hier wird unser Alltags-Kunststoff produziert und unser Sprit kommt aus den größten Raffinerien Deutschlands.

Wesseling gefällt uns mit einer kleinen Fußgängerzone und Sitzplätzen im Grünen mit **Blick** auf den Rhein.

Bonn, das nach dem Krieg „aus Verlegenheit" Bundeshauptstadt wurde, hat ungemein viel zu bieten: Vor dem farbenfrohen **Alten Rathaus** haben wir Platz zum Entspannen – noch mehr davon auf den Wiesen hinter der Uni, die im **Schloss** untergebracht ist. Die weitläufige Fußgängerzone bringt uns auch zum imposanten **Münster**. Dem berühmtesten Sohn der Stadt, Ludwig van Beethoven, wurde natürlich ein eigenes **Museum** gewidmet – sogar eine Locke des Künstlers können wir hier bestaunen.

Im Süden Bonns lockt die Museumsmeile mit **Haus der Geschichte**, **Kunsthalle** und vielem mehr zu einem Abstecher. Wer´s lieber etwas grüner mag, besucht die ebenfalls im Süden liegende **Rheinaue**. Die grüne Lunge der Stadt entstand seinerzeit als Gelände der Bundesgartenschau und bietet heute Platz für

Riesengroß, von viel Grün umgeben, aber doch mitten in der Stadt liegt das Poppelsdorfer Schloss

Sport, Erholung, aber auch für Konzerte und andere Veranstaltungen,

Weiter geht´s von der Bonner City über den Rhein und auf der anderen Seite stromabwärts stets in Flussnähe wieder retour. Wir passieren Schwarzrheindorf, überqueren die Sieg bei Bergheim, passieren Mondorf, Rheidt und Lülsdorf, wo wir wieder auf Chemieanlagen stoßen, die uns weg vom Rhein bringen. Dahinter geht's wieder ganz entspannt durch viel Grün durch Langel nach Zündorf. Hier setzen wir mit der Fähre über und folgen dann dem Rhein-Radweg auf der anderen Seite noch ein paar Meter zurück zum Campingplatz.

Tipp: Wer sich die Fähre gegen Ende der Tour sparen möchte, radelt ab Bonn einfach wieder auf derselben Tour wieder zurück, über die wir herkamen.

Kaum wieder losgeradelt, gibt es in Schwarzrheindorf schon wieder einen Grund, von den Rädern zu steigen: Ein echtes Kleinod ist die romanische **Doppelkirche St. Maria und Clemens** mit wertvollen Deckenmalereien. Die Kirche besitzt zwei getrennte Hauptschiffe und wird daher als Doppelkirche bezeichnet.

Tief aus dem Siegerlang kommt das Flüsschen Sieg angeplätschert. Hier, wo sie in den Rhein mündet, hat sie eine reichhaltige **Auenlandschaft** ausgebildet. Daher ist Siegaue schon seit Jahren unter Naturschutz gestellt.

Der zu Niederkassen gehörende Ort Mondorf ist bekannt für seinen Yachthafen in einem geschützten Altarm des Rheins. Ein sehr beliebtes Ausflugsziel ist „**die Groov**". Das gallische Wort „Grave" steht für Sandbank – es umschreibt, dass der heutige Ort an einem verlandeten Flussarm auf einer ehemaligen Insel entstand. Heute ist es eine Freizeitanlage mit Marina, Minigolf, Flaniermeile und vielen kleinen pittoresken Häuschen, die der Einkehr in eines der Restaurants und Cafés einen ganz besonderen Charme verleihen. Wenn in der Groov **Kirmes** ist, kommen Gäste aus nah und fern.

Kartentipp:
ADFC-Regionalkarte Bergisches Land / Köln / Düsseldorf, 1:75.000,
ISBN 978-3-87073-950-8, € 9,95
Digital für Smartphones und Tablets:
www.fahrrad-buecher-karten.de/rk-digital

52 In einer Baracke in Kalberschnacke…

Von **Kalberschnacke** nach Olpe

CamperTouren Info

31 km, überwiegend auf separaten Radwegen sowie Radwegen neben der Straße. Keine größeren, aber viele kleinere Steigungen, regionale Wegweisung

Start / Ziel: Campingplatz Kalberschnacke, www.camping-kalberschnacke.de

Auswahl weiterer Camps an der Strecke: Campingplatz Wörmge, Camping Vier Jahreszeiten in Sondern, Camping Kessenhammer

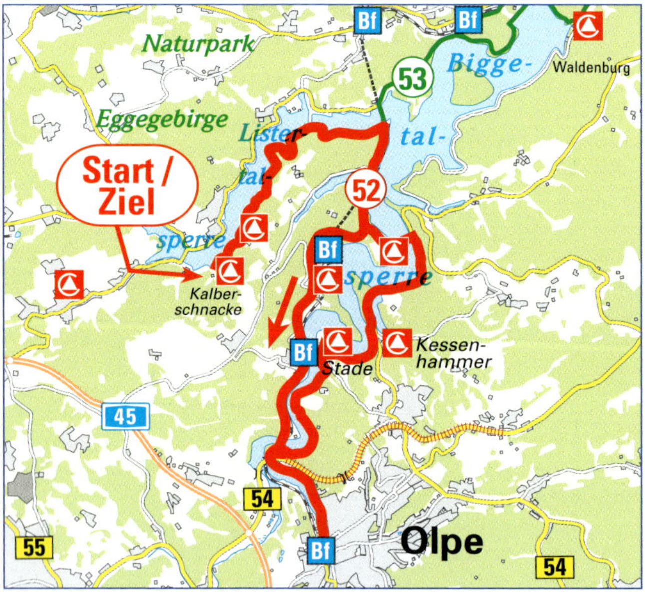

Es gibt eine Hymne der ehemaligen Band „Zoff", die hier wirklich jeder kennt: „Sauerland"! Der Ort Kalberschnacke kommt in diesem Liedchen auch vor. WIR machen nicht, wie die Feuerwehr „10 Kisten Warsteiner leer", sondern genießen den aussichtsreichen Campingplatz, der als Basislager für zwei wundervolle Touren rund um die Seen mit viel Sehenswertem dient.

„Kalberschnacke" – das hört sich schon ländlich an… und das ist es auch, denn ursprünglich gab es hier, am heutigen Ufer des Lister-Stausees, nur das **Landgut Kalberschnacke**. Inzwischen ist hier einer der schönsten Campingplätze des Landes entstanden: Die Gäste campen auf Terrassen, die sich weit den Berg hinaufziehen. Damit können wir mit einem unglaublichen **Panorama-Blick** über den See unseren Aufenthalt hier genießen.

Los geht´s an der Ausfahrt des Camps unten am See. Der kleinen Straße folgen wir nach rechts. Nachdem diese schräg rechts abgenickt ist, stört für die nächsten 5 km nichts mehr unsere Radel-Idylle am Ufer des Listersees. Dann biegen wir rechts ab und folgen dem Radweg parallel der Straße, der wieder einige kurze Steigungen bereit hält. Den Schildern folgend radeln wir links der Straße oberhalb an Sondern vorbei. Nach etwas „Kreiseln" erreichen wir Olpe.

Wir radeln vorbei an der Staumauer des Listersees. Dieser heutige „Seitenarm" des Biggesees ist wesentlich älter, denn die Vorsperre der Lister wurde schon 1912 geflutet.

Auf der weiteren Tour gesellen wir uns meist zur Straße und genießen Ausblicke auf den Biggesee, der 1965 fertiggestellt wurde.

Seit 1965 gibt es das „Sauerländer Meer" - den Biggesee

Wer der „Sache auf den Grund gehen" möchte, kann den mächtigen Staudamm bei einer Führung besichtigen.

Ein kleiner Abstecher hinunter nach Sondern lohnt sich, denn der kleine Ort mit **Bootsanleger**, Spielplätzen und reichlich Platz hat sich zu einem schönen Fremdenverkehrsort entwickelt.

„Ol-Apa", „Bach am feuchten Wiesengrund", so dürfte der Name Olpes entstanden sein. Heute empfängt uns eine einladende Kleinstadt, die rund um den schmucken **Marktplatz** jede Menge Außengastronomie zu bieten hat. Von hier blicken wir auch auf die **Pfarrkirche St. Martin**.

Tipp: Die Strecke am rechten Ufer ist teils recht anstrengend, so dass es eine Überlegung wert ist, auf dem Hinweg wieder zurück zu radeln. Wer von dem Auf und Ab ohnehin etwas müde ist, kann auch mit der **Bahn** Richtung Attendorn zurückfahren. Eine noch schönere Alternative ist das Ausflugsschiff zur Staumauer des Biggesees.

Weiter geht´s in Olpe, das wir so verlassen, wie wir herkamen und nehmen nach dem „Radkreisel" die rechte Uferseite, um weiter zu radeln. Dabei geht es immer wieder kurz, aber knackig bergauf. Wir tangieren Stade und Kessenhammer, überqueren mit zwei Brücken nacheinander den See und haben einen kleinen, aber steilen Abstieg vor uns. Am Kreisel rechts und dann auf dem selbem Weg zurück, den wir herkamen.

Wir kommen vorbei am Örtchen **Kessenhammer**, in dem es eine weitere Campinganlage gibt. Von der Brücke haben wir gute **Ausblicke** über den See und können erst jetzt gut erkennen, wie er sich wie eine Schlange durch verschiedene ehemalige Täler windet. Am Ende der Brücke liegt die **Erholungsanlage Sonderner** Kopf mit einem weiteren Camp, einer Badestelle und anderen Highlights.

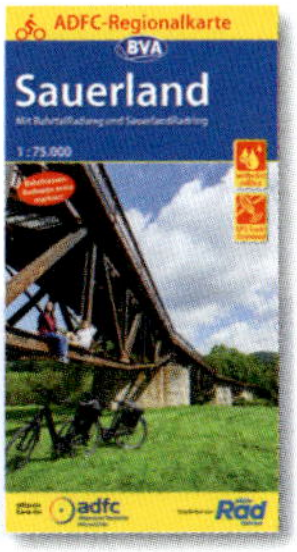

Kartentipp:
ADFC-Regionalkarte Sauerland, 1:75.000, ISBN 978-3-87073-784-9, € 8,95
Digital für Smartphones und Tablets:
www.fahrrad-buecher-karten.de/rk-digital

53 Illusionen aus Tropfsteinen

Von **Kalberschnacke** nach Attendorn

CamperTouren Info

24 km, überwiegend auf separaten Radwegen sowie Radwegen neben der Straße. Viele kleine und eine starke Steigung, regionale Wegweisung

Start / Ziel: Campingplatz Kalberschnacke, www.camping-kalberschnacke.de

Auswahl weiterer Camps an der Strecke: Camping Waldenburg

Über den mächtigen Staudamm des Biggesees radeln wir auf dieser Radrunde und stellen fest, wie groß die Erdbewegungen seinerzeit waren, um diesen See zu formen. Zu seinen Füßen liegt die wunderschöne Kleinstadt Attendorn, in der wir nicht nur bestens einkehren, sondern uns auch in einer der schönsten Topfsteinhöhlen Deutschlands verzaubern lassen können.

Los geht´s an der Ausfahrt des Camps unten am See. Der kleinen Straße folgen wir wieder nach rechts. Nachdem diese schräg rechts abgenickt ist, fahren wir links am Ufer entlang. Dem hügeligen Ufer des Listersees folgen wir wieder für rund 5 km. An der Querstraße nehmen wir den Radweg entlang der Straße nach links, der uns mit einer Abfahrt und später schräg links weg ins Herz von Attendorn bringt.

Die Hansestadt Attendorn ist ein echtes Juwel in der Region: Eingebettet im Naturpark Eggegebirge erstreckt sich eine einladende Fußgängerzone mit Einkehr- und Shoppingmöglichkeiten. Mittendrin liegt der Marktplatz mit dem Südsauerlandmuseum, in dem wir etwas über die Kulturgeschichte der Region erfahren können. Seit der Mitte des 14. Jhs schmückte das Alte Rathaus die Innenstadt – ebenso wie der „Sauerländer Dom". So wird die Kirche St. Johannes Baptist aufgrund ihrer überregionalen Bedeutung auch gerne genannt.

Die wichtigste Sehenswürdigkeit Attendorns liegt ein wenig außerhalb der Innenstadt: Die **Atta-Höhle**.

Tipp: Nach dem Besuch der Attendorner Innenstadt haben wir gleich drei Varianten für den Rückweg: Am bequemsten ist es, ein Stück mit der Bahn wieder zurück zu fahren. Die Strecke, die wir für den Hinweg nahmen, ist die einfachste Strecke per Rad. Abwechslungsreicher ist die hier beschriebene Route,

Mutige wagen sich auf die Aussichtsplattform und genießen atemberaubende Ausblicke

die allerdings eine starke Steigung auf bzw. neben einer Straße mit sich bringt.

Weiter geht´s in Attendorn, das wir am Schwimmbad vorbei über die Straße Am Wassertor verlassen. An der Ampel geradeaus, dann rechts den Campingplatz-Schildern folgend recht steil hinauf auf der Waldenburger Straße. Nachdem wir auch aus der Senke wieder nach oben gekurbelt sind, erreichen wir Camping Waldenburg. Dort rechts und am Ufer entlang zum Staudamm, auf dem wir entlang radeln. Hinter dem Damm schräg links und am Ufer entlang. Dann treffen wir wieder auf die Straße, deren Radweg wir nach links folgen. Hinter der Brücke zum Listersee biegen wir rechts ab und folgen dem welligen Ufer zurück zur Auffahrt unseres Camps.

Direkt gegenüber des Campingplatzes Waldenburg führen uns Schilder zu einer ganz neuen Attraktion, die mit einer ordentlichen Portion „Kletterarbeit" steil in den Wald hinauf zu erreichen ist. Dafür werden wir von der Aussichtsplattform „Biggeblick" entschädigt. In einer Höhe von 90 m „schweben" wir förmlich über dem See und genießen eine unglaubliche Fernsicht auf die umliegende Gegend.

Zahlreiche weitere Attraktionen wie die Atta-Höhle - eine der schönsten und größten Tropfsteinhöhlen Deutschlands – das Südsauerlandmuseum, der Sauerländer Dom und die verwinkelten Gassen der historischen Altstadt laden zum Verweilen ein.

Kartentipp:
ADFC-Regionalkarte Sauerland, 1:75.000,
ISBN 978-3-87073-784-9, € 8,95
Digital für Smartphones und Tablets:
www.fahrrad-buecher-karten.de/rk-digital

54 Fürstliches Radeln in Nordhessen

Rund um den **Twistesee** nach Bad Arolsen

CamperTouren Info

17 km, überwiegend auf separaten Radwegen, Radwegen neben der Straße sowie auf Nebenstraßen. Zu Beginn einige kurze, knackige Steigung, ansonsten keine größeren Steigungen, regionale Wegweisung

Start / Ziel: Reisemobilhafen Twistesee, www.reisemobilhafen-twistesee.de

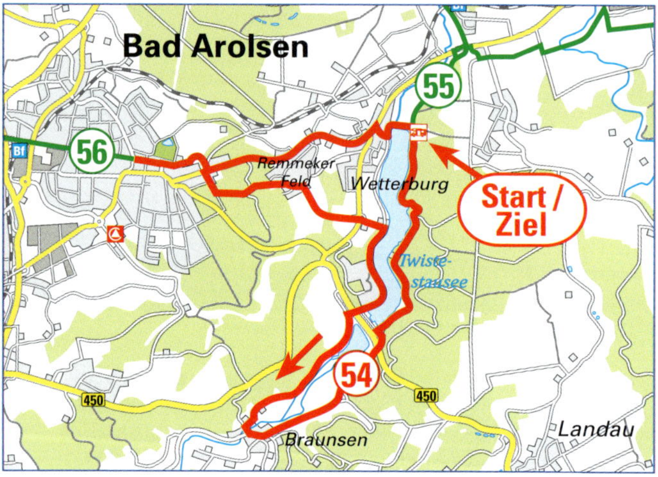

Wir sind so ziemlich in der Mitte Deutschlands unterwegs. Unser Basiscamp ist zwar Wohnmobilisten vorbehalten, dennoch können auch Wohnwagen-Camper von den naheliegenden Plätzen rasch hierher fahren und in die Tour einsteigen. Belohnt werden wir mit einem Premium-Stellplatz und einer herrlichen Tour um den Twistesee herum.

Die Lage des **Reisemobilhafens Twistesee** ist einfach genial: Die Mobile stehen auf bestens präpariertem Untergrund und von vielen der 150 Plätze aus haben wir eine Top-Aussicht über den See. Für das Wohlbefinden der Gäste sorgen die freundlichen Besitzer, die nicht nur ein entsprechendes Sanitärgebäude, sondern auch ein einladendes Café bereithalten. Zu den weiteren Annehmlichkeiten gehören ein Brötchenservice, WLAN und Waschmaschinen. Seit 2010 gibt es diese Anlage, die mehrfach in Fachkreisen als der beste Wohnmobilstellplatz Deutschlands gekürt wurde. Eine Ehrensache also, drei Touren in diesem Buch von diesem Platz aus zu beschreiben!

Los geht's an der Ausfahrt des Camps, von der wir geradeaus über den Staudamm hinweg rollen. Nach rund 400 m biegen wir rechts und gleich wieder links ab auf die Burgstraße, im folgenden Wetterburger Straße. So radeln wir durch Wetterburg und haben sogleich die erste, knackige Steigung zu meistern, ehe wir rechts via Hofgarten und Schlossstraße in die Stadtmitte von Bad Arolsen gelangen.

Für sehr lange Zeit, genau genommen von 1655 bis 1918, wählten die Graden und Fürsten von Waldeck-Pyrmont die wundervolle Stadt Bad Arolsen zu ihrer **Residenzstadt**. Ab 1929 war es dann die Hauptstadt des Freistaates Waldeck, ehe dieser dem Staat Preußen angeschlossen wurde. Die Namensgebung liegt übrigens noch länger zurück – die entsprang dem ehemaligen Augustinerinnen-Stift Aroldessen.

Diese glorreiche Geschichte lässt uns auf eine sehenswerte Stadt hoffen. Und wir werden nicht enttäuscht, denn schon gleich bei unserem Eintreffen gelangen wir zum prachtvollen **Schloss**. Dass man sich beim Bau an

Der Freistaat Waldeck wurde einst vom Schloss Arolsen regiert

Versailles orientierte, ist bestens nachzuvollziehen. So bietet das Schloss eine würdevolle Kulisse für die Barock-Festspiele.

Bad Arolsen selbst gefällt uns mit seiner **Großen Allee**, die auf 1,6 km schurgerade durch die Stadt verläuft und von knorrigen Eichen gesäumt wird. Drum herum verlaufen die Straßen wie auf einem Schachbrett. Hier finden wir zahlreiche **historische Gebäude**, von denen viele barocken Ursprungs sind.

Weiter geht´s von Bad Arolsen, das wir über Schlossstraße und Hofgarten wieder verlassen. An der Wetterburger Straße schräg rechts versetzt geradeaus in die Kleine Allee, die wir direkt wieder nach links verlassen. So rollen wir entspannt hinunter in den Ort Remeker Feld. Vom Remeker Ring zweigen wir direkt wieder rechts ab und kommen immer geradeaus zum Ufer des Twistesees. Den See umrunden wir dann gegen den Uhrzeigersinn und kommen so wieder zurück zum Camp.

Tipp: Wer **abkürzen** mag, biegt am Ufer des Twistesees links ab auf den Uferweg und radelt auf deutlich kürzerem Weg über den Damm zurück zum Camp.

Der **Twistesee** ist nicht allzu groß, gehört aber zu den saubersten Seen Deutschlands und bietet ungemein viel Kurzweil. Zu den möglichen Aktivitäten zählen Relaxen im Strandbad, Adrenalin auf der Wasserskianlage oder lautloses Gleiten über das Wasser mit Segelboot oder Surfbrett. Wer es ganz ruhig mag, besucht die **Ornithologische Beobachtungsstation**.

Kartentipp:
ADFC-Regionalkarte Sauerland, 1:75.000,
ISBN 978-3-87073-784-9, € 8,95,
ADFC-Regionalkarte Kassel / Nordhessen, 1:75.000,
ISBN 978-3-87073-888-4, € 8,95
Digital für Smartphones und Tablets:
www.fahrrad-buecher-karten.de/rk-digital

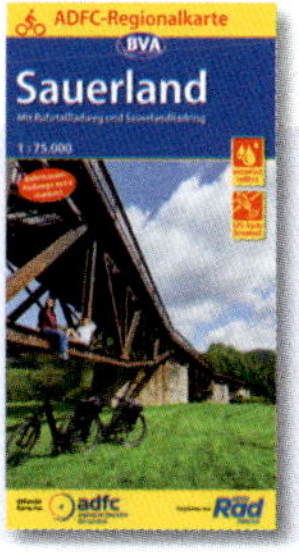

55 Radeln in der Börde

Vom **Twistesee** nach Warburg

CamperTouren Info

41 km, überwiegend auf separaten Radwegen, Radwegen neben der Straße sowie auf Nebenstraßen. Mehrere anstrengende Steigungen, regionale Wegweisung

Start / Ziel: Reisemobilhafen Twistesee, www.reisemobilhafen-twistesee.de

Auswahl weiterer Camps an der Strecke: Campingplatz Eversburg

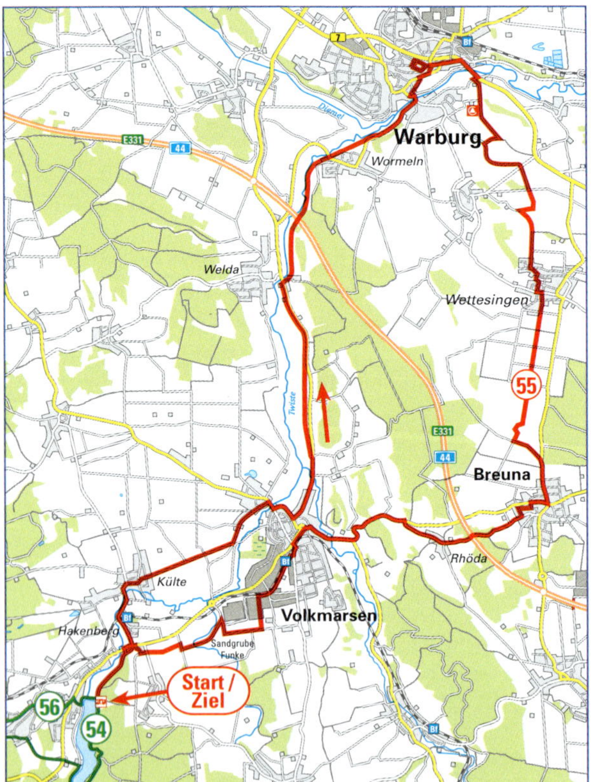

Los geht´s an der Ausfahrt des Camps, von der wir vor dem Damm nach rechts abbiegen. Bei „Am Hildebrand" biegen wir links ab und fahren via Hakenberg, Külte, Volkmarsen und Welda durch das Tal der Twiste. Nachdem wir die A44 passiert haben, wird es etwas anstrengender, bevor wir durch Wormeln nach Warburg gelangen.

Wir sind in der Volkmarser und der Warburger Börde unterwegs. Das bedeutet für uns, dass wir eine abwechslungsreiche, wegen der vielen Steigungen aber auch eine anstrengende Tour vor uns haben. Zur Belohnung können wir gleich drei schöne Kleinstädte und nicht minder schöne Dörfer genießen.

Unsere Tour führt uns gleich zu Beginn bei Hakenberg über die Landesgrenze nach NRW. Das Dorf hieß ursprünglich Havixburg, weshalb man davon ausgeht, dass die Siedlung einst zu Füßen einer Burg entstand. Heute bildet der neugestaltete „Dreiangel" den Dorfmittelpunkt – auf den Bänken können wir uns vor den Steigungen ausruhen. Der Nachbarort Külte liegt wieder in Hessen. Seit 1231 gibt es hier eine kleine Kirche.

Mit Welda erreichen wir einen Vorort von Warburg. Schön anzusehen sind die Kirche St. Kilian von 1220 und das barocke Schloss Welda, das 1737 fertiggestellt wurde und einen H-förmigen Grundriss hat.

Seit 2012 darf sich Warburg offiziell Hansestadt nennen. Malerisch war es aber schon davor, denn Warburg erstreckt sich auf einem Bergrücken und präsentiert eine **Stadtmauer** mit Türmen, die an Rothenburg erinnert. In die Befestigung fügen sich Johannes,- Sack-,

Biermanns-, Franken-, Efeu- und Chattenturm harmonisch ein. Letzterer liegt etwas erhöht. Zudem wurde er mit einer modernen **Aussichtsplattform** ausgestattet, so dass wir von hier einen phänomenalen Blick über die Stadt genießen können. Im Innern der Mauern finden wir eine unglaubliche Anzahl historischer Stein- und **Fachwerkhäuser** – rund 500 von ihnen sind auf dem Stadtgebiet unter Denkmalschutz gestellt worden. Zu diesem Ensemble zählen auch das fachwerk-geschmückte **Eckmänneken-Haus** und die Kirchen St. Maria in Vienea und Johannes Baptist.

Tipp: Wer sich einige heftige Steigungen ersparen möchte, radelt auf derselben Strecke von Warburg wieder retour, auf der wir herkamen. Wer unserer Tour folgt, sollte eine gute Kondition oder ein **E-Bike** sein Eigen nennen.

Die Warburger Altstadt ist anstrengend, aber wunderschön

Weiter geht´s von Warburg, das wir über die Kasseler Straße hinunter zur Diemel verlassen. Nachdem wir am Campingplatz Eversburg vorbeigeradelt sind, wird es richtig anstrengend. Von Wittenberg kurbeln wir hinauf nach Wettesingen. Die Steigung endet erst in Breuna. Von hier geht es fast ständig bergab – so passieren wir die A44, Rhöda und Volkmarsen, ehe wir mit kleineren Hügeln an der Sandgrube Funke vorbei zurück zum Camp kommen,

Das **Rathaus** von Volkmarsen ist ein Gedicht: Die Fassade besteht aus hellem Bruchstein, davor wurde eine Freitreppe gebaut, die von einem schiefergedeckten Türmchen gekrönt wird. In ähnlichem Stil präsentiert sich die 1260 errichtete **Pfarrkirche St. Marien**. Unseren Durst stillen wir mit **Volkmarser Sauerbrunnen**. Die Mineralwasserquelle hat inzwischen eine staatliche Anerkennung als Heilquelle. Der Sauerbrunnen gehört ebenso wie die Kugelsburg und der Bergbaustollen am Ralekesberg zum Volkmarser Geopark.

Kartentipp:
ADFC-Regionalkarte Sauerland, 1:75.000,
ISBN 978-3-87073-784-9, € 8,95,
ADFC-Regionalkarte Kassel / Nordhessen, 1:75.000,
SBN 978-3-87073-888-4, € 8,95
Digital für Smartphones und Tablets:
www.fahrrad-buecher-karten.de/rk-digital

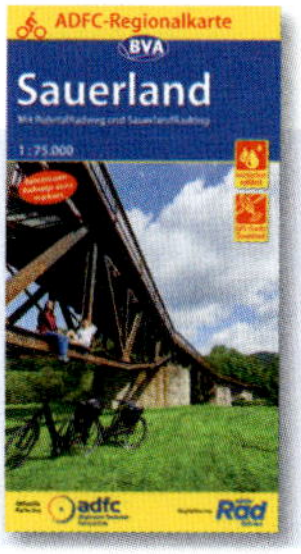

56 Klettertour zwischen Diemel und Twiste

Vom **Twistesee** zum Diemelsee

CamperTouren Info

62 km, überwiegend auf separaten Radwegen, Radwegen neben der Straße sowie auf Nebenstraßen. Lange Tour mit diversen anstrengenden Steigungen, regionale Wegweisung

Start / Ziel: Reisemobilhafen Twistesee, www.reisemobilhafen-twistesee.de

Auswahl weiterer Camps an der Strecke: Campingplatz In der Hege, Campingplatz Goldbreite, Campingplatz Seeblick

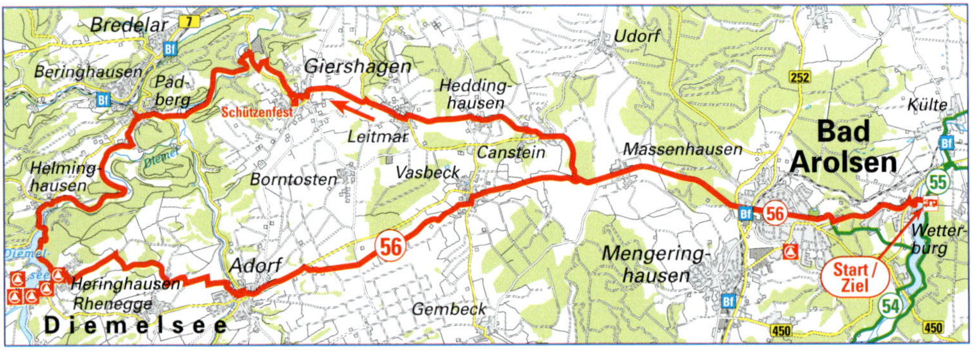

Diese Tour ist etwas für E-Biker oder für echte „Bergziegen", denn auf der Strecke von rund 62 km geht es ständig auf und ab. Zur Belohnung können wir herrliche Fernblicke genießen, ein Stück des beliebten Diemel-Radwegs erkunden und ins kühle Nass des Diemelsees springen.

Los geht´s an der Ausfahrt des Camps, von der wir geradeaus über den Staudamm hinweg rollen. Nach rund 400 m biegen wir rechts und gleich wieder links ab auf die Burgstraße (später Wetterburger Straße). So radeln wir durch Wetterburg und haben sogleich die erste, knackige Steigung zu meistern, ehe wir rechts via Hofgarten und Schlossstraße in die Stadtmitte von Bad Arolsen gelangen. Bis Massenhausen geht es nochmals bergauf und rund 1 km nach dem Ortsausgang in der Abfahrt nach rechts weg. Via Canstein, Heddinghausen, Leitmar und Giershagen erreichen wir das Tal der Diemel, dem wir nach links folgen. Der Diemelradweg bringt uns mit weiterem Auf und Ab durch Padberg zum Ufer des Diemelsees. Hier biegen wir links ab und passieren die Staumauer, so dass wir Heringhausen erreichen.

Wenn wir bei der kleinen Kirche von Massenhausen genau hinsehen, entdecken wir noch die zugemauerten Schießscharten. Sie zeugen von ihrer Geschichte als **Wehrkirche**. Um sie herum gliedern sich verschiedene alte **Hofanlagen**.

Nur wenige Meter neben unserer Strecke liegt **Schloss Canstein**, das aus einer mittelalterlichen Burg hervorging. Würdevoll erhebt es sich auf einem Kalkstein hoch über dem eng eingeschnittenen Tal. Der Ort Canstein selbst gehört zu Marsberg und damit bereits zu NRW. Rund um den Ort wurde unrühmliche Geschichte geschrieben: Zwischen 1656 und

1658 fanden hier 19 Hexenprozesse statt – meist mit tödlichem Ausgang für die Damen.

Giershagen wirbt mit dem Slogan „Das wahrscheinlich schönste Dorf im Sauerland". Ob das so ist? Machen Sie sich selbst ein Bild – rund um die Kirche **St. Fabian und Sebastian** entdecken wir einige historische Gebäude, darunter einige Fachwerkhäuser.

Giershagen – das vielleicht schönste Dorf im Sauerland

Tipp: Ob Pferdeprozession, **Schützenfest**, Meilerwoche oder Osterfeuer: In Giershagen wird Brauchtum immer noch hautnah gelebt. Wenn wir zur richtigen Zeit hier sind, können wir uns davon überzeugen, dass die Giershagener jeden Anlass nutzen, um zünftig zu feiern.

Die „Perle des Sauerlands" wird der **Diemelsee** gerne genannt und bezeugt damit, dass sich das Sauerland auf dem Territorium von Hessen und NRW erstreckt. Wir kommen von Helminghausen zur fast 200 m langen Staumauer, die den Fluss Diemel zu einer Fläche von rund 1,65 qkm aufstaut. Dabei liegt er herrlich eingebettet in die dicht bewaldete **Mittelgebirgslandschaft**, die uns beim Radeln schon zu einigen Schweißtropfen animierte.

Weiter geht´s von Heringhausen kräftig bergauf und im Zick-Zack durch die Natur nach Adorf. Hinter Adorf verlassen wir die Straße ein paar Meter nach dem Aussichtspunkt nach rechts und kommen durch Vasbeck, Massenhausen zurück nach Bad Arolsen. Von hier rollen wir auf demselben Weg wieder zurück zum Camp, auf dem wir herkamen.

Wer mehr über die Region erfahren möchte, besucht das **Visionarium Diemelsee** (in Diemelsee) in dem wir die Natur interaktiv sehen, berühren und erleben können.

Die Hauptstraße von Adorf verzückt uns mit schönen Fachwerkfassaden. Adorf entstand als kleiner Marktort um eine Wasserburg herum. Diese wurde später zu einem schmucken **Herrenhaus** umgebaut, das ebenfalls mit Fachwerk versehen ist.

Einige Pedalumdrehungen hinter Adorf werden unsere Mühen des Anstiegs belohnt, wenn wir vom **Aussichtspunkt** eine tolle Fernsicht genießen können.

Kartentipp:
ADFC-Regionalkarte Sauerland, 1:75.000,
ISBN 978-3-87073-784-9, € 8,95,
ADFC-Regionalkarte Kassel / Nordhessen, 1:75.000,
ISBN 978-3-87073-888-4, € 8,95
Digital für Smartphones und Tablets:
www.fahrrad-buecher-karten.de/rk-digital

57 Highlight-Runde

Von **Melchendorf** in die Erfurter Innenstadt

CamperTouren Info

10 km, überwiegend auf Radwegen neben der Straße sowie auf Nebenstraßen, auf der Rückfahrt eine langgezogene, aber nicht allzu anstrengende Steigung, regionale Wegweisung

Start / Ziel: Wohnmobilpark „Trautmann“ in Erfurt-Melchendorf, www.caravan-erfurt.de

uswahl weiterer Camps an der Strecke: Caravanstellplatz Am Kleinen Ring, Caravanstellplatz an der Eichenstraße (je 3 bzw. 4 Stellplätze)

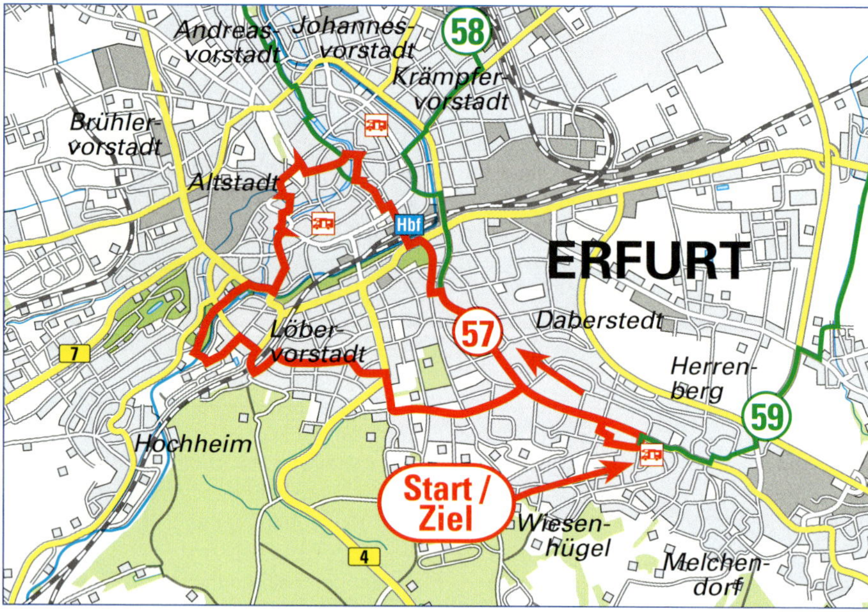

Erfurt ist nicht nur die Landeshauptstadt von Thüringen, sondern auch ohne Frage eine der schönsten Städte Deutschlands. Zum „Warmradeln“ rollen wir von unserem Wohnmobilpark im Ortsteil Melchendorf ganz entspannt hinunter in die Innenstadt. Nachdem wir die Sehenswürdigkeiten ausgiebig genossen haben, kehren wir in einem kleinen Bogen zurück zum Camp.

Los geht´s an der Ausfahrt des Camps, von der wir links und sofort wieder rechts abbiegen. Dann rechts in den Muldenweg und über die breite Kranichfelder Straße mitsamt Straßenbahnschienen hinweg. Auf der anderen Straßenseite links auf den Radweg Richtung Innenstadt. Wir bleiben in Hauptrichtung auf Am Schwemmbach und Clara-Zetkin-Straße. Rund 2,6 km nach dem Tourstart biegen wir links ab in die Friedrich-List- dann rechts in die Windhorststraße. Diese bringt uns am Stadtpark vorbei zum Ufer des Gera-Flutgrabens, den wir mit der Brücke etwas links versetzt überqueren. Wir queren den Bahnhof, radeln

Ehrfürchtig stehen wir in Erfurt zu Füßen von Dom und Severikirche

über die Bahnhofstraße und bleiben in grober Richtung immer geradeaus, so dass wir zur Krämerbrücke gelangen.

Eine schmucke breite Treppe mit Wasserspielen am anderen Ende führt in den **Erfurter Stadtpark**. Das 6,5 ha große Areal wurde 1908 an der Stelle angelegt, an der sich einst ein Teil der Stadtbefestigung befand.

Im Jahre 1117 wurde erstmals eine Brücke über die Gera erwähnt. Heute empfängt uns hier die phantastische **Krämerbrücke**, die das älteste profane Bauwerk Erfurts ist und eines der Wahrzeichen der Stadt darstellt. Die beidseitige, geschlossene Bebauung mit Fachwerkhäusern macht sie einzigartig. Wir passieren auf ihr den sogenannten Breitstrom, womit die Gera gemeint ist, und gelangen zur Altstadt mit dem großartigen 81,26 m hohen **Erfurter Dom**. In schwindelerregender Höhe klingt die Gloriosa. Sie ist die größte freischwingende, aus dem Mittelalter stammende Glocke der Welt. Direkt neben dem Dom erhebt sich die katholische Severikirche mit ihren drei charakteristischen spitzen Türmen.

Es ist schwer, sich von diesem einmaligen Ensemble auf dem Domberg zu lösen – doch direkt dahinter lockt gleich die nächste Sehenswürdigkeit: Die **Zitadelle Petersberg** ist eine der größten und besterhaltenen Festungsanlagen Europas. Erzbischof Johann Philipp von Schönborn gab sie 1665 in Auftrag. Die Baumeister schufen seinerzeit eine imposante Anlage im neuitalienischen Stil, die bis heute begeistert.

Geschützt durch die Zitadelle...

Tipp: Wer genügend Zeit hat, sollte einen Besuch im **Thüringer Zoopark Erfurt** einplanen, denn schließlich ist er mit 63 ha der flächenmäßig drittgrößte Zoo Deutschlands. 1959 gegründet, bietet er 326 Tierarten eine geschützte Heimat.

...grasen weiter unten die Yaks im Zoo

Einzigartig ist die geschlossene Bebauung der Krämerbr

Weiter geht´s von der Krämerbrücke, auf der wir das Ufer der Gera wechseln. Auf der anderen Seite geradeaus über Fischmarkt und Markstraße zum Domplatz. Hier links, dann am Dom vorbei und dort links „An den Graden". Links Fischersand, rechts „Lange Brücke", Eichenstraße und geradeaus über den Juri-Gagarin-Ring hinweg. Unser Radweg verläuft parallel zur Löberstraße, quert Bahnhof, Flutgraben sowie Kaffeetrichter und geht in die Arnstädter Straße über. Es geht etwas bergauf, an der Thüringenhalle links in die Werner-Seelenbinder-Straße und am Ende der Steigung rechts in die Kranichfelder Straße. Von dieser müssen wir nur noch einmal rechts abbiegen, um zurück zum Camp zu gelangen.

Direkt an die Altstadt schließt sich der 1,5 ha umfassende **Brühler Garten** an, der inzwischen unter Denkmalschutz steht. Noch etwas weiter liegt rechterhand von unserer Strecke der **Egapark** mit der **Zitadelle Cyriaksburg**,

dem Waldpark und dem Waldlehrpfad. Der Name Egapark ist die Kurzfassung für die Erfurter Gartenbauausstellung, die 1961 hier ausgerichtet wurde. Auf dem anderen Ufer kommen wir über den **„Kaffeetrichter“**. Dieser verkehrstechnisch wichtige Straßenplatz erhielt seinen Namen von einem Café, das ein Herr Trichter einst hier betrieb.

Kartentipp:
ADFC-Regionalkarte Erfurt und Umgebung, 1:75.000,
ISBN 978-3-87073-839-6, € 8,95
Digital für Smartphones und Tablets:
www.fahrrad-buecher-karten.de/rk-digital

58 Erfurter Seentour

Vom **Erfurt** nach Ringleben

CamperTouren Info

50 km, überwiegend auf Radwegen neben der Straße sowie auf Nebenstraßen. Auf der Rückfahrt eine langgezogene, aber nicht allzu anstrengende Steigung. Regionale Wegweisung

Start / Ziel: Wohnmobilpark „Trautmann" in Erfurt-Melchendorf, www.caravan-erfurt.de

Auswahl weiterer Camps an der Strecke: Caravanstellplatz Am Kleinen Ring, Caravanstellplatz am Eichenstraße (je 3 bzw. 4 Stellplätze), Campingplatz Erfurt am See

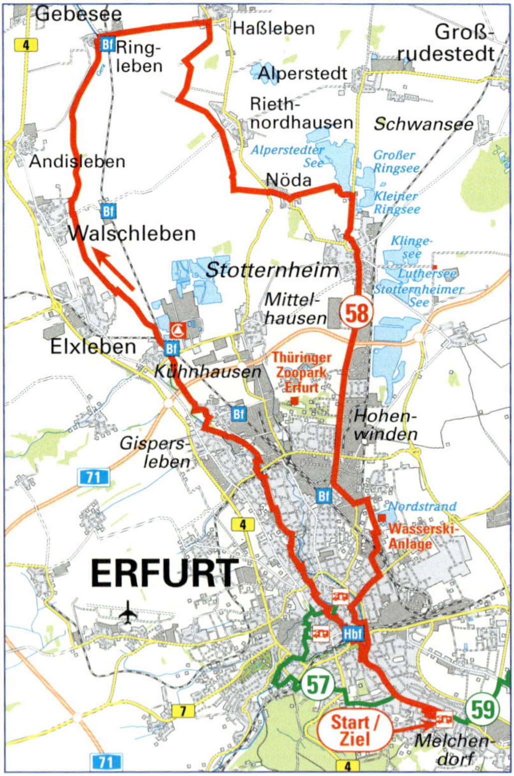

Auf dieser Tour erleben wir Erfurt mit allen Sinnen: Wir rollen wieder durch die Innenstadt und können uns nochmals an den Sehenswürdigkeiten erfreuen. Dann geht es hinaus ins Grüne. Eine große Anzahl von Seen liegt am Wegesrand und bietet uns immer wieder die Möglichkeit, ins Wasser zu springen.

Bis zu 20 Wohnmobile bzw. Gespanne kommen auf dem **Wohnmobilpark Trautmann** unter, der durch seine gute Lage besticht: Er ist zentrumsnah und doch außerhalb der Umweltzone, was vor allem Fahrer älterer Fahrzeuge entgegenkommt. Sanitäranlagen sind vorhanden, ebenso alle erforderlichen Ver- und Entsorgungsmöglichkeiten. Besonders schön ist das gärtnerisch gestaltete „Drumherum", das mit seinem blühenden Grün dem Beinamen „Park" alle Ehre bereitet.

Los geht´s an der Ausfahrt des Camps, von der wir wie bei der Tour zuvor links und sofort wieder rechts abbiegen. Dann rechts in den Muldenweg und über die breite Kranichfelder Straße mitsamt Straßenbahnschienen hinweg. Auf der anderen Straßenseite links auf den Radweg Richtung Innenstadt. Wir bleiben in Hauptrichtung auf Am Schwemmbach und Clara-Zetkin-Straße. Rund 2,6 km nach dem Tourstart biegen wir links ab in die Friedrich-List- dann rechts in die Windhorststraße. Diese bringt uns am Stadtpark vorbei zum Ufer des Gera-Flutgrabens, den wir mit der Brücke etwas links versetzt überqueren. Wir queren den Bahnhof, radeln über die Bahnhofstraße fahren hinter dem Juri-Gagarin-Ring links (Augustmauer) und die nächste rechts in die Mühlgasse (später schräg rechts Borngasse), bis wir auf die Schlösserstraße treffen und links abbiegen können. Dann rechts in den Fischmarkt und links in die Michaelisstraße. Auf dieser bleiben wir eine ganze Zeit und folgen

Einer von vielen Seen auf unserer Tour: Der Alpstedter See

ihr durch den kleinen Links-Schlenker. Später geht sie in die Moritzstraße über, bevor wir rechts in die Straße „Venedig" abzweigen und die Gera überqueren. Hinter der Brücke rechts und dann auf den nächsten Kilometern immer in Ufernähe. So kommen wir raus aus der Stadt, passieren Gispersleben, Kühnhausen, Elxleben, Walschleben und gelangen nach Ringleben, wo wir rechts abbiegen.

DAS Venedig liegt im Norden der Andreasvorstadt und bekam seinen Namen durch die vielen Inseln, die hier von der Gera umschlungen werden. So rollen wir durch eine parkähnliche Landschaft, dien einst von vielen **Mühlen** geprägt war.

Deutlich größer, nämlich 9 ha groß, ist der **Nordpark**. Er war mit seinen großen Grünflächen von Beginn an als Volkspark konzipiert. Rund um den nahegelegenen **Berliner Platz** gibt es eine Fußgängerzone mit Statuen, aber auch die in der DDR weit verbreiteten Plattenbauten. Dasselbe gilt auch für den Moskauer Platz, der sich fast anschließt.

Kurz bevor die Gera das Stadtgebiet von Erfurt verlässt, fließt sie am 100 m langen und 15 m hohen **Naturdenkmal Rote Wand** vorbei. In dem rötlichen Schilfsandstein lässt sich in die Erdgeschichte „eintauchen".

Tipp: Wer vom Radeln müde geworden ist, kann in Ringleben-Gebesee in die **Bahn** steigen und sich bequem nach Erfurt zurück gondeln lassen.

Weiter geht´s von Ringleben, nach Haßleben, wo wir rechts abbiegen. Durch Riethnordhausen und Nöda kommen wir zum Alperstedter See. Von hier radeln wir via Stotternheim und Hohenwinden wieder zurück nach Erfurt. Am Henry-Pels-Platz links in die Hugo-John-Straße, dann links Salzstraße und rechts Innsbrucker Weg und wir sind am Nordstrand. Von hier etwas an den Bahnschienen entlang, dann rechts Heckersteig, links Greifswalder, rechts Leipziger Straße, Leipziger Platz, Krämpferbrücke, links Juri-Gagrin-Ring, links Trommsdorffstraße, über den Flutgraben und weiter rechts am Fluss entlang unter den Bahnschienen durch, hoch zur Clara-Zetkin-Straße und weiter geradeaus. Auf dieser Straße radeln wir auf demselben Weg wieder zurück zum Camp, den wir herkamen.

Die Rückfahrt wird sehr abwechslungsreich: Nacheinander passieren wir verschiedene Seen, darunter **Alperstedter See**, Ringsee, Klingesee, Luthersee und Stotternheimer See. In einigen der Seen können wir uns abkühlen, am **Nordstrand** gibt es sogar eine **Wasserski-Anlage** an der Halbinsel. Wer nicht selber auf die Kufen steigen mag, vergnügt sich am Badestrand.

Kartentipp:
ADFC-Regionalkarte Erfurt und Umgebung, 1:75.000,
ISBN 978-3-87073-839-6, € 8,95
Digital für Smartphones und Tablets:
www.fahrrad-buecher-karten.de/rk-digital

59 Goethe, Schiller und andere kulturelle Genüsse

Von **Erfurt** nach Weimar

CamperTouren Info

26 km, überwiegend auf separaten Radwegen, Radwegen neben der Straße sowie auf Nebenstraßen. Etwas hügelige Tour mit mehreren kleinen Steigungen. Regionale Wegweisung sowie Beschilderung der Thüringer Städtekette.

Start / Ziel: Wohnmobilpark „Trautmann" in Erfurt-Melchendorf, www.caravan-erfurt.de

Auswahl weiterer Camps an der Strecke: Wohnmobilstellplatz Herrmann-Brill-Platz in Weimar

Kultur pur erwartet uns am Ende unserer Tour: Kaum eine Stadt Deutschlands kann auf eine solch glorreiche Historie zurückblicken wie Weimar. Nachdem wir uns ausgiebig den berühmten Figuren und der herrlichen Altstadt gewidmet haben, lassen wir uns bequem mit der Bahn zurück nach Erfurt gondeln.

Los geht´s an der Ausfahrt des Camps, von der wir rechts und gleich wieder rechts abbiegen auf die Kranichfelder Straße. An deren Ende links versetzt geradeaus in die Haarbergstraße und links in die Hermann-Brill-Straße. Diese vollzieht eine Rechts-Links-Kurve. In der Linkskurve rechts halten. Unser Weg trifft auf die Wilhelm-Wolf-Straße, neben der wir nach links weiterradeln. An der großen Kreuzung geradeaus parallel der Konrad-Adenauer-Straße. An der nächsten Kreuzung rechts in die Rudolstädter Straße und wieder links durch den Ort Urbich, hinter dem Linderbach sofort links und wir erreichen schon bald den gleichnamigen Ort, den wir geradeaus durchfahren. In der Ortsmitte rechts zum Edmund-Schäfer-Platz, den wir links umradeln. An der Querstraße links Am Weiherweg und schräg rechts auf der Azmannsdorfer Straße heraus aus dem Ort. Hinter den Schienen treffen wir auf die Kirchstraße, die in die Vieselbacher Straße übergeht und rechts abknickt. Hier haben wir Anschluss an den Radwanderweg „Thüringer Städtekette". Vieselbach und Wallichen liegen auf unserem Weg nach Niederzimmern.

Die **Talsperre Hopfgarten** dient zum einen der Regulierung des Flüsschens Gamme und zum anderen genau wie die nahe gelegene **Vieselbach-Talsperre** der Wasserversorgung.

Das Wasser wird auch für die Landwirtschaft gebraucht, die in unserer Radel-Region großflächig betrieben wird. Der Staudamm ist rund 15 m hoch und 368 m lang. Am Nordstrand finden wir einen einladenden Badestrand.

Tipp: Wer Gefallen an der Region und am Themenradweg **„Thüringer Städtekette"** gefunden hat, kann sich auf rund 230 km in beide Richtungen weiterbewegen. In unserer Fahrtrichtung rollen wir so durch namhafte Städte wie Jena, Gera nach Altenburg. In der anderen Richtung liegen Erfurt, Gotha und Eisenach auf dem Weg.

Weiter geht´s von Niederzimmern durch Hopfgarten und Tröbsdorf nach Weimar, wo wir uns zunächst die Sehenswürdigkeiten ansehen und dann den Hauptbahnhof ansteuern. Hier steigen wir in die Bahn und lassen uns zurück nach Erfurt bringen. Wer nach der Tour müde ist, fährt mit der Straßenbahn (Richtung Melchendorf) zurück zum Camp, wer noch fit ist, kurbelt die langgezogene Steigung wieder hinauf. Via Carl-Zeiss-Straße, Am Schwemmbach und Kranichfelder Straße ist dies recht schnell geschafft.

Der Schlossturm überragt die Weimarer Altstadt

„Kulturstadt Weimar" – allein dieser selbst gewählte Titel verspricht uns eine unglaubliche Fülle an Sehenswertem. Die Herderkirche und das **Stadtschloss** mit seinem großartigen **Schlossturm** markieren den historischen Stadtkern. Dieser erlebte ein „goldenes Zeitalter", in dem Herzogin Anna Amalia wirkte und ein „silbernes Zeitalter", in dem Großherzogin Sophie lebte. Zu dieser Zeit kam auch Richard Wagner hierher, was zur Folge hatte, dass Liszt 1850 die Uraufführung der Nibelungen in Weimar durchsetzte. Unser Streifzug durch die Innenstadt führt uns vorbei am historischen **Rathaus**, Stadthaus, Villa Saukel, **Anna-Amalia-Bibliothek**, Stadtkirche St. Peter und Paul und zahlreichen anderen historischen Gebäuden. Nachdem wir uns in den Museen wie z.B. dem Bauhaus-Museum am Theaterplatz weitergebildet haben, widmen wir uns den Berühmtheiten der Stadt. Dafür besuchen wir das Liszt-Haus, Goethes Wohnhaus mit Goethe-Nationalmuseum und **Schillers Wohnhaus mit Schillermuseum**. Die beiden letzteren „Promis" finden wir gemeinsam auf einem Denkmal wieder.

Kartentipp:
ADFC-Regionalkarte Erfurt und Umgebung, 1:75.000,
ISBN 978-3-87073-839-6, € 8,95
Digital für Smartphones und Tablets:
www.fahrrad-buecher-karten.de/rk-digital

60 Drei auf einen Streich

Vom **Kulkwitzer See** zum Cospudener See

CamperTouren Info

34 km, überwiegend auf separaten Radwegen, Radwegen neben der Straße sowie auf Nebenstraßen. Keine größeren Steigungen. Regionale Wegweisung

Start / Ziel: Campingplatz am Kulkwitzer See, www.leipzigseen.de/uebernachten/campingplaetze/campingplatz-kulkwitzer-see

Auswahl weiterer Camps an der Strecke: Wohnmobilstellplatz Caravaning am Elsterstausee

Direkt vor den Toren Leipzigs wurde die Landschaft einst komplett von „links nach rechts gekrempelt": Ab 1864 wurde hier zunächst untertägig, dann im Tagebau, Kohle gewonnen. Die entstandenen Löcher wurden ab 1963 geflutet, so dass uns hier heute das Mitteldeutsche bzw. Leipziger Seenland Freizeitvergnügen am und auf dem Wasser beschert.

Die Lage könnte schöner nicht sein: Auf einer Halbinsel im **Kulkwitzer See** liegt der gleichnamige **Campingplatz**, der uns alle Annehmlichkeiten bietet, die wir von einem guten Platz erwarten: Schöne Stellplätze mit besten Sanitäranlagen – und alles am glasklaren Wasser des Kulkwitzer Sees. Hier kommen Wassersportler also voll auf ihre Kosten, egal ob Baderatten am Sandstrand oder Freizeitkapitäne auf dem Wasser.

Los geht´s an der Ausfahrt des Camps, von der wir rechts und gleich wieder rechts in die Seestraße abbiegen. Wir radeln im Uhrzeigersinn am Ufer des Kulkwitzer Sees entlang. An der Südspitze des Sees biegen wir links und sofort wieder rechts ab, um uns neben die Straße Plagwitz-Pörsten zu gesellen. Immer geradeaus passieren wir Göhrenz, Seebenisch, zweigen schräg links ab und gelangen via Schkeitbar, Groß- und Kleinschkorlopp sowie (links) Zitzschen zum Ufer des Zwenkauer Sees, den wir im Uhrzeigersinn umrunden. „Belantis" umfahren wir links und gelangen zum Ufer des Cospudener Sees.

Der **Kulkwitzer See** ist ein echtes Eldorado für Wassersport-Fans geworden: Segeln, Surfen, Bootfahren, Wasserskilaufen: Alles ist auf dem Wasser möglich. Wem das zu „nass" ist, der klettert im Hochseilgarten oder relaxt einfach nur an einem der vielen Badestrände.

Nachdem wir den ersten See verlassen haben, rollen wir ein Stück auf einer alten **Bahntrasse**, die einst Leipzig, Plagwitz und Pörsten verband. Beste Bedingungen also für ein entspanntes Radeln!

Am **Zwenkauer See**, dem drittgrößten des Seenlandes, radeln wir parallel zum Ufer, zur Straße, zur Bahn und zur **Weißen Elster**. Zwischendurch erblicken wir in der Ferne das höchste Gebäude Leipzigs.

Wer Zeit genug hat, besucht Belantis, den größten Freizeitpark Ostdeutschlands, der sich über 27 ha erstreckt und mehr als 60 teils rasante Shows und Attraktionen bietet.

Der **Cospudener See** entstand ebenfalls durch den Braunkohle-Tagebau. Er war der erste „Restsee", der sich hier im Leipziger Seenland bildete.

Weiter geht´s vom Cospudener See, dessen Ufer wir nach links, also im Uhrzeigersinn, folgen. Am Nordende des Sees weiter links in den Lauerschen Weg, der uns nach Großzschocher bringt, das wir über Brückenstraße, links-rechts Gerhard-Ellrodt-Straße durchfahren. Direkt hinter den Schienen rechts in den Weidenweg und wieder rechts auf die Rippachtalstraße. Von dieser zweigen wir links in die Schönauer und wieder links in die Ratzelstraße ab. An deren Ende rechts und gleich wieder links – so erreichen wir wieder unser Camp.

Tipp: Das Wasser der **Weißen Elster** stammt teils aus einer Quelle fast genau an der deutsch-tschechischen Grenze, ehe es in Leipzig in der Staustufe gebremst wird. Ein Radweg begleitet den Fluss von der Quelle bis zur Mündung in die Saale.

Ganz in der Nähe unseres Radwegs liegt das **Eisenbahnmuseum Bayerischer Bahnhof** zu Leipzig. Auf dem Gelände des ehemaligen Bahnbetriebswerks erfahren wir mehr über die Historie der Eisenbahn und können beim Betrachten der alten Loks und Waggons in alten Zeiten schwelgen.

Entspannt radeln an der Weißen Elster

In den 1970er und 80er Jahren wurde die **Großwohnsiedlung Grünau** im Westen Leipzigs angelegt, an der wir gegen Ende der Tour vorbei radeln. Sie zählte seinerzeit zu den größten Plattenbausiedlungen der DDR. Dies stand zwar nicht für architektonische Genüsse, aber für einen planmäßig angelegten Stadtteil mit einer kompletten eigenen Infrastruktur.

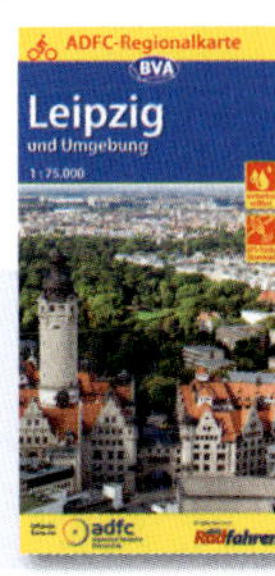

Kartentipp:
ADFC-Regionalkarte Leipzig und Umgebung, 1:75.000,
ISBN 978-3-87073-883-4, € 8,95
Digital für Smartphones und Tablets:
www.fahrrad-buecher-karten.de/rk-digital

61 Historik-Tour in Leipzig

Vom **Kulkwitzer See** nach Leipzig

CamperTouren Info

30 km, überwiegend auf separaten Radwegen, Radwegen neben der Straße sowie auf Nebenstraßen. Keine größeren Steigungen, regionale Wegweisung.

Start / Ziel: Campingplatz am Kulkwitzer See, www.leipzigseen.de/uebernachten/campingplaetze/campingplatz-kulkwitzer-see

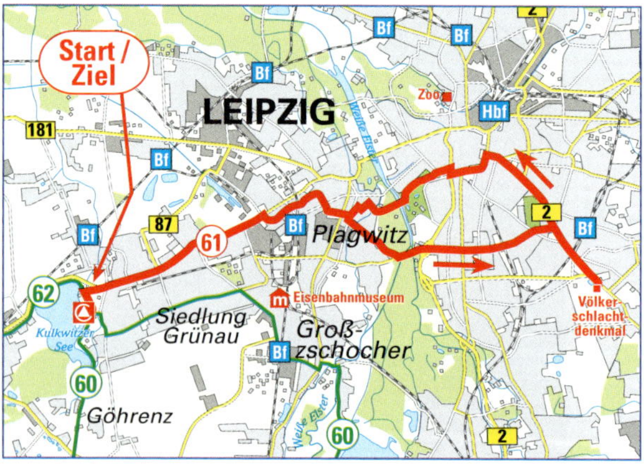

Wir starten in eine kurze, aber sehr unterhaltsame Tour, die uns zu Beginn und zum Ende am wunderschönen Karl-Heine-Kanal entlang in die Innenstadt Leipzigs führt. Nachdem wir kulturelle, aber auch kulinarische Highlights genossen haben, rollen wir wieder zurück zu unserer Oase am See.

Los geht´s an der Ausfahrt des Camps, von der wir links und am Schiffsrestaurant gleich wieder rechts abbiegen. Geradeaus gelangen wir auf die Lützner Straße. Dem Radweg folgen wir immer weiter, bevor wir am Karl-Heine-Kanal nach rechts abzweigen und am Ufer des Kanals entlang radeln. Am Ende des Kanals biegen wir rechts ab und verlassen den Kreisel nach links über die Weiße Elster hinweg über die Industriestraße. Diese endet vor dem Park, wo wir erst geradeaus hinein radeln und dann rechts abbiegen in den Nonnenweg. Dem später querenden Schleußiger Weg folgen wir nach links, nach der großen Kreuzung geradeaus auf Focke-, später Semmelweisstraße. Der Pragerstraße nach rechts folgend gelangen wir zum Völkerschlacht-Denkmal. Nach dem Besuch wieder auf der Prager Straße zurück bis in die Innenstadt Leipzigs.

Der **Karl-Heine-Kanal** ist einfach wundervoll: Auf seiner Länge von 3,3 km wird er von 15 Brücken überspannt und verbindet die Weiße Elster mit dem Lindenauer Hafen von Leipzig. Der Leipziger Rechtsanwalt Carl Heine sorgte 1856 dafür, dass der Kanal angelegt wurde, damit Schiffe aus der Stadt bis zur Saale fahren konnten. Bis heute wird er von kleinen Booten befahren. Das gesamte Ensemble steht inzwischen unter Denkmalschutz. Dazu gehört auch das sogenannte **Stelzenhaus** im Ortsteil Plagwitz, in dem sich ab 1939 eine Wellblechfabrik befand.

Der Ort bietet uns weitere Fotomotive aus der Industriekultur, wie die ehemalige **Sächsische Wollgarnfabrik**, die ehemalige Fabrik von Mey und Edlich, das „Kunstkraftwerk" oder die **Könneritzbrücke**, über die wir später auch noch rollen werden.

Ein kurzer Abstecher über die Prager Straße zum **Völkerschlachtdenkmal** gehört zum Pflichtprogramm, denn mit 91 m Höhe ist es eines der größten Denkmäler des Kontinents. Aus dem „See der Tränen um die gefallenen Soldaten" erhebt sich seit 1913 dieses weithin sichtbare Monument. Es erinnert an

Der Johannapark ist eine der grünen Oasen Leipzigs

die Völkerschlacht im Jahre 1813. Seinerzeit erlebte hier Napoleon eine empfindliche Niederlage gegen die Truppen aus Schweden, Preußen, Österreich und Russland.

Weiter geht´s über die Prager Straße zurück, am Augustusplatz links, aus der Innenstadt Leipzigs, die wir durch den Johannapark mit seinem Teich verlassen. Am Leonorenhügel vorbei gelangen wir zur Sachsenbrücke, mit der wir die Weiße Elster überqueren. Auf der anderen Seite geradeaus, schräg rechts auf die Könneritzbrücke und kurz dahinter links in die Gleisstraße. An deren Ende rechts und gleich wieder links auf die Alte Straße. Diese bringt uns ans Ufer des Karl-Heine-Kanals, dem wir nach rechts folgen. Von hier radeln wir einfach über dieselbe Strecke wieder retour zum Camp, auf der wir herkamen.

Über eine halbe Million Menschen leben in Leipzig, das damit die achtgrößte Stadt der Republik ist und seit jeher ein kulturelles und wirtschaftliches Zentrum der Region darstellt. Dementsprechend prall gefüllt ist unsere Liste der Sehenswürdigkeiten.

Tipp: Wenn wir schon soviel Kalorien verbrennen beim Radeln, können wir auch die regionalen Spezialitäten kosten: Eher deftig ist das **Leipziger Allerlei** mit Gemüse und Flusskrebsen, während die **Leipziger Lerchen** mit Marzipan gefüllt sind.

Die ersten Anlaufstellen in der City sind das **Alte Rathaus** mit dem stadtgeschichtlichen Museum und das älteste Kaffeehaus Deutschlands. Von den vielen weiteren Museen seien vor allem das Sport- und das **Deutsche Buch- und Schriftenmuseum** erwähnt. Letzteres gilt als das älteste seiner Art weltweit. Musikfreunde werden sich eher auf das Grassimuseum mit seinen Instrumenten konzentrieren.

Auf unserer Rückfahrt rollen wir durch den **Johannapark**, der in den Clara-Zetkin-Park übergeht und eine grüne Oase inmitten der Großstadt darstellt. Besonders schön sind der **Palmengarten** und der Teich mit Blick auf die Lutherkirche.

Kartentipp:
ADFC-Regionalkarte Leipzig und Umgebung, 1:75.000,
ISBN 978-3-87073-883-4, € 8,95
Digital für Smartphones und Tablets:
www.fahrrad-buecher-karten.de/rk-digital

62 Erst zum Schloss oder erst zum Baden?

Vom **Kulkwitzer See** nach Merseburg

CamperTouren Info

53 Km, überwiegend auf separaten Radwegen, Radwegen neben der Straße sowie auf Nebenstraßen. Leicht hügelige Tour, aber keine größeren Steigungen, regionale Wegweisung

Start / Ziel: Campingplatz am Kulkwitzer See, www.leipzigseen.de/uebernachten/campingplaetze/campingplatz-kulkwitzer-see

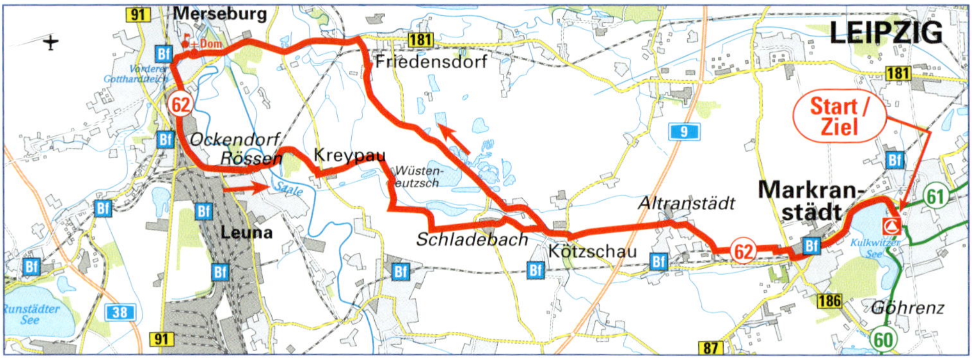

Das Seenland wird uns auch auf dieser Tour eine herrliche Umgebung liefern. So radeln wir ganz entspannt vorbei an mehreren Seen in die historische Innenstadt von Merseburg. Nachdem wir alles ausgiebig genossen haben, geht's in einer Runde wieder zurück zum Kulkwitzer See.

Los geht´s an der Ausfahrt des Camps, von der wir zunächst zum Ufer des Sees radeln. Den See umrunden wir gegen den Uhrzeigersinn und zweigen fast genau am gegenüberliegenden Ufer rechts ab nach Markranstädt. Dessen Zentrum erreichen wir über die Leipziger Straße. Vor dem Bahnhof her über die Eisenbahnstraße, dann passieren wir die Gleise, biegen links-rechts-links ab und fahren ein Stück parallel zur Bahnlinie, ehe es rechts weg geht nach Altranstädt. Mit der Brücke queren wir die A9, rollen durch Kötzschau und rechts nach Schladebach. Dahinter wird's „blau": Schnurgerade rollen wir durch eine größere Anzahl von Seen, ehe wir durch Friedensdorf und Tragarth ins Herz von Merseburg gelangen.

Die strahlend weiße **St.-Laurentius-Kirche** markiert das Zentrum von Markranstädt. Die ältesten Teile stammen von 1518, während der Kirchturm noch um 1900 herum aufgestockt wurde. Im benachbarten Altranstädt gibt es ein **Schloss** mit Kirche und Pfarrhaus zu sehen. Nachdem wir den Ort wieder verlassen haben, kommen wir nach Sachsen-Anhalt, das uns mit dem Ort Kötzschau empfängt. Seit 2014 beherbergt das Bahnhofsgebäude ein informatives **Eisenbahnmuseum**.

Ein paar Minuten später fällt uns die Kirche von Schladebach etwas erhöht stehend ins Auge. Ganz in der Nähe liegt der **Elsterfloßgraben**. Er wurde im 16. Jh gegraben, um Holz zu transportieren. Heute gilt er als längstes technisches Denkmal Europas.

Merseburg ist ohne Frage eine der schönsten Städte weit und breit: Schon von

Schloss Merseburg ist ein sehr imposantes Bauwerk

weitem erblicken wir die tolle Skyline mit **Schloss** und **Dom St. Johannes der Täufer und Laurentius**. In der Südklausur des Domes verbirgt sich der wertvolle Domschatz, während im Schloss das Kunsthistorische Museum untergebracht ist. Eingebettet ist die Residenz in einem prachtvollen **Park**, der zurecht zum Projekt „Gartenträume Sachsen-Anhalt" zählt.

In der Innenstadt von Merseburg begeistern uns weitere historische Gebäude wie das **Alte Rathaus**, das **Ständehaus**, die Domapotheke oder das Zechsche Palais. Es macht großes Vergnügen, sich durch die Straßen treiben zu lassen und immer wieder neue Fotomotive zu entdecken.

Weiter geht´s von Merseburg, das wir entlang der Weißenfelser Straße Richtung Leuna verlassen. Via Ockendorf, Rössen, Kreypau und Wüsteneutzsch geht es wieder retour nach Kötzschau. Von hier nehmen wir denselben Weg wieder zurück zum Kulkwitzer See, den wir auf der Hinfahrt nahmen. So gelangen wir rasch wieder zurück ins Camp.

Noch bevor wir Merseburg verlassen, kommen wir vorbei am Vorderen und Hinteren **Gotthardteich**, wo wir nicht nur eine Fontäne, sondern auch ein Planetarium finden. Weitere grüne Lungen der Stadt bilden der Südpark, der Stadtpark und das **Naturschutzgebiet Saale-Aue**.

Tipp: Bei Ockendorf führt uns ein kleiner Abstecher vorbei an einem kleinen Badesee mit Strand zum Geiseltal- und zum **Runstädter See**, die wie so viele Seen in dieser Region aus einem alten Tagebau hervorgingen. Hier gibt es nicht nur weitere Bademöglichkeiten, sondern auch Anschluss an den **„Goethe-Radweg"**.

In der Nähe von Schladebach entdecken wir Schilder, die auf eine **„Tiefbohrung"** hinweisen. Hier ließ die Königlich Preußische Bergwerksverwaltung 1880 Bohrungen durchführen, um nach Solequellen und Steinkohle zu suchen. Eine Infotafel verrät uns mehr zum Thema.

Kartentipp:
ADFC-Regionalkarte Leipzig und Umgebung, 1:75.000,
ISBN 978-3-87073-883-4, € 8,95
Digital für Smartphones und Tablets:
www.fahrrad-buecher-karten.de/rk-digital

63 Ein Höhepunkt jagt den nächsten

Von **Wostra** in die Dresdner Innenstadt

CamperTouren Info

29 km, überwiegend auf separaten Radwegen, Radwegen neben der Straße sowie auf Nebenstraßen. Keine merklichen Steigungen. Regionale Wegweisung sowie teils Beschilderung des Elbe-Radwegs.

Start / Ziel: Campingplatz Wostra in Dresden, www.dresden.de/de/leben/sport-und-freizeit/sport/campingplatz.php?shortcut=campingplatz

Auswahl weiterer Camps an der Strecke: Wohnmobilstellplätze in Dresden am Sachsenplatz, an der Wiesentorstraße und am Blüherpark

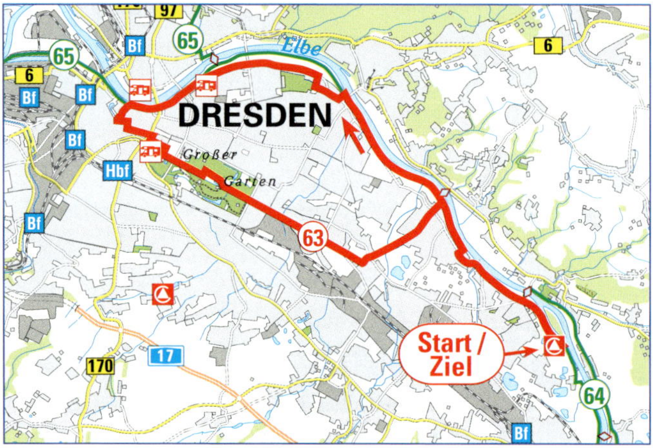

Aus der ganzen Welt kommen Touristen nach Dresden, um sich von der Eleganz und der Pracht der Stadt gefangen nehmen zu lassen. Wir radeln ganz entspannt von unserem Camp über den Elbe-Radweg in die City und lassen uns auch in diese bezaubernde Welt entführen.

Los geht´s an der Ausfahrt des Camps, von der wir links abbiegen und zum Elbeufer rollen. Hier biegen wieder links ab und folgen dem Elbe-Radweg fast 14 km flussabwärts. In Höhe der Hofkirche verlassen wir das Ufer, biegen links ab und rollen an Hofkirche, Zwinger und Schloss vorbei.

Dresden ist DER Touristen-Magnet in Sachsen. Alle Besucher, die hierher ins **„Elbflorenz"** kommen, beginnen direkt zu schwärmen. Den Beinamen erhielt Dresden wegen seiner tollen Lage im Tal der Elbe und wegen seiner barocken und fast schon als mediterran zu bezeichnenden Architektur. Die wertvollen **Kunstsammlungen**, die in den verschiedenen **Museen** und Ausstellungen zu sehen sind, trugen sicherlich auch zur Namensgebung bei.

Zu beiden Seiten der Elbe bietet sich für uns eine wunderbare Stadt, die überquillt an Sehenswertem.

Die Stadtbesichtigung beginnen wir am besten auf der **Augustusbrücke**. Von hier blicken wir auf eine der vermutlich am meisten fotografierten Skylines Europas: Die Augen schweifen von der **Semperoper** über **Zwinger**, **Katholische Hofkirche**, Residenzschloss und **Brühlschen Terrasse** zur den Brühlschen Gärten. Nur einen Steinwurf weiter erstreckt sich die tolle **Altstadt**, durch deren Gassen wir zur **Frauenkirche** geleitet werden. Deren Wiederaufbau wurde 2005 beendet, weshalb sie „weltweit als Symbol für Frieden und Versöhnung" gilt.

Ansehen müssen wir uns auch den **Fürstenzug**. 23.000 Fliesen aus Meißner Porzellan formen das überlebensgroße Bild, auf dem 34 Adelige des Fürstenhauses Wettin dargestellt sind. Mit 102 m Länge gilt es als größtes Porzellanbild der Welt.

Nicht vergessen dürfen wir einen Besuch in der **Neustadt**, die auf der anderen Elbseite liegt. Wir erreichen sie zu Fuß per Brücke und immer geradeaus über den Albertplatz hinweg. Oder einfach per Bahn. Der kurze Weg lohnt sich – aber nur, wenn man auch die **Hinterhöfe** der teils toll restaurierten Gebäude besucht. Hier hat sich eine alternative Szene entwickelt, die Kunst am Bau erleb- und sichtbar macht.

Die Frauenkirche segnet die „gute Stube Dresdens"

Tipp: Wer nicht durch die Stadt zurück radeln mag, fährt nach der Stadtbesichtigung wieder zurück zum Elbufer und rollt auf dem Elbe-Radweg wieder retour.

Weiter geht´s vom Dresdner Schloss über Postplatz, links Wilsdruffer Straße, rechts Altmarkt, links Kreuzstraße an der Kreuzkirche vorbei und geradeaus über die St. Petersburger Straße hinweg. Auf der anderen Seite etwas rechts versetzt in derselben Richtung weiter geradeaus durch den Park. Von der Lingnerallee rechts auf die Blüher Straße und gleich wieder links, dann immer geradeaus auf Helmut-Schön, dahinter Hauptallee durch den Blüher Park. Weiter geradeaus auf der Hauptallee durch den Großen Garten am Palaisteich vorbei. Am Ende der Grünanlage geradeaus entlang der Winterbergstraße. An deren Ende schräg links am Parkplatz der Rennbahn vorbei, dann links „Altdobritz" und direkt wieder links in die Lassalleestraße. Wenn diese sich teilt, rechts in die Salzburger Straße und auf dieser immer weiter (dann heißt sie Liehrstraße) bis zum Elbufer. Diesem folgen wir dann nach rechts, so dass uns der Elbe-Radweg zurück zum Camp geleiten kann. Um dort hin zu gelangen, müssen wir kurz hinter der Pillnitz-Fähre rechts abbiegen.

Das **Torhaus** an der Lingnerallee ist das einzige erhaltene Gebäude aus der Zeit der Neugestaltung des **Blüher Parks**, der im 18. Jh in dieser Form entstand. Später entstand im Blüher Park das Deutsche Hygiene-Museum, das inzwischen zu den meistbesuchten Dresdner Museen zählt. Es gilt als Forum für Wissenschaft, Kultur und Gesellschaft.

Der **Große Garten** macht seinem Namen alle Ehre, denn er erstreckt sich über 1,8 qkm. Das merken wir, denn wir radeln für 1,9 km durch diese herrliche Oase. Mittendrin steht das **Sommerpalais** mit dem Palaisteich.

Kartentipp:
ADFC-Regionalkarte Dresden und Umgebung, 1:75.000,
ISBN 978-3-87073-750-4, € 8,95
Digital für Smartphones und Tablets:
www.fahrrad-buecher-karten.de/rk-digital

64 Zu Füßen des Elbsandsteingebirges

Von **Wostra** nach Rathen

CamperTouren Info

43 km, überwiegend auf separaten Radwegen, Radwegen neben der Straße sowie auf Nebenstraßen. Im ersten Drittel drei merkliche Steigungen, Alternativroute möglich. Regionale Wegweisung sowie teils Beschilderung des Elbe-Radwegs.

Start / Ziel: Campingplatz Wostra in Dresden, www.dresden.de/de/leben/sport-und-freizeit/sport/campingplatz.php?shortcut=campingplatz

Auswahl weiterer Camps an der Strecke: Waldcamping Pirna, Caravanstellplatz Schlossplatz Pirna, Campingplatz Struppen

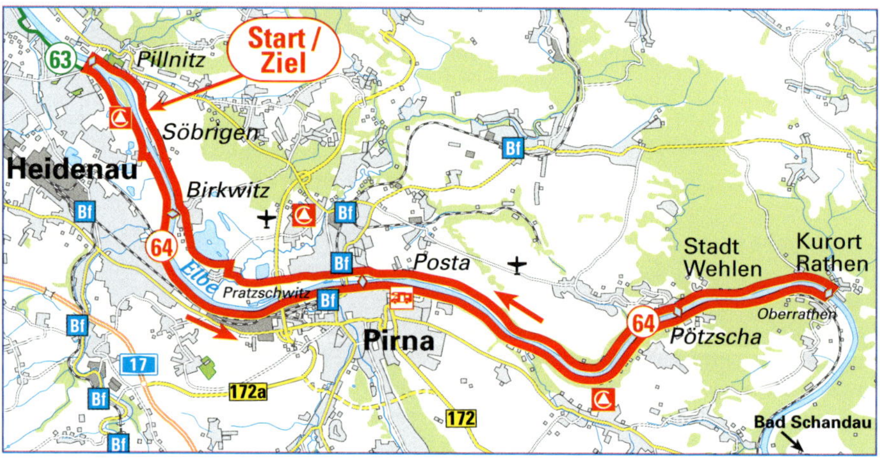

Eine ungemein abwechslungsreiche Tour erwartet uns hier: Nachdem uns die Altstadt von Pirna in längst vergangene Zeiten entführt hat, machen wir uns auf zu zwei Bergwertungen. Zur Belohnung genießen wir im zweiten Teil der Tour die unglaublichen Felsformationen des Elbsandsteigebirges mit der berühmten Bastei.

Los geht´s an der Ausfahrt des Camps, von der wir links abbiegen und zum Elbeufer rollen. Hier biegen wir dieses Mal rechts ab und folgen dem Elbe-Radweg flussaufwärts. Ab Heidenau schmiegt sich der Radweg zwischen Elbe und Bahnschienen, ehe wir Pirna erreichen. Auch dahinter geht es weiter am Ufer entlang, wobei es vor und nach Pötzscha richtig anstrengend wird. Nach einer entspannten Abfahrt gelangen wir nach Oberrathen. Hier passieren wir die Schienen, überqueren mit der Fähre die Elbe und erreichen Rathen.

Pirna ist eine wirkliche Perle an der Elbe: Rund um die stattliche Marienkirche finden wir eine herrliche, bestens restaurierte Altstadt. Beim Durchstreifen der Straßen und Gassen kommen wir vorbei am **Canalettohaus**, am Marktplatz mit seinem fachwerkgeschmückten **Rathaus**, am **Teufelserkerhaus** und an vielen weiteren, sehenswerten Gebäuden.

Seit dem 18. Jh. sorgt Schloss Pilnitz für eine unverwechselbare Silhouette

Tipp: Die hier beschriebene Tour ist als Rundstrecke ausgelegt und weist hinter Pirna einige recht anstrengende Steigungen auf. Wer diese umgehen mag, überquert in Pirna per Brücke die Elbe und radelt dann auf diesem Ufer ohne größere Anstrengungen nach Rathen.

Schöner können wir kaum ans andere Ufer gelangen: Nach Rathen setzen wir mit der historischen **Gierseilfähre** über. Es erwartet uns ein entspannter **Kurort** mit vielen alten Fachwerkhäusern.

Noch Zeit und Kondition? Dann lassen Sie uns dem Elberadweg noch ein Stück weiter folgen. So kommen wir unterhalb der imposanten **Festung Königsstein** her und können bei Bad Schandau mittels Brücke das Ufer wechseln. Hier können wagemutige mit einem **Aufzug** in die „obere Etage" des Ortes gelangen. Der Aufzug ist ebenso alt wie außergewöhnlich.

Weiter geht´s von Rathen auf dem Elbe-Radweg flussabwärts. Ohne größere Steigungen radeln wie via Wehlen, Posta, wieder nach Pirna. Wer mag, wechselt hier schon das Ufer. Unsere Tour führt noch weiter rechtselbisch durch Pratzschwitz, Birkwitz und Söbrigen bis Pillnitz. Hier setzen wir mit der Fähre über, rollen auf der anderen Seite ein Stückchen wieder zurück, biegen rechts ab und gelangen wieder zurück zum Camp.

Was für eine Kulisse für unsere Radtour: Wir radeln zwischen Rathen und Wehlen direkt unterhalb der phantastischen Felsformationen des Elbsandsteingebirges. Am berühmtesten ist die Bastei mit Brücke und einer Aussichtsplattform. Hier ist ein Stopp mit anschließendem Aufstieg absolut Pflicht!

Seit dem 18. Jh sorgt **Schloss Pillnitz** für eine unverwechselbare Silhouette an der Elbe. Mehr über die Residenz erfahren wir im **Schlossmuseum**, das in den Räumen des Neuen Palais untergebracht ist. Das **Berg- und Wasserpalais** bietet Platz für das Kunstgewerbemuseum der Staatlichen Sammlungen. Nach all´ der Pracht entspannen wir uns im riesigen Park und statten dem Palmenhaus einen Besuch ab. Wer das Glück hat, im Frühling hier zu sein, genießt den Anblick von unzähligen Blüten an der 230 Jahre alten und fast 9 m hohen **Kamelie**.

Kartentipp:
ADFC-Regionalkarte Dresden und Umgebung, 1:75.000,
ISBN 978-3-87073-750-4, € 8,95
Digital für Smartphones und Tablets:
www.fahrrad-buecher-karten.de/rk-digital

65 Elbetal, Prießnitztal, Moritzburg – mehr Idylle geht nicht!

Vom **Dresden/Wostra** nach Moritzburg

CamperTouren Info

73 km, überwiegend auf separaten Radwegen, Radwegen neben der Straße sowie auf Nebenstraßen. Im ersten Drittel eine langgezogene Steigung mit über 100 Höhenmeter, dann keine Steigungen mehr. Regionale Wegweisung

Start / Ziel: Campingplatz Wostra in Dresden, www.dresden.de/de/leben/sport-und-freizeit/sport/campingplatz.php?shortcut=campingplatz

Auswahl weiterer Camps an der Strecke: Wohnmobilstellplätze in Dresden am Sachsenplatz, an der Wiesentorstraße und am Blüherpark, Campingplatz Oberer Waldteich in Boxdorf, Wohnmobilstellplatz Schloss Moritzburg, Stellplatz Werner Knopf und CaravaningPark schaffer-mobil in Dresden

Vor den Toren Dresdens liegt die Moritzburg mit einem Schloss, das ohne jeden Zweifel eines der schönsten Europas ist. Auf dem Weg von unserem Camp dorthin müssen wir eine ordentliche Steigung bewältigen, das Ziel entschädigt aber diese Mühen.

Der überschaubare **Campingplatz Wostra** liegt etwas außerhalb der Touristen-Metropole Dresden. In dichtes Grün eingebettet finden wir im Schatten von Bäumen und Hecken schöne Stellplätze auf satt-grüner Wiese. Direkt am Platz liegt der kleine **Bade-**

Schloss Moritzburg ist mehr als nur eine Reise wert

see Wostra mit einem FKK-Strandbad. Für uns Radler könnte die Lage des Platzes nicht besser sein, denn mit nur wenigen Pedalumdrehungen sind wir auf dem Elbe-Radweg, einem der beliebtesten Fernradwege Deutschlands.

Los geht´s an der Ausfahrt des Camps, von der wir links abbiegen und zum Elbeufer rollen. Hier biegen wieder links ab und folgen dem Elbe-Radweg flussabwärts. Etwa 800 m, nachdem wir unter der Waldschlößchenbrücke hindurch geradelt sind, biegen wir rechts ab und überqueren mittels Fähre die Elbe. Am anderen Ufer links, gleich wieder rechts (Diakonissenweg), nochmals links Bautzener Straße und schräg rechts Prießnitzstraße. In der Kurve links Louisenstraße, zweite rechts Kamenzer Straße, die später „An der Prießnitz" heißt und deutlich ansteigt. Geradeaus über die Staufenbergallee in den Prießnitzgrundweg. Nach einiger Zeit gabelt sich der Weg (etwa bei Gesamtkilometer 19,3). Dort wählen wir den linken Weg, der über die Schienen hinweg hinein mit Steigung nach Klotzsche führt. Geradeaus über die Königsbrücker Landstraße, links in die Kieler und rechts in die Karl-Marx-Straße. Vor dem Flughafen links auf den Radweg neben der Hermann-Reichelt-Straße, die hinter der Autobahn Wilschdorfer Landstraße heißt. Hier ist der höchste Punkt der Tour erreicht. Später wechselt der Radweg die Straßenseite und verläuft durch Boxdorf. Am Ortsende rechts und dann den Schildern folgend über die Alte Dresdner Straße nach Moritzburg.

Bevor wir den Stadtbereich verlassen, radeln wir vorbei am **Militärhistorischen Museum**. Dies erstreckt sich neben der Garnisonkirche und der Offizierschule des Heeres.

Wir fahren durch das Prießnitztal – es geht zwar deutlich bergauf, dafür radeln wir aber durch wunderbare Natur an der Prießnitz entlang. Das Flüsschen **Prießnitz** ist nur rund 25 km lang, doch der Teil, den wir hier kennenlernen ist wunderschön: In teils engen Kurven verläuft sie durch die **Dresdner Heide**, die schon fast aussieht wie ein Urwald.

Etwas links von unserem Talweg liegt das Institut für Arbeit und Gesundheit der Deutschen Gesetzlichen Unfallversicherung. Ein **Bildungszentrum** auf dem Gelände der ehe-

Hoch über Radebeul thront das Spitzhaus

maligen Sächsischen Landesschule, das eine Zeit lang als Kaserne genutzt wurde. Hier finden sich Experten aus ganz Deutschland ein, um sich in Themen des Arbeits- und Gesundheitsschutzes fortzubilden. Direkt daneben liegt die Fabrik eines namhaften Herstellers für Computerchips.

Klotzsche hat sich zu einem äußerst sehenswerten Vorort von Dresden entwickelt. Rund um das Rathaus finden wir eine ganze Reihe bestens restaurierter **Villen**, die mitunter aus der Zeit des Jugendstils stammen.

Unweit unseres Weges liegt der Stadtteil Hellerau. Möbelfabrikant Karl Schmidt gründete hier 1909 die **Gartenstadtsiedlung** Hellerau mit den „Dresdner Werkstätten für Handwerkskunst". Die Grundidee war seinerzeit die Einheit von Wohnen und Arbeit, Kultur und Bildung. So wurden weite Wege vermieden – schon vor weit über 100 Jahren der richtige Ansatz, der derzeit so aktuell ist wie selten zuvor.

Rund 100 Höhenmeter haben wir geschafft seit unserer Abkehr vom Elbtal. Eine ideale Lage also, um einen **Flughafen** zu bauen. Schon in der Weimarer Republik wurden hier Militärpiloten ausgebildet. Inzwischen ist es einer der wichtigsten Zivilflughäfen der Republik.

Tipp: Wer einmal den richtigen „Überblick" genießen möchte, steuert die ehemalige Turmholländer-Windmühle von Boxdorf an. Inzwischen wurde sie mit einer massiven Aussichtsplattform „gedeckelt".

In erhabener Lage thront die 47 m hohe **Moritzburger Kirche**. Sie blickt hinunter auf eine sehr sehenswerte Innenstadt mit alten Bauern- und Wohnhäusern, Villen, Rathaus und weiteren historischen Gebäuden. Dazu gehört auch der Rüdenhof mit einer **Käthe-Kollwitz-Gedenkstätte** sowie das Straßenwärterhaus in dem heute ein Café untergebracht ist.

Unser eigentliches Ziel der Tour ist aber natürlich **Schloss Moritzburg**, das malerisch auf einer Insel mitten im Teich liegt. Wir könnten uns Stunden hier aufhalten, ohne alles gesehen zu haben, denn die Liste der Sehenswürdigkeiten ist lang: Moritzburger Teiche, Hafenanlage mit Leuchtturm, Parkanlage, Brunnen mit Grotte, Schlossgarten, Hellhaus, Fasanenschlösschen („Marcolinihaus"),mit Fasanerie und Fasanengarten, historischem Wildgehege, Waldschänke („Torwärterhaus")... ach, ist das schön hier!

Weiter geht´s von Moritzburg, das wir via „Markt" und Kötzschenbrodaer Straße verlassen. Wir rollen am Dippelsdorfer Teich entlang zum gleichnamigen Ort und weiter an Buchholz vorbei nach Friedewald. Nun wird es rasant, denn unser Weg führt auf den nächsten Kilometern bergab. Den Schildern folgend gelangen wir so nach Radebeul (Niederlößnitz/Kötschenbroda), das wir geradlinig auf der Moritzburger und der Bahnhofstraße durchfahren. Nachdem wir die Schienen unterquert haben, an der Festwiese links zum Ufer der Elbe, dem wir ein Stückchen flussabwärts folgen. Nachdem wir mit Bahn und Straße die Elbe überquert haben, gesellen wir uns wieder ans Ufer und radeln flussaufwärts. Die Schilder des Elbe-Radwegs lotsen uns zuverlässig und meist in Ufernähe über rund 26 km bis zurück zum Camp. Das erreichen wir, wenn wir rund 1,7 km nach der Pillnitz-Fähre links vom Elbe-Radweg abbiegen.

Seit dem 16. Jh gibt es den **Dippelsdorfer Teich**, der aus dem aufgestauten Lößnitzbach entsteht. Spektakulär fährt die Lößnitzgrundbahn auf einem 210 m langen Damm mitten „durch" das Wasser.

Die Schmalspurbahn nach Radebeul ist auch eine der Hauptattraktionen von Dippelsdorf. Dazu gehört auch das **Empfangsgebäude** des Bahnhofs Friedewald-Bad. Drum herum entdecken wir eine ganze Reihe alter Villen.

In Radebeul machen wir einen Abstecher in den Wilden Westen, denn in der **Villa Shatterhand** ist ein Museum für den berühmten Schriftsteller **Karl May** eingerichtet. Das Blockhaus im Garten nennt sich Villa Bärenfett, in ihr ist ein Indianer-Museum untergebracht. Der Autor selbst fand mit seiner Gattin die letzte Ruhestätte auf dem östlichen Friedhof in einem Nike-Tempel.

Nicht weit entfernt liegen **Schloss Hoflößnitz** mit kostbaren Wand- und Deckengemälden aus der Zeit des Frühbarock sowie weiter oben das **Spitzhaus** mit seinen Türmchen. 514 Stufen führen über die sogenannte Spitzhaustreppe dort hinauf.

Eine schöne Variante für die Rückfahrt führt uns über Kötzschenbroda. Dabei können wir uns das **Schloss Wackerbarths Ruh** mit einem barocken Garten ansehen. Der Dorfanger Kötzschenbroda hat sich zu einem beliebten Ausflugsziel entwickelt. Es ist aber auch toll, sich den **historischen Dorfkern** anzusehen und in einem Gewölbekeller einzukehren.

Kartentipp:
ADFC-Regionalkarte Dresden und Umgebung, 1:75.000,
ISBN 978-3-87073-750-4, € 8,95
Digital für Smartphones und Tablets:
www.fahrrad-buecher-karten.de/rk-digital

66 Entspannntes Gleiten durch´s Ahrtal

Von **Ahrweiler** nach Bad Bodendorf

CamperTouren Info

21 km, überwiegend auf separaten Radwegen, Radwegen neben der Straße sowie auf Nebenstraßen. Keine größeren Steigungen. Regionale Wegweisung sowie Wegweisung als Ahrtal-Radweg.

Start / Ziel: Camping „Am Ahrtor" in Ahrweiler, www.camping-ahrweiler.de

Auswahl weiterer Camps an der Strecke: Wohnmobilhafen Bad Bodendorf

Nachdem wir uns in Ahrweiler wie im Mittelalter fühlten, machen wir uns auf dem perfekt ausgebauten Ahrtal-Radweg auf den Weg Richtung Rhein. Unterwegs schauen wir uns den mondänen Kurort Bad Neuenahr an und können am Ende der Tour noch einen kleinen Abstecher zum Rhein unternehmen.

Nicht nur zu Zeiten der Weinlese ist rechtzeitiges Reservieren auf dem **Campingplatz „Am Ahrtor"** in Ahrweiler unbedingt erforderlich, denn die Lage ist wirklich einmalig: Wir postieren unseren Wohnwagen oder unser Wohnmobil unter schattigen Bäumen unmittelbar am Ufer der Ahr. Direkt vor der Platzeinfahrt verläuft der zurecht äußerst beliebte Ahrtal-Radweg und in die mittelalterliche Innenstadt von Ahrweiler brauchen wir nur über die Brücke zu flanieren.

Los geht´s an der Ausfahrt des Camps, von der wir links und gleich wieder links abbiegen, um die Ahr zu überqueren. Hinter der Brücke noch etwas entlang der Straße, dann den Schildern des Ahrtal-Radwegs folgend nach rechts zurück zum Ufer der Ahr. So gelangen wir rasch nach Bad Neuenahr.

Ahrweiler ist ein Traum: Der Name unseres Camps „Am Ahrtor" ist Programm: Nur wenige Schritte sind es von hier über die Brücke zum stattlichen **Ahrtor**, das zur bestens erhaltenen 8 m hohen **Stadtmauer** von Ahrweiler gehört. Hinter der kreisrunden Wehranlage, die weitere drei Stadttore umschließt, tauchen wir ein in lebendiges Mittelalter: Toll restaurierte **Fachwerkhäuser** säumen die teils engen Gassen der Altstadt. Aus dem Häusermeer erhebt sich die **St.-Laurentius-Kirche**, die als älteste Hallenkirche des Rheinlands gilt. Zu ihren Füßen schmücken Beete und ein Brunnen das Gotteshaus. Direkt gegenüber steht die farbenfrohe, im Spätrokoko entstandene **Stadtwache**. Vom Stadtzentrum aus ist die „**Römervilla**" ausgeschildert. Hier am Silberberg brachte man es fertig, inmitten der stark befahrenen Straßenzüge einen überdachten Museumsbau zu errichten, um die freigelegten Funde aus römischer Zeit zu präsentieren.

Gleich mehrere Heilquellen wurden rund um Bad Neuenahr erschlossen, darunter der überregional bekannte Apollinarisbrunnen. Gründe also genug, 1858 ein Heilbad zu eröffnen, das bis heute Kurgäste aus ganz Deutschland anzieht. Wer sich nicht gerade den

Weinberge wohin man sieht beiderseits der Ahr

Anwendungen widmet, besucht das **Spielcasino** und versucht, die Urlaubskasse aufzubessern. Ganz in der Nähe finden wir das hübsche **Kurhaus** mit einem einladenden **Kurpark**.

Weiter geht´s von Bad Neuenahr weiter auf dem bestens gekennzeichneten und ausgebauten Ahrtal-Radweg. Dieser bleibt stets in der Nähe des Flusses und geleitet uns unterhalb der A61-Brücke zu den Toren von Heimersheim. Später biegen wir links vom Radweg ab und folgen der Bäderstraße zum Bahnhof von Bad Bodendorf. Von hier können wir mit der Bahn wieder zurück nach Ahrweiler fahren. Weil die Strecke aber so wunderbar flach und schön ist, radeln wir auf dem Ahrtal-Radweg wieder zurück zum Camp.

Das Ziel unserer Radtour ist der kleine Ort Bad Bodendorf, der das „Bad" inzwischen als Teil des Ortsnamens führt. Das „Tor zum Ahrtal", wie Bodendorf auch gerne genannt wird, gefällt uns mit seinem **historischen Ortskern**, der von Fachwerkhäusern geprägt wird. Ganz in der Nähe des Bahnhofs beginnt auch der **Rotweinwanderweg**, der mit herrlichen Aussichten bis Altenahr führt.

Tipp: Von Bad Bodendorf sind es nur noch ein paar Radel-Minuten bis nach Sinzig mit seiner einladenden Innenstadt sowie bis zur **Mündung** der Ahr in den Rhein bei Kripp. Hier haben wir Anschluss an den **Rhein-Radweg**, der flussaufwärts nach Koblenz und flussabwärts nach Bonn führt. Bei letzter Variante radeln wir auf bester Trasse unterhalb des **Siebengebirges** mit dem phantastischen Drachenfels.

Kartentipp:
ADFC-Regionalkarte Köln/Bonn, 1:75.000,
ISBN 978-3-87073-879-2, € 8,95
Digital für Smartphones und Tablets:
www.fahrrad-buecher-karten.de/rk-digital

67 Der Quelle entgegen

Von **Ahrweiler** nach Brück

CamperTouren Info

18 km, überwiegend auf separaten Radwegen, Radwegen neben der Straße sowie auf Nebenstraßen. Einige kurze, knackige, aber nicht allzu anstrengende Steigungen. Regionale Wegweisung sowie Wegweisung als Ahrtal-Radweg.

Start / Ziel: Camping „Am Ahrtor" in Ahrweiler, www.camping-ahrweiler.de

Auswahl weiterer Camps an der Strecke: Camping Dernau, Wohnmobilstellplatz Rech, Campingplatz zur Burgwiese, Wohnmobilstellplatz Mayschoß, Camping Altenahr, Camping Viktoria Station, Europacamping Am Alten Wehr, Campingplatz Gut Pützfeld, Campingplatz Schuld

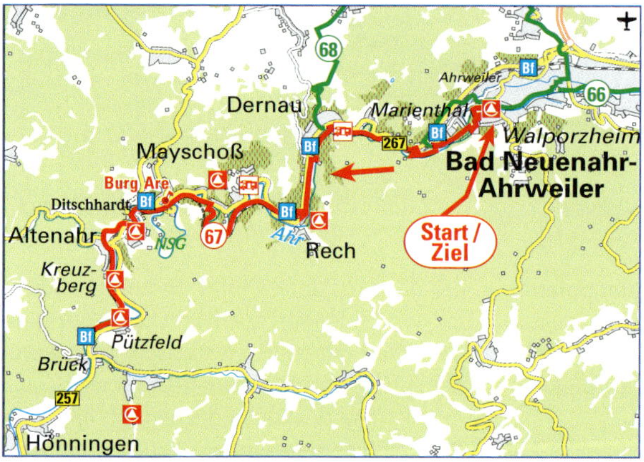

Die große Anzahl an Camping- und Wohnmobilplätzen ist ein gutes Indiz: Wir sind in einer äußerst beliebten Ausflugs- und Ferienregion unterwegs. Es ist aber auch einfach schön: Auf dem perfekt ausgebauten Ahrtal-Radweg radeln wir weitgehend ohne Steigungen und Verkehr zu Füßen dichter Weinberge. Dabei passieren wir sehenswerte Weinorte mit unzähligen Einkehrmöglichkeiten.

Los geht´s an der Ausfahrt des Camps, von der wir rechts abbiegen und schon direkt auf dem Ahrtal-Radweg rollen. Dieser führt uns auf bester Trasse und perfekt beschildert mal rechts, mal links neben der Ahr vorbei an Walporzheim und Marienthal nach Dernau. Die Weinorte Rech und Mayschoß liegen auf unserem weiteren Weg nach Altenahr.

Bei Walporzheim radeln wir an der Felsformation „**Bunte Kuh**" vorbei – Phantasie ist gefragt! Das größte und bekannteste Bauwerk Marienthals ist die Ruine der **Klosterkirche**. Sie stammt aus jener Zeit, als 40 Augustinerinnen hier im Kloster lebten und eine Bäckerei, eine Brennerei und sieben Werkstätten unterhielten.

Das benachbarte Mayschoß ist einer der bekanntesten Weinorte des Ahrtals. Gerne steigen die Gäste hier ab, genießen die kleinen Gassen mit den Weinlokalen, steigen auf zur **Burgruine Saffenburg** oder herab in den **Historischen Weinkeller** bzw. besuchen das Weinbaumuseum. 1868 wurde die **Winzergenossenschaft** gegründet, die damit als älteste Deutschlands gilt. Speziell für uns Radler und Fußgänger wurde die **St.-Anna-Brücke** im Jahre 2005 fertiggestellt. Das wunderbare Bauwerk ist die längste „Ganzstammbrücke" Deutschlands und sogar überdacht – ein ganz besonderes Fotomotiv!

Und unser Radweg bleibt außergewöhnlich, denn er führt uns durch das **Naturschutzgebiet „Ahrschleife bei Altenahr"** mit teils spektakulären Aussichten!

Altenahr ist einer der touristischen Hotspots des Ahrtals. Wein- und Tanzlokale, Restaurants, Cafés und weitere Einkehrmöglichkeiten laden uns ein zu einem längeren Aufenthalt. Über allem wacht die große Ruine der **Burg Are** in schwindelerregender Höhe. Wer selbst den Überblick sucht, steigt in den **Sessellift** und lässt sich bequem 164 m nach oben auf den Ditschhardt liften.

Weiter geht´s von Altenahr weiter auf dem Ahrtal-Radweg über Kreuzberg und vorbei an Pützfeld nach Brück. Hier endet unsere Tour am Bahnhof. Die Ahrtalbahn bringt uns bequem wieder retour nach Ahrweiler, wo es vom Bahnhof nicht weit zum Camp ist.

Tipp: Es waren nur rund 18 km bis hierher nach Brück. Die Strecke war schön, der Radweg bestens ausgebaut. Was also spricht dagegen, dieselbe Strecke wieder nach Ahrweiler mit dem **Rad** zurück zu radeln?

Es ist wirklich spürbar: Sobald wir das quirlige Zentrum von Altenahr verlassen haben, wird es deutlich ruhiger. So rollen wir entspannt an einigen Campingplätzen vorbei und passieren die Orte Kreuzberg und Pützfeld, ehe wir in Brück das Ende der Tour erreichen.

Das Ahrtor gibt dem Campingplatz seinen Namen

Zwischendurch winkt uns unübersehbar **Burg Kreuzberg** von ihrer erhabenen Lage auf dem Berg zu. Das Felsplateau ist dreieckig und fällt steil zur Seite unseres Radwegs ab. Die Burg nutzt nahezu jeden Zentimeter auf der Klippe. Wer mag, rollt nach Belieben weiter der **Quelle** entgegen. Dabei kommen wir durch sehenswerte Orte wie Hönningen, Dümpelfeld, Schuld oder Blankenheim, wo wir die Quelle der Ahr erreichen.

Kartentipp:
ADFC-Regionalkarte Köln/Bonn, 1:75.000,
ISBN 978-3-87073-879-2, € 8,95
Digital für Smartphones und Tablets:
www.fahrrad-buecher-karten.de/rk-digital

68 Spektakuläre Aussichten

Von **Ahrweiler** nach Holzweiler

CamperTouren Info

20 km, überwiegend auf separaten Radwegen, Radwegen neben der Straße sowie auf Nebenstraßen. Im ersten Drittel eine schwere, dann einige kleinere Steigungen. Regionale Wegweisung

Start / Ziel: Camping „Am Ahrtor" in Ahrweiler, www.camping-ahrweiler.de

Auswahl weiterer Camps an der Strecke: Wohnmobilstellplatz Camping Dernau

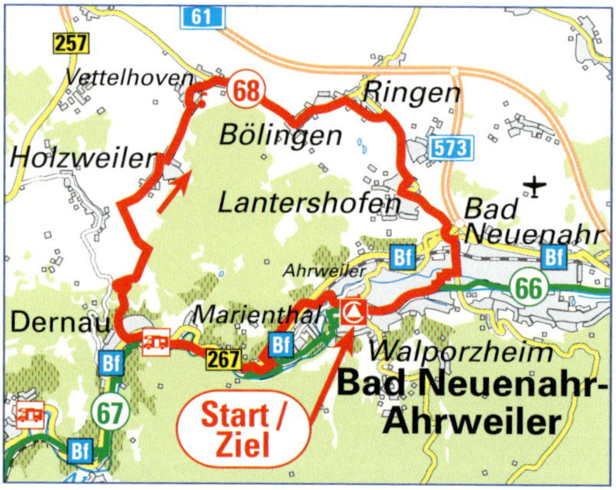

Die 20 km klingen nach einer entspannten, kurzen Rundtour. Ein Blick auf´s Streckenprofil zeigt jedoch: Eine gewisse Grundkondition – oder alternativ ein E-Bike - sollte schon vorhanden sein, denn es geht bei Dernau mächtig bergauf. Der Preis für die Qual ist eine unglaubliche Aussicht über das herrliche Ahrtal.

Der Ahrtal-Radweg ist schon für sich allein genommen ein echter „Rad-Klassiker". Wer genügend Zeit hat, kann hier, im Westen Deutschlands, eine größere und außergewöhnliche Radtour fahren: Der **„Drei-Flüsse-Radweg"** kombiniert die Flussradwege miteinander, die an Ahr, Erft und Rhein entlang führen zu einem rund 300 km langen Rundkurs. Dafür folgen wir erst der Ahr bis hinauf zur Quelle in der Eifel, wechseln dann ans Ufer der Erft, die uns flussabwärts bis Neuss bringt. Dort erfolgt der Umstieg in den Rhein-Radweg, auf dem wir zurück nach Sinzig an der Mündung der Ahr gelangen.

Los geht´s an der Ausfahrt des Camps, von der wir links und gleich wieder links über die Brücke abbiegen. Dann rollen wir links durch das Ahrtor und dahinter gleich wieder links an der Stadtmauer entlang. Bei dem großen Parkplatz passieren wir die Stadtmauer nach rechts, umfahren den Parkplatz und verlassen diesen schnurgerade über die Bahnschiene und die Bundesstraße hinweg. Direkt hinter der Bundesstraße links „Am Weiherberg". So kommen wir an der Römervilla und an der Gedenkstätte für den ehemaligen Regierungsbunker vorbei. Auch dahinter bleiben wir noch ein Stück neben Bahn und Straße, bevor wir beide nach links queren können, An der Walporzheimer Straße rechts und dann durch den Ort, bis wir Anschluss an den Ahr-Radweg haben. Dieser führt und rasch nach Dernau.

Hier können wir uns stundenlang aufhalten: Die alte **Römervilla** erzählt von längst vergangener Zeit und die **Gedenkstätte zum Regierungsbunker** daneben von einer Zeit, die auch zum Glück vorbei ist. Der eigentliche Regierungsbunker liegt ein Stück den Silberberg hinauf. Er ist ein Relikt aus dem Kalten Krieg: Falls es einen Atomschlag geben sollte, konnten seinerzeit bis zu 3.000 ausgewählte Regierungsvertreter hierher ins Ahrtal „flüchten". Damit die „Elite" vor einem Atomangriff geschützt war, legte man ein sage und schreibe 17 km langes Tunnelsystem an. Inzwischen wurde der Bunker rückgebaut, die ersten 200 m sind für uns zugänglich als **Dokumentationsstätte**. Am Ostportal wurde ein Freilichtmuseum etabliert, die diese

Schloss Vettelhofen lockt zu einem Fotostopp nach dem langen Aufstieg

„Stadt im Berg", wir sie auch genannt wurde, erinnert.

Weiter geht´s von Dernau, wo wir den Ahrtal-Radweg genau gegenüber der Ahrbrücke verlassen. Mit links und rechts abbiegen gelangen wir auf die Bachstraße, die sich durch den Ort schlängelt und ab den letzten Häusern mächtig ansteigt. 140 Höhenmeter auf rund 1,3 km Länge: Das sorgt für Schweiß, nicht nur auf der Stirn. Auf einer Betonpiste gelangen wir nach Holzweiler und biegen bei Vettelhoven rechts ab. Durch Bölingen, Ringen und Lantershofen rollen wir entspannt wieder hinunter ins Ahrtal. In Bad Neuenahr peilen wir das Ufer der Ahr an. Hier haben wir Anschluss an den Ahrtal-Radweg, der uns zielsicher wieder zurück zum Camp geleitet.

Nach dem qualvollen Aufstieg werden wir mit herrlichen **Aussichten** und einem schönen **Rastplatz** belohnt. Das Ahrtal zu Füßen – so erkennen wir erst richtig, wie ausgedehnt hier der **Weinanbau** betrieben wird.

Tipp: Wer auf dem Weg aus dem Ahrtal hinauf auf den Berg nicht genug ins Schwitzen kam, besucht in Holzweiler die überregional bekannte **Panoramasauna**. Andere sehen sich vielleicht lieber die **Kirche Sankt Martin** an.

Schön anzusehen ist **Schloss Vettelhoven**, das sich inmitten eines dichten Waldes erhebt. Die Orte, die wir durchradeln, gefallen uns mit den kleinen, teils mit Fachwerk versehenen alten Häusern.

Oberhalb von Ringen hat der „Herr der Gummibärchen" ein neues Zuhause gefunden: Die Produktionsstätte von **Haribo** ist nicht zu übersehen.

Kartentipp:
ADFC-Regionalkarte Köln/Bonn, 1:75.000,
ISBN 978-3-87073-879-2, € 8,95
Digital für Smartphones und Tablets:
www.fahrrad-buecher-karten.de/rk-digital

69 Besuchermagnet in den Weinbergen

VonTreis-Karden nach Cochem

CamperTouren Info

23 km, überwiegend auf separaten Radwegen, Radwegen neben der Straße sowie auf Nebenstraßen. Bis Cochem keine Steigungen, beim Rückweg auf der anderen Moselseite einige kurze, aber nicht allzu anstrengende Steigungen. Regionale Wegweisung sowie Radwegeschilder „Mosel-Radweg".

Start / Ziel: Campingplatz Mosel-Islands in Treis-Karden, www.mosel-islands.de

Auswahl weiterer Camps an der Strecke: Campingplatz Pommern, Mosel-Camping Cochem-Cond, Wohnmobilstellplatz am Freizeitzentrum Cochem, Wohnmobilstellplatz an der Nordbrücke Cochem, Stellplatz Teneshaus Cochem

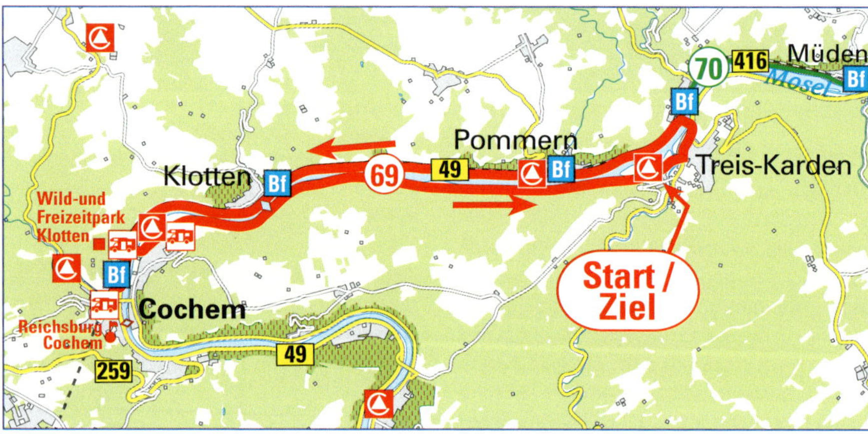

Die Mosel ist seit Jahrzehnten ein beliebtes Ziel für Urlauber und Ausflügler. Einer der absoluten Besucher-Hotspots ist Cochem. Doch was zieht die Gäste hier so magisch an? Die Burg? Die Altstadt? Der Wein? Die Wander- und Radwege? Wir werden uns auf dieser Radtour selbst ein Bild machen – und bestimmt begeistert sein!

Besser kann ein Campingplatz nicht liegen – **Mosel Islands** macht dem Namen alle Ehre: Auf einer Insel inmitten der Mosel liegt diese grüne Oase mit vielen Stellplätzen, von denen aus das rege Treiben auf dem Wasser bestens zu beobachten ist. Wer sein eigenes Boot dabei hat, wird den angeschlossenen Yachthafen zu schätzen wissen. Alle anderen genießen die 5-Sterne-Anlage im eigenen Bett oder in einem der Schlaf-Fässer – noch typischer kann man in einem Weinort nicht übernachten!

Los geht´s an der Ausfahrt des Camps, an der wir links abbiegen, nach Treis-Karden rollen und dort mit der Brücke die Mosel überqueren. Ab hier folgen wir dem bestens beschilderten Mosel-Radweg flussaufwärts vorbei an Pommern und Klotten bis Cochem.

Auf „unserer" Moselseite kommen wir zunächst durch den Ortsteil Treis, der gleich zwei **Burgruinen** parat hält, wobei Burg Treis auf einem schmalen Bergrücken besonders

Schnell wird klar, warum Cochem so beliebt bei den Gästen ist

spektakulär liegt. Die ältesten Teile der **Kirche St. Castor** von Karden stammen von 1072. Sie geht auf eine Stiftskirche zurück, was wir im **Stiftsmuseum** nachvollziehen können.

Der **Mosel-Radweg** verläuft meist direkt neben der Straße, dennoch haben wir meist ausreichend Platz zum Radeln und so bleibt auch die Gelegenheit, sich die herrliche Landschaft um uns herum anzusehen.

In Pommern lockt die Kirche St. Stefan zu einem Stopp. Nebenan liegen das älteste Pfarrhaus des Bistums Trier und der Himmeroder Hof, der 1550 als klösterlicher Wirtschaftshof entstand.

Schöne kleine **Fachwerkhäuser** gesellen sich rund um die Kirche St. Maximin von Klotten. Der Ort war einst bekannt für die Verarbeitung und den Transport von Moselschiefer.

Bei Klotten besteht die Möglichkeit, einen Abstecher zum gleichnamigen **Wild- und Freizeitpark** zu unternehmen. Wer die rund 3 km bergauf geschafft hat, kann mehr als 100 Tier- und Vogelarten beobachten oder sich einem der rasanten Fahrvergnügen hingeben. 15 Fahrgeschäfte bieten einen Adrenalinkick.

Bis zu 20.000 Besucher pro Tag können nicht irren: Cochem ist immer eine Reise wert! Wir gelangen durch das **Enderttor**, einem der drei noch erhaltenen Tore, in die City. Innerhalb der Stadtmauer bietet sich ein Füllhorn der Sehenswürdigkeiten: Fachwerkgeschmückte Winzerhäuser, teils mit herrlichen Weinterrassen, locken in der **Altstadt** zum Staunen und Einkehren. Die schönsten Häuser gesellen sich rund um den **Markt**. Hier stehen auch das doppelstöckige **Barockrathaus** und die **Pfarrkirche St. Martin**.

Nicht zu übersehen ist das Wahrzeichen Cochems, die Reichsburg. In der Burgschänke erholen wir uns vom Aufstieg und lassen uns bei einer Führung alles Wissenswerte zur Burg erklären. Auf der anderen Talseite erblicken wir das „**Pinner Kreuz**", deren Namen an einen abgestürzten Schäfer erinnern soll. Nach oben gelangen wir per pedes oder bequem mit dem Sessellift.

Weiter geht´s von Cochem ein Stück auf dem Mosel-Radweg wieder zurück, dann über die Brücke. Auf der anderen Seite bleiben wir stets auf dem hügeligen Weg entlang der Mosel und gelangen so zurück zum Camp.

Tipp: Bei der Rückfahrt auf der anderen Moselseite müssen wir einige **Hügel** überwinden. Das ist zwar nicht besonders anstrengend, aber dennoch sollten weniger sportliche Naturen oder Familien mit Kindern in Erwägung ziehen, genauso wieder retour zu radeln, wie wir herkamen, nämlich auf dem „offiziellen" Mosel-Radweg.

Kartentipp:
ADFC-Regionalkarte Koblenz/Bonn/Mainz/Mittelrhein, 1:75.000,
ISBN 978-3-87073-735-1, € 8,95
Digital für Smartphones und Tablets:
www.fahrrad-buecher-karten.de/rk-digital

70 An Mutter Mosel entlang zum Vater Rhein

Von **Treis-Karden** nach Koblenz

CamperTouren Info

42 km, überwiegend auf separaten Radwegen, Radwegen neben der Straße sowie auf Nebenstraßen. Bis Putbus keine größeren Steigungen, dann einige kurze, knackige Steigungen. Regionale Wegweisung

Start / Ziel: Campingplatz Mosel-Islands in Treis-Karden, www.mosel-islands.de

Auswahl weiterer Camps an der Strecke: Campingplatz Zur Burg Elz, Wohnmobil-Stellplatz in Müden, Knaus-Campingpark Burgen, Camping Burgen, Stellplatz an der Salzwiese Brodenbach, Campinginsel Sonnenwert, Stellplatz an der Moselstraße Alken, Stellplatz im Moselvorland Kobern-Gondorf, Campingplatz Winningen, Campingplatz Gülser Moselbogen, Knaus-Campingpark Koblenz

Die große Anzahl an Campingplätzen macht es deutlich: Wir sind in einer herrlichen Region unterwegs: Zu beiden Seiten unseres Radwegs ragen Weinberge steil in die Höhe, während wir entspannt auf dem Mosel-Radweg die Pedale fliegen lassen. Auf dem Weg liegen tolle kleine und größere Weinorte, es lockt ein Abstecher zu einer imposanten Burg und an unserem Ziel in Koblenz beobachten wir am Deutschen Eck, wie sich das Wasser der Mosel mit dem des Rheins vereint.

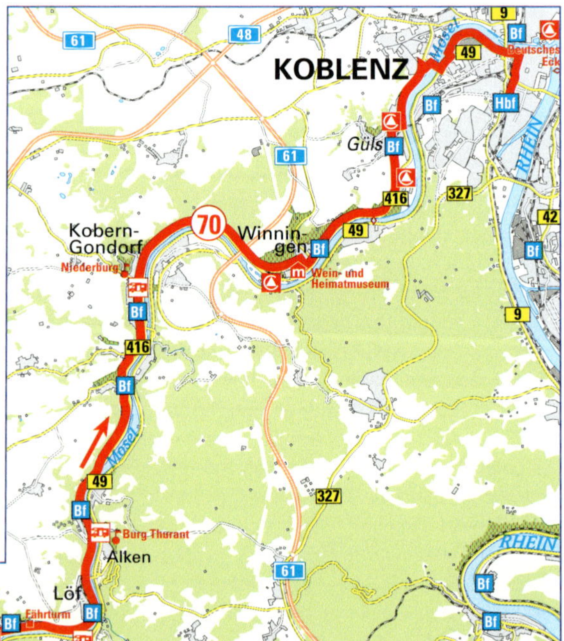

Los geht´s an der Ausfahrt des Camps, von der wir links abbiegen und via Brücke die Mosel überqueren. Auf der anderen Seite folgen wir dem Mosel-Radweg, der meist neben der Straße, dafür aber auf breiter Trasse verläuft. So kommen wir vorbei an Müden, Moselkern, Hatzenport und Löf, ehe wir Kobern-Gondorf erreichen.

Die heutige **Pfarrkirche** von Müden stammt zu meisten Teilen von 1932 mit einem tollen Fenster in der Sakristei aus dem 13.Jh. Im **Halfenhaus** rasteten einst die Moselschiffer.

An der Mündung des Elzbaches liegt das Örtchen Moselkern, das bereits seit fränkisch-karolingischer Zeit besiedelt war. Sehenswert sind die **Pfarrkirche St. Valerius** von 1781 und das ehemalige **Rathaus** von 1535, das übrigens das älteste Rathaus der Mosel ist. Schnell übersehen wird das Merowingerkreuz aus dem 7.Jh.

Gut versteckt liegt Burg Elz

Tipp: Bei Moselkern lockt ein ungemein lohnenswerter Abstecher: Den Schildern folgend geht es in das romantische Elzbachtal. Nach rund 2,5 km wird die **Ringelsteiner Mühle** erreicht. Nach einiger Zeit durch ruhige Natur taucht aus dem Nichts oberhalb der Lichtung zunächst **Burg Eltz** auf, die, wie Victor Hugo sagte, „hoch, großartig, fremd und düster" erscheint. Bis 1650 entstanden sieben turmähnliche Bauten, die ineinander verwoben und bis zu sieben Stockwerke hoch sind. So empfängt uns heute ein auf den ersten Blick völlig wirres Zusammenspiel verschiedener Erker, Giebeln, Portalen, Türmchen und anderen architektonischen Einfällen. Burg Eltz ist damit eine der wenigen Burgen Europas, die niemals zerstört wurde. Während die Kinder vom **Rittersaal**, den Ritterrüstungen und den alten Waffen begeistert sind, gibt es für die Erwachsenen in den Kellergewölben eine gut ausgestattete **Schatzkammer** zu entdecken. Übrigens: Kommt Ihnen die Burg nicht doch irgendwie bekannt vor, obwohl Sie nie hier waren? Kein Wunder - Sie zierte einst den 500-DM-Schein!

An der Burgruine Bischofsstein vorbei wird Hatzenport rasch erreicht, bei dem der schöne **Bruchstein-Fährturm** auffällt. Quasi in der „zweiten Reihe" steht die **Pfarrkirche St. Rochus**, ebenfalls aus Bruchstein.

Am anderen Moselufer liegt das schon von Römern besiedelte Alken. Innerhalb der ehemaligen Stadtbefestigung, von der noch zwei **Türme**, darunter das **Fallertor**, erhalten sind, gibt es gleich zwei Pfarrkirchen mit dem Namen St. Michael. Über dem Ort thront Burg Thurandt, die 1246 Schauplatz einer zweijährigen Belagerung durch die Truppen der Erzbischöfe war.

Durch die Burg von Kobern-Gondorf wurde die Bundesstraße hindurch gebaut. Dieser Teil der Burg wird auch das Schloss von der Leyen genannt. Sie ist quasi der „zweite Bauabschnitt" der gesamten Anlage, deren erster Teil die Niederburg ist. Das Schild an der **Oberburg** kündet davon, dass die Adeligen eine saubere Karriere hinlegten: 1653 in den Freiherrenstand, 1711 in den Grafenstand und 1806 in den Reichsfürstenstand.

Zur Niederburg gehörte die **St. Laurentiuskapelle**. An dieser Stelle bestatteten bereits die Kelten, die Römer und die Franken ihre Toten.

Weiter geht´s von Kobern-Gondorf unter der beeindruckenden Autobahnbrücke her nach Winningen. Nachdem wir bei Güls die ersten

Häuser von Koblenz erreicht haben, wechseln wir das Moselufer und bleiben dann wieder direkt in Flussnähe. Später zweigt der Radweg den Regionalschildern folgend rechts ab zum Hauptbahnhof von Koblenz. Nur wenige Minuten weiter der Mosel entlang liegt das Deutsche Eck mit der Mosel-Mündung. Vom Hauptbahnhof aus sind wir mit der Bahn in einer knappen dreiviertel Stunde in Treis-Karden. Vom dortigen Bahnhof sind es dann nur noch wenige Kurbel-Umdrehungen zurück zum Camp.

In schwindelerregender Höhe sausen über uns die Fahrzeuge über die **Moseltal-Brücke** der A61, während wir weiter auf dem bestens ausgebauten und gekennzeichnete Mosel-Radweg unterwegs sind und den nächsten Weinort erreichen:

Winningen wirbt mit dem Slogan: „Das erste Weindorf im Moseltal" und wurde aufgrund seiner hübschen alten Gassen mehrfach prämiert. Am Moselufer locken der **Weinhex-Brunnen** und die Freizeitanlagen, neben den Bahnschienen finden sich mit dem **Horntor** ein Rest der Bewehrung und das Hofgut der Freiherren von Heddesdorf (1840). Im Ortskern gibt es neben zahlreichen Fachwerkhäusern eine Kirche zu sehen, deren älteste Teile von 1200 stammen. Das **Wein- und Heimatmuseum** zeigt nicht nur Interessantes zum Wein, sondern auch Infos über Hexenprozesse und Exponate zum Winninger Ehrenbürger Dr.h.c. August Horch, dem Gründer der Horch- und Audi-Werke.

Gleich zwei Kirchen namens St. Severatius hat Güls zu bieten, das erst seit 1969 zu Koblenz gehört. Die ältere der beiden basiert auf einer Basilika aus dem 13.Jh., wobei die Ausmalungen um 1960 restauriert wurden. Die zweite, spitzhelmgekrönte Kirche wurde um 1840 erbaut. Wer Güls intensiver erleben mag, geht ins örtliche **Heimatmuseum**.

Könnten wir die Mosel schöner verabschieden als in der altehrwürdigen Stadt Koblenz? Funde deuten auf eine Besiedlung an dieser Stelle um 1000 v.Chr. hin. Belegt ist das „apud Confluences", ein römisches Erdkastell von 14-37 n.Chr., das allerdings nicht lange bestand. Nachdem auch diese durch die Franken zerstört wurde, legte man eine mit 19 Türmen gesicherte spätrömische Befestigung an. Vom Verlauf der Wehrmauern zeugen heute die Straßen Altengraben, Am Plan, Entenpfuhl und Kompfortstraße.

Das wichtigste Ziel in Koblenz ist natürlich das Deutsche Eck. Dessen Name ist nicht schwer abzuleiten – an dieser Landzunge der Moselmündung stand im 15.Jh. ein Gebäude der Deutschherrenkommende. 1897 setzte man das Reiterstandbild Wilhelms I. auf einen Sockel. Nach der Zerstörung im 2. Weltkrieg wurde zunächst 1955 ein Mahnmal der deutschen Einheit gestaltet, zunächst ohne Standbild. Der gute Wilhelm sitzt seit 1993 wieder auf seinem Ross und markiert das Wahrzeichen der Stadt.

Auf der anderen Rheinseite liegt die Festung Ehrenbreitstein würdevoll und schützend hoch über dem Tal. Um dorthin zu gelangen, können wir entweder die Pfaffendorfer Brücke oder die Personenfähre wählen. Beides endet in einem schweißtreibenden Aufstieg. Daher wählen wir die attraktivste Lösung mit Nervenkitzel: Wir steigen neben dem Deutschen Eck in die Bergbahn und lassen uns mit spektakulären Aussichten über Stadt, Rhein und Mündung hinauf gondeln.

Oben angekommen, sehen wir eine Festung imposanten Ausmaßes vor sich, die Ritter Erembert im 10.Jh. gründete. Nach einer französischen Zerstörung 1801 schufen die Preußen von 1817 und 1832 die nach Gibraltar damals zweitstärkste Bastion Europas. Wer die architektonischen Details genossen hat, kann sich für längere Zeit im Innern aufhalten, wie z.B. in der staatlichen Sammlung technischer Kulturdenkmäler.

Eingebettet in Blumenbeete verbirgt sich in einem strahlend weißen Haus das Ludwig Museum mit vorwiegend französischer Kunst. Noch ein paar Meter weiter ragt die Pfarrkirche St. Kastor empor, in der die Gebeine des heiligen Kastor von Karden gewürdigt werden. Die Kirche beherbergt ein Gnadenbild aus dem 15.Jh. und eine sehenswerte Kanzel von 1625.

Die Moseltalbrücke ist ein Meisterwerk der Ingenieurskunst

Richtung Innenstadt liegt die Florinskirche. Sie wurde im 12.Jh. auf den Resten eines römischen Stadtturmes erbaut. Die ehemalige Stiftskirche St. Florin beeindruckt mit Doppelturmfassade und fünfjochigem Langhaus.

Am Florinsmarkt erheben sich gleich mehrere alte Gebäude, unter ihnen das „Alte Kauf- und Danzhaus", in dem heute das Mittelrhein-Museum untergebracht ist. Beachten Sie auch den „Augenroller" unter der Turmuhr!

Die ehemalige kurfürstliche Burg, in der heute Stadtbibliothek und -archiv untergebracht sind, ist ohne Frage eines der eindrucksvollsten Gebäude der Stadt. Am Ort eines Römerbaus entstand zunächst ein Adelshof, ehe dieser unter Erzbischof Heinrich ab 1277 zu einer wehrhaften „Trutzburg" mit Graben und Türmen ausgebaut wurde.

Neben der Burg wird die Mosel von der Balduinsbrücke überspannt. Von den ursprünglich 13 Pfeilern wurden 1964 sechs abgerissen, um größere Schiffe passieren lassen zu können.

Römer, Franken und Karolinger hinterließen am Standort der Liebfrauenkirche ihre Spuren. Ansehen müssen wir uns auch das Rathaus, welches seit 1895 im ehemaligen Jesuitenkloster beheimatet ist.

Am Konrad-Adenauer-Ufer entlang kommen wir ins Grün der Kaiserin-Augusta-Anlagen. Diese Gärten, die ohne Frage zu den schönsten am langen Rhein gehören, wurden ab 1856 gestaltet und beherbergen u.a. ein Denkmal für den in Koblenz geborenen Josef Görres und eine Skulptur „Vater Rhein und Mutter Mosel". In den Anlagen eingebettet ist das ehemalige kurfürstliche Schloss, ein Schmuckstück des Klassizismus.

Kartentipp:

ADFC-Regionalkarte Koblenz/Bonn/Mainz/Mittelrhein, 1:75.000,
ISBN 978-3-87073-735-1, € 8,95
Digital für Smartphones und Tablets:
www.fahrrad-buecher-karten.de/rk-digital

71 Deutsche Historie zu Füßen des Pfälzerwaldes

Von **Bad Dürkheim** nach Neustadt an der Weinstraße und zurück

CamperTouren Info

61 km, Verkürzung möglich, überwiegend auf separaten Radwegen, Radwegen neben der Straße sowie auf Nebenstraßen. In der ersten Hälfte hügeliger Verlauf mit einigen kleineren Steigungen, dann keine größeren Steigungen mehr. Regionale Wegweisung, teils Wegweisung als Radweg Deutsche Weinstraße

Start / Ziel: Knaus Campingpark Bad Dürkheim, www.knauscamp.de/bad-duerkheim.html

Auswahl weiterer Camps an der Strecke: Campingplatz Wachenheim, Wohnmobilstellplatz Neustadt an der Weinstraße, Wohnmobilstellplatz Schreieck (St. Martin), Campingplatz Wappenschmiede

Bei dieser Tour sind wir teils auf dem Radweg Deutsche Weinstraße unterwegs. Der beschert uns nicht nur eine schöne Strecke zwischen den Weinreben, sondern auch historische Highlights. Zwischendurch locken kleinere und größere Weinorte zu lohnenswerten Aufenthalten.

Los geht´s an der Ausfahrt des Camps, an der wir wieder links und gleich wieder rechts abbiegen. Am Ende der schnurgeraden Straße links, dann rechts und den Schildern folgend Richtung Stadtmitte. Nach den ersten Häusern links in die Dr.-Kaufmann-Straße. Beim Krankenhaus rechts auf der Salinenstraße entlang des Kurparks. Später passieren wir nach links Schienen und Straße, gleich darauf beim Bahnhof nochmals über die Schienen und dann links. So gelangen wir auf den Radweg der Deutschen Weinstraße. Diesem folgen wir zunächst entlang der B271, dann durch Wachenheim, Forst. Deidesheim, Gimmeldingen und Haardt nach Neustadt an der Weinstraße.

Gleich zu Beginn der Tour dürfen wir nochmals den tollen Kurpark von Bad Dürkheim mit seinen Einrichtungen genießen.

Nachdem wir uns rund um die B271 auf den Radwegen getummelt haben, halten wir an der **Villa Rustica**. Hier wurden die Ruinen eines Römischen Gutshofs freigelegt. Die Orte Wachenheim, Deidesheim und Gimmeldingen sind überregional für ihre **Sekt- und Weinkellereien** bekannt. In Deidesheim sehen wir uns das Rathaus mit seiner repräsentativen **Freitreppe** an. Im Rathaus erklärt uns das **Museum für Weinkultur**, warum der Mensch dem Wein so zugetan ist.

Auch in Neustadt dreht sich (fast) alles um den Wein: Hier werden das **Deutsche Wein-**

Das Hambacher Schloss gilt als Wiege der Deutschen Demokratie

fest gefeiert und die Deutsche Weinkönigin gekürt. Als Gäste genießen wir eine tolle Fußgängerzone mit vielen Einkehrmöglichkeiten und einer **Altstadt** mit vielen Fachwerkhäusern. Am höchsten ragt dort seit dem 13. Jh. die **Stiftskirche** heraus. 187 Stufen führen hinauf zum romantischen **Türmerhäuschen**.

Tipp: Wer die Tour an dieser Stelle beenden möchte, steigt in Neustadt einfach in die **Bahn** und ist in wenigen Minuten wieder in Bad Dürkheim. Ebenso besteht die Möglichkeit, den Schildern nach Haßloch zu folgen und die Gesamtstrecke so deutlich zu verkürzen.

Weiter geht´s von Neustadt auf dem Radweg Deutsche Weinstraße, der noch in der Stadt deutlich ansteigt und uns dann via Hambach und Diedesfeld nach Maikammer führt. Hier verlassen wir den Themenradweg und folgen den regionalen Schildern via Lachen, Speyerdorf, Haßloch, Meckenheim nach Niederkirchen. Von hier gesellen wir uns bald wieder an die B271 und treffen auf den Weg, den wir auf dem Hinweg nahmen. Dieser bringt uns wieder zurück nach Bad Dürkheim und heraus zu unserem Camp.

Eindrucksvoll taucht über uns das **Hambacher Schloss** auf. Hier war sozusagen die „Wiege der Deutschen Demokratie": Am 27.05.1832 zogen rund 200.000 Menschen aus Neustadt hierher, um ihrem Wunsch nach Demokratie Nachdruck zu verleihen. Im Kern ging es um die nationale Freiheit Deutschlands und seiner Bürger.

Maikammer gefällt uns mit seinen vielen kleinen historischen **Winzerhöfen** und den umliegenden Weinfeldern. Nur ein paar Pedaltritte bergauf liegt St. Martin mit einem wundervollen Gewirr aus engen Gassen, an denen viele **Fachwerkhäuser** zu sehen sind.

Der Ort Haßloch ist überregional bekannt für seinen **Holidaypark**, in dem es Nervenkitzel pur gibt. Um den Abenteuerpark ausreichend zu genießen, braucht es aber schon einen ganzen Tag. Daher statten wir lieber der City einen Besuch ab und schauen uns die **Christuskirche** und die **historischen Häuser** an der Gillergasse an.

Kartentipp:
ADFC-Regionalkarte Rhein/Neckar, 1:75.000, ISBN 978-3-87073-777-1, € 8,95
Digital für Smartphones und Tablets:
www.fahrrad-buecher-karten.de/rk-digital

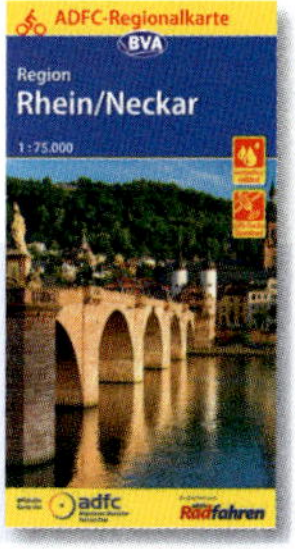

72 Rund um´s Riesenfass

Von **Bad Dürkheim** nach Freinsheim und zurück

CamperTouren Info

18 km, überwiegend auf separaten Radwegen, Radwegen neben der Straße sowie auf Nebenstraßen. Im ersten Drittel eine spürbare Steigung, dann keine größeren Steigungen mehr. Regionale Wegweisung

Start / Ziel: Knaus Campingpark Bad Dürkheim, www.knauscamp.de/bad-duerkheim.html

Auswahl weiterer Camps an der Strecke: Wohnmobilstellplatz Bad Dürkheim

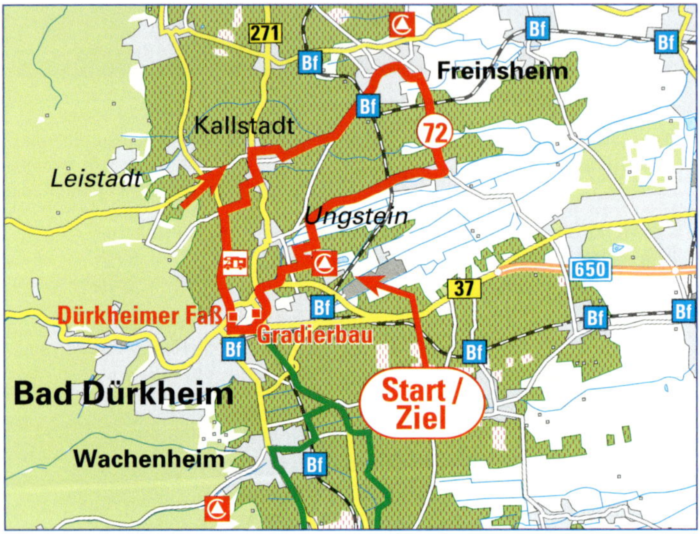

Los geht´s an der Ausfahrt des Camps, an der wir links und gleich wieder rechts abbiegen. Am Ende der schnurgeraden Straße links, dann rechts und den Schildern folgend in die Innenstadt von Bad Dürkheim. Die City verlassen wir im Kreisel Richtung Leistadt und haben direkt eine Steigung vor uns. Die Radschilder geleiten uns durch die Weinfelder und -berge vorbei an Ungstein über Kallstadt nach Freinsheim.

Die Pfalz ist ohne Frage eine der schönsten Urlaubsregionen Deutschlands: Im Hintergrund erheben sich die Berge des Pfälzerwaldes, der zur Rheinebene hin sanft abfällt. Mittendrin das üppige Grün von Weinfeldern und Obstplantagen. Genau die richtige Ecke also, für tolle Radtouren!

Der **Knaus Campingpark Bad Dürkheim** ist wunderbar gelegen: Bis in die Stadt sind es nur ein paar Minuten mit dem Rad, schon auf dem Weg dorthin radeln wir idyllisch durch Weinfelder. Im Camp gibt es einen einladenden Badesee. Wer rechtzeitig bucht, kann morgens vom Frühstückstisch aus schon die Wasservögel beobachten. Wer nicht sein eigenes Bett mitbringt, nächtigt in einem der Schlaf-Fässer – mit bester Seesicht.

Bad Dürkheim ist immer eine Reise wert: Noch bevor wir die Innenstadt erreichen, kommen wir am großartigen **Kurpark** vorbei, in dem sich das 300 m lange **Gradierwerk** erstreckt. Das Kurhaus ist in einem neoklassizistischen Gebäude untergebracht. Am Ende des großen Parkplatzes, auf dem der Wurstmarkt stattfindet, ist Staunen angesagt, denn hier steht das größte Holzfass der Welt. Im **Dürkheimer Riesenfass**, das einen (theoretischen) Inhalt von 1,7 Millionen Litern aufweist, können wir gemütlich einkehren.

Direkt hinter dem Fass geht es etwas aufwärts in die **historische Innenstadt** mit einigen toll restaurierten Gebäuden, einer Vielzahl empfehlenswerter Eisdielen und anderen Einkehrmöglichkeiten.

Die Stadtmauer beschützt Freinsheim

Tipp: Wer seine Reise flexibel planen kann, sollte sich den „Wurstmarkt“ von Bad Dürkheim nicht entgehen lassen. Der Name ist etwas irreführend, denn wir sprechen hier vom **größten Weinfest der Welt**, das jedes Jahr rund eine halbe Million Besucher anzieht. Das Camp sollte also rechtzeitig reserviert werden.

Wir sind an der **Südlichen Weinstraße** unterwegs. Schon die Römer nutzten die Region für ihren „Fernverkehr“ und wussten, es sich gut gehen zu lassen. So finden wir in dieser Region immer wieder Spuren römischer Vergangenheit, so auch zwischen Ungstein und Kallstadt: Hier fand man 1981 einen großen römischen Herrschaftskomplex. Die dazu gehörige Villa mit **Kelteranlage** wurde teils restauriert und für uns ausgeschildert.

In Kallstadt wurde einst der „**Saumagen**“

Pittoreskes in Freinsheim

erfunden. Wer zu Beginn der Tour noch nicht so üppig tafeln mag, bewundert die vielen hübschen **Winzerhöfe**, die teils mit Fachwerk ausgestattet sind.

Freinsheim ist ohne Frage eine der schönsten Städte der Region: Rund 1,3 km lang ist die **Stadtmauer** noch heute – und 11 Türme sind auch noch erhalten, so dass uns ein tolles mittelalterliches Bild empfängt. Hinter der Mauer schauen wir uns bestens restaurierte Gebäude an, unter ihnen der **Von-Busch-Hof**, das ehemalige Rathaus und den Marktplatz mit der evangelischen Kirche. Ein Highlight ist der **Vier-Röhren-Brunnen** mit einem Brunnenhaus.

Weiter geht´s von Freinsheim den Radschildern folgend nach Erpolzheim, wo wir rechts abbiegen Richtung Ungstein. Noch vor Ungstein biegen wir links ab. Bei den ersten Häusern rechts in die Altenbacher Straße, dann links P.-H.-Messer-Straße, wieder links in die Fasanerie und rechts zurück zum Camp.

Es ist kaum zu übersehen: Nicht nur Wein, sondern auch viel **Obst** wird in der Gegend angebaut, die wir heute durchradeln. In Erpolzheim gibt es dazu sogar einen **Rundwanderweg**, der im Mai für eine „Kulinarische Wanderung“ genutzt wird.

Kartentipp:
ADFC-Regionalkarte Rhein/Neckar, 1:75.000,
ISBN 978-3-87073-777-1, € 8,95
Digital für Smartphones und Tablets:
www.fahrrad-buecher-karten.de/rk-digital

73 Naturwunder Saarschleife

Von **Saarlouis** nach Mettlach

CamperTouren Info

35 km, überwiegend auf separaten Radwegen, Radwegen neben der Straße sowie auf Nebenstraßen. Keine größeren Steigungen, regionale Wegweisung

Start / Ziel: Camping Dr. Ernst Dadder in Saarlouis, www.campingplatz-saarlouis.de

Auswahl weiterer Camps an der Strecke: Campingplatz Wallerfangen, Campingplatz des Kanuclub Merzig e.V.

Auf besten Wegen radeln wir die Saar entlang – es ist zwar teils etwas staubig, dafür sind wir Radler meist unter uns. Der Radgenuss erreicht gegen Ende der Tour seinen Höhepunkt, wenn wir durch die enge Saarschleife gleiten. Wer noch gut bei Puste ist, steigt auf zum Cloef und wird mit einer einzigartigen Aussicht belohnt.

Los geht´s an der Ausfahrt des Camps, die wir nach links verlassen. An der querenden Straße etwas links versetzt geradeaus. Entlang des Altarms der Saar gelangen wir zum Saar-Radweg, dem wir nach links folgen. Kaum sind wir auf dem Saar-Radweg, wird es ganz einfach, denn wir begleiten den Verlauf des Flusses, wobei links neben uns meist die A620 verläuft. Auf der anderen Uferseite lockt Dillingen zu einem Abstecher, doch unser Radweg bleibt bis auf einen kleinen Schlenker bei Rehlingen-Siersburg stets in Saar-Nähe. Wir kommen an Fremersdorf und Mechern vorbei und haben dann die Möglichkeit, über die Brücke zu radeln und Merzig einen Besuch abzustatten.

Tipp: Bei Rehlingen-Siersburg blüht das Radlerherz auf, denn hier haben wir die freie Auswahl an tollen Themenradwegen: Zur anderen Uferseite hin beginnt der **Saar-Bostalsee-Radweg**, auf unserer Seite der Niedtal-Radweg. Der trifft nach wenigen Kilometern auf den **Saarland-Radweg**. Der zeichnet eine 350 km lange Runde in diesem kleinen, aber feinen Bundesland.

Merzig ist überregional bekannt für seinen **Wolfspark**. Wer zur rechten Zeit hier ist, kann sich einer Führung anschließen und vieles über diese außergewöhnlichen Tiere lernen.

Merzig selbst hat eine lange Historie, die bis zu den Kelten bzw. Römern zurückverfolgt werden kann. Das markanteste Bauwerk ist die mit mehreren Türmen geschmückte **Kirche St. Peter**. Zu ihren Füßen finden wir eine abwechslungsreiche Innenstadt, in der man auch bestens einkehren kann. Ein Stückchen außerhalb der City liegt die Fellenbergmühle

Von oben am Schönsten: Naturwunder Saarschleife

mit einer funktionsfähigen Werkstatt aus den 1920er Jahren.

Weiter geht´s von Merzig wieder zurück über die Brücke auf unseren Saar-Radweg, dem wir weiter flussabwärts folgen. Der wechselt zweimal hintereinander die Uferseite, ehe wir hinter Dreisbach durch die Saarschleife rollen. In Mettlach überqueren wir mit der Brücke ein letztes Mal die Saar, steuern den Bahnhof an und lassen uns mit dem Zug zurück nach Saarlouis bringen. Am Bahnhof steigen wir wieder auf die Räder und fahren schnurgeradeaus zum Ufer.

Wenn wir durch sie hindurch radeln, ist sie schon beeindruckend - die **Saarschleife**, denn der Fluss hat sich hier tief in die Landschaft gegraben und vollzieht eine echte Haarnadelkurve.

Tipp: Die wahre Pracht der Saarschleife wird erst beim Blick aus der Vogelperspektive ersichtlich. Dafür müssen wir die Räder gut verzurren und uns per pedes hinauf arbeiten zum **Cloef**. Die Sicht von der **Aussichtsplattform** entschädigt mehrfach für diese Mühen. Wer dann immer noch nicht ausgepowert ist, wagt sich auf den **Baumwipfelpfad** und lernt einiges über die Natur in dieser Region. Gemütlichere Naturen lassen sich im **Besucherzentrum** informieren und kehren auch gleich dort ein.

Mettlach ist seit mehreren Jahrhunderten fest verbunden mit der Keramikindustrie – schließlich hat hier die Weltmarke Villeroy & Boch ihren Stammsitz. Im „**Erlebniszentrum**" erfahren wir mehr über die fragilen Meisterwerke, die hier immer noch hergestellt werden. Unübersehbar ist der 14 m hohe „**Erdgeist**", der die Stadt beschützt.

Kartentipp:
ADFC-Regionalkarte Saarland, 1:75.000,
ISBN 978-3-87073-778-8, € 8,95
Digital für Smartphones und Tablets:
www.fahrrad-buecher-karten.de/rk-digital

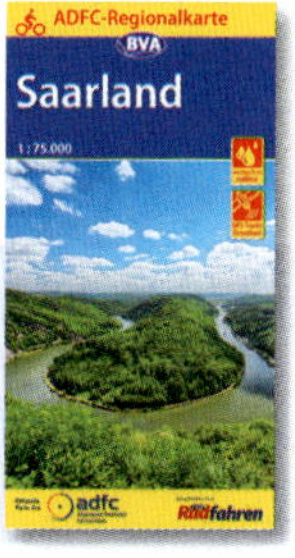

74 Kohle und Stahl, das war einmal

Von **Saarlouis** nach Saarbrücken

CamperTouren Info

29,5 km, überwiegend auf separaten Radwegen, Radwegen neben der Straße sowie auf Nebenstraßen. Keine größeren Steigungen, regionale Wegweisung

Start / Ziel: Camping Dr. Ernst Dadder in Saarlouis, www.campingplatz-saarlouis.de

Bei dieser Tour folgen wir dem Verlaufe der Saar in die andere Richtung. Und das wird mindestens genauso spannend, denn am Wegesrand liegen Sehenswürdigkeiten der ersten Liga, darunter die Völklinger Hütte und das Schloss von Saarbrücken.

Der **Campingplatz Dr. Ernst Dadder** hat wirklich eine geniale Lage: Fußläufig erreichen wir in wenigen Minuten das tolle Zentrum von Saarlouis mit den Befestigungsanlagen. Bademöglichkeiten mit und ohne Dach liegen direkt neben dem Platz und auch zum Saar-Radweg ist es nur ein Katzensprung. Unsere Zeit auf dem Camp verbringen wir auf besten gepflegten Parzellen und stylen uns in modernen und sauberen Sanitäranlagen.

Los geht´s an der Ausfahrt des Camps, die wieder nach links verlassen. An der Querstraße schräg links versetzt geradeaus am Altarm der Saar entlang. Dann folgen wir dem Saar-Radweg nach rechts, also flussaufwärts. Auch hier schlängeln wir uns, nur von einem kleinen Schlenker unterbrochen, direkt zwischen Ufer und Autobahn entlang. Bei Wehrden lockt ein Abstecher nach Völklingen. Die anderen Orte an der Strecke tangieren wir nicht, weil die A8 uns davon trennt.

Tipp: Einen Abstecher über die Brücke zur **Völklinger Hütte** dürfen wir uns keinesfalls entgehen lassen. Einst wurde auf diesem riesigen Gelände Stahl produziert. Als dies zu

Saarbrücken - mal ganz modern....

unwirtschaftlich wurde, musste die Hütte schließen und tausende von Menschen verloren ihre Arbeit. Um das Gedenken daran zu erhalten, stellte die UNESCO die Völklinger Hütte im Jahre 1994 **als erstes Denkmal des Industriezeitalters** unter Schutz. So können wir heute beim Rundgang über die weitläufigen Anlagen gut nachvollziehen, wie beschwerlich das Arbeiten hier einst war.

...mal historisch

Weiter geht´s von Wehrden entlang der Saar bis in die City von Saarbrücken. Der Bahnhof liegt auf der anderen Saarseite, so dass wir den Schildern dorthin folgen. Hier steigen wir in die Bahn und gondeln mit dem Zug zurück nach Saarlouis. Dort radeln wir vom Bahnhof aus wieder schnurgeradeaus zum Ufer. Auf der anderen Seite in einem Linksbogen unter die Brücke, dann entlang der Straße St. Nazaierer Allee zurück zum Camp.

Bevor wir das Saar-Ufer wechseln, schauen wir uns auf „unserer" Seite noch die historischen Gebäude von Alt-Saarbrücken an. Am markantesten ist natürlich das großartige Saarbrücker **Schloss**. Direkt davor erstreckt sich der **Schlossplatz**. Dieser wurde, genau wie der **St. Johanner Markt** mit seinem Phönixbrunnen und dem reich verzierten Rathaus, die Ludwigskirche und der **Ludwigsplatz**, vom Barockbaumeister F.J. Stengel erschaffen, was für eine edle Gestaltung bürgt. Alt-Saarbrücken wird über die gleichnamige Brücke mit dem anderen Ufer verbunden. Schon die Skyline an der **Berliner Promenade** entlang der Saar macht deutlich, dass es hier moderner zugeht. Wie es sich für eine Landeshauptstadt gehört, präsentiert uns Saarbrücken gleich mehrere spannende Museen, darunter das **Historische Museum Saar,** das **Saarlandmuseum** oder das Arzneipflanzenmuseum.

Kartentipp:
ADFC-Regionalkarte Saarland, 1:75.000,
ISBN 978-3-87073-778-8, € 8,95
Digital für Smartphones und Tablets:
www.fahrrad-buecher-karten.de/rk-digital

75 Festungskunst oder Kunst an der Festung?

Von **Saarlouis** nach Dillingen und Rehlingen-Siersburg

CamperTouren Info

22,5 km, überwiegend auf separaten Radwegen, Radwegen neben der Straße sowie auf Nebenstraßen. Keine größeren Steigungen, regionale Wegweisung

Start / Ziel: Campingplatz Dr. Ernst Dadder in Saarlouis, www.campingplatz-saarlouis.de

Auswahl weiterer Camps an der Strecke: Campingplatz Siersburg

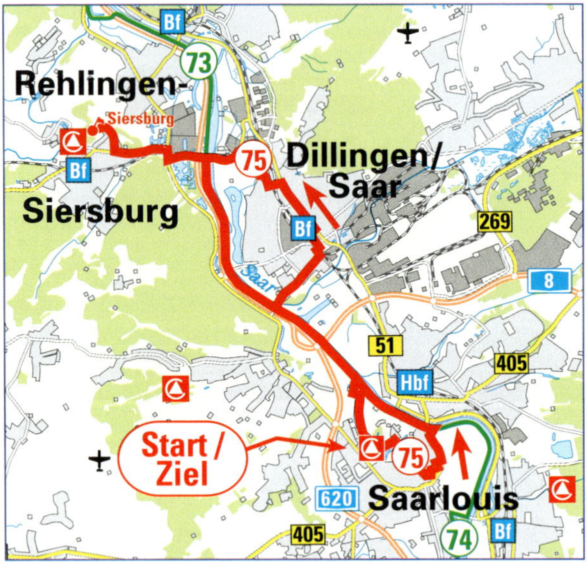

Auf dieser kurzen Tour lernen wir gleich zwei schöne mittelgroße Städte des Saarlandes kennen. Zuerst widmen wir uns der unglaublichen Innenstadt von Saarlouis, wo es schwerfällt, sich loszureißen und weiter zu radeln. Der „Wendepunkt" unserer Tour ist Dillingen mit dem Saardom.

Los geht´s an der Ausfahrt des Camps, an der wir dieses Mal links abbiegen. Vor dem Wasser biegen wir links ab und nutzen die erste Brücke, um nach rechts auf die Deutsche Straße in die Innenstadt abzubiegen. Auf der schnurgeraden Straße, die ihren Namen in Französische Straße wechselt, bleiben wir und durchqueren die Innenstadt. Am Kreisel links raus, dann etwas rechts versetzt in die Gymnasiumstraße. Dann links-rechts-links rechts-links auf die Hubert-Schreiner-Straße. Kurz vor der Brücke Rechterhand auf den Saar-Radweg und entlang des Ufers unter der Autobahn her. Über die Brücke rollen wir ans andere Ufer und weiter den Schildern folgend in die Innenstadt von Dillingen.

Es sind nur Pedalumdrehungen von unserem Campingplatz in die Innenstadt von Saarlouis. Und noch bevor wir die City erreicht haben, werden wir überwältigt von der grandiosen Architektur der Festungsstadt. Saarlouis bekam seinen Namen vom „Sonnenkönig" Ludwig XIV., denn er gab den Auftrag, den Ort gegen Eindringlinge zu schützen. Den Job bekam seinerzeit der königliche Baumeister Vauban, der sich hier ein Denkmal setzte und einen **Festungsstern** erbaute. Bis heute sind die Kasematten wie auch alle anderen Festungsbauten auf der „**Vaubaninsel**" bestens erhalten. Wenn wir uns daran sattgesehen haben, widmen wir uns der nicht minder schönen Innenstadt. Die bietet uns eine nette **Fußgängerzone** mit Einkehrmöglichkeiten und eine große Anzahl historischer Gebäude. Nicht umsonst gilt Saarlouis als die „heimliche Hauptstadt" des Saarlandes.

Dillingen ist die nächste wundervolle Stadt an der Saar: In der Stadtmitte erhebt sich der imposante „**Saardom**", der offiziell den Titel „Katholische Pfarrkirche zum allerheiligsten Sakrament im Bistum Trier" trägt. Wer sich das nicht merken mag, stellt fest, dass wir vor einer der größten Kirchen des Saarlandes stehen und widmet sich dann den wertvollen Details. Zu seinen Füßen erstrecken sich der **Odilienplatz** mit der gleichnamigen Statue und die einladende Fußgängerzone.

Katholische Pfarrkirche zum allerheiligsten Sakrament im Bistum Trier

Tipp: Wer die Ruhe und Entspannung sucht, radelt in einen der Dillinger Parks: Im **Stadtpark** gibt es eine Stadthalle und eine Konzertmuschel. In der Nähe des Gymnasiums liegt der Rosengarten und im Süden die Grünanlage namens „Kröppen". Interessant ist auch der 300 ha große **Dillinger Hüttenwald**. Hier finden wir Reste der Bunkeranlagen vom **Westwall**.

Weiter geht´s von Dillingen, das wir über die Merziger Straße verlassen. Links Feldstraße über die Gleise, rechts Bruchweg und hinter den Bahngleisen links. So gelangen wir zur Marie-Curie-Straße, mit der wir nach links die Saar überqueren. Auf der anderen Seite angekommen, rollen wir hinunter zum Saarufer und folgen diesem flussaufwärts. Der Saar-Radweg bringt uns zu den Toren von Saarlouis, wo wir rechts abbiegen, um entlang des Altarms wieder zurück zu unserem Camp zu radeln.

Nachdem wir die Saar bei Dillingen überquert haben, können wir einen kleinen Abstecher nach Rehlingen-Siersburg unternehmen. Dort gibt es spannende Ruinen der alten **Siersburg**. Die hochmittelalterliche Höhenburg war einst Sitz der Herren von Siersberg-Dillingen.

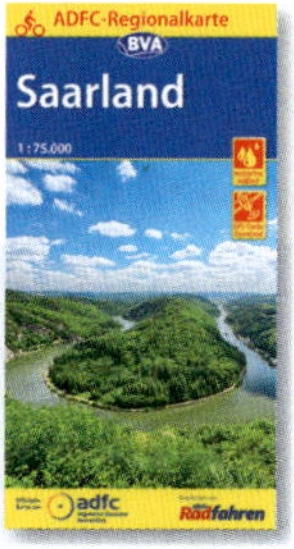

Kartentipp:
ADFC-Regionalkarte Saarland, 1:75.000,
ISBN 978-3-87073-778-8, € 8,95
Digital für Smartphones und Tablets:
www.fahrrad-buecher-karten.de/rk-digital

76 Ich hab´ mein Herz in Heidelberg verloren

Von **Neckargemünd** bis Heidelberg und zurück

CamperTouren Info

18 km, überwiegend auf separaten Radwegen, Radwegen neben der Straße sowie auf Nebenstraßen. Keine größeren Steigungen. Regionale Wegweisung sowie teils Wegweisung als Neckartal-Radweg.

Start / Ziel: Camping an der Friedensbrücke in Neckargemünd, https://campingplatz-am-neckar.de

Auswahl weiterer Camps an der Strecke: Camping Heidelberg Familie Weber, Camping Haide

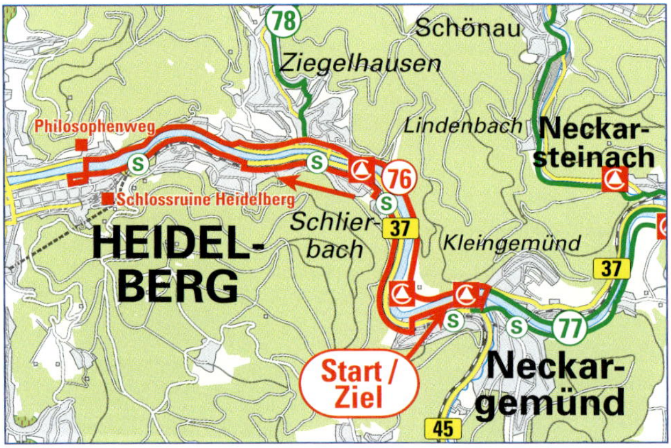

Wir starten an unserem wundervoll gelegenen Camp zu einer kurzen, aber sehr eindrucksvollen Tour. Unser Ziel ist die mittelalterliche Altstadt von Heidelberg. Wenn wir einmal in diese Historie eingetaucht sind, werden wir froh sein, dass wir nur rund 9 km zurück radeln müssen.

Der **Campingplatz an der Friedensbrücke** ist bei Gästen aus dem In- und Ausland äußerst beliebt. Warum, das ist schnell geklärt, denn die Lage könnte kaum besser sein: Nur wenige Kilometer vom Epizentrum Heidelbergs entfernt steht hier unsere mobile Unterkunft auf einer satt-grünen Wiese, während wir auf den Stühlen davor sitzend das Treiben auf dem Neckar beobachten: Wasservögel fühlen sich hier ebenso wohl wie Ruderer und Kanufahrer. Dass ab und an mal ein Schiff vorbeikommt, stört die Ruhe des Camps keineswegs. Und wer Lust auf´s Paddeln bekommt, leiht sich gleich am Platz ein Kanu zum Selbstversuch aus.

Los geht´s an der Ausfahrt des Camps, von der wir rechts abbiegen in die Falltorstraße, von der aus wir uns ans Flussufer gesellen. Auch auf den nächsten Kilometern bleiben wir stets in der Nähe des Neckars, ab und an durch Bahn bzw. Straße getrennt. So gelangen wir durch den Vorort Schlierbach nach Heidelberg, wo wir direkt an der historischen Neckarbrücke ankommen.

Die „**Alte Brücke**" bei der wir das Herz Heidelbergs erreichen, ist schon eine der Hauptattraktionen der Stadt: Unzählige Touristen stehen auf der Brücke und suchen das ideale Motiv von der Brücke mit **Brückentor**, Altstadt und Schloss im Hintergrund.

Das macht Lust auf mehr: Also zweigen wir vom Ufer ab und erkunden die **Altstadt** von Heidelberg. Schnell wird klar, warum so viele Besucher auch aus Übersee den weiten Weg hierher unternehmen: Es ist einfach wunderschön hier, was daran liegt, dass Heidelberg vom Bombenhagel des Zweiten Weltkriegs weitgehend verschont blieb und dadurch eine durchgängige historische Bebauung auf uns wartet.

Der Neckar-Radweg geleitet uns bestens ins Herz von Heidelberg

Eine endlos erscheinende **Fußgängerzone** zieht sich einmal komplett durch die City und beschert uns reichlich Einkehr- und Einkaufsgelegenheiten. Besonders schön ist es rund um die prachtvolle **Heiliggeistkirche**. Gleich gegenüber steht das **Hotel „Zum Ritter“**, das 1592 für eine Tuchhändlerfamilie errichtet wurde. Damit ist es eines der ältesten Gebäude der Region. Noch viel älter ist die **Peterskirche**, die vermutlich schon über 900 Jahre alt ist. Seit 1896 dient sie als Universitätskapelle. Womit wir beim nächsten wichtigen Fakt wären: Die im Jahre 1386 auf Weisung von Papst Urban VI. gegründete **Ruprecht-Karls-Universität Heidelberg** ist die älteste Universität Deutschlands. Bis heute gilt es als echte Auszeichnung, an dieser Uni seinen Abschluss gemacht zu haben.

Tipp: Wer sich einmal einen Gesamtüberblick über Heidelberg mit ganz besonderen Perspektiven verschaffen mag, wechselt das Neckarufer und begibt sich auf den **Philosophenweg**.

Nicht komplett ist ein Heidelberg-Besuch ohne den Besuch der riesigen **Schlossruine**, die majestätisch hoch über der Stadt thront und eine der bekanntesten Ruinen des Landes sein dürfte. Lange Zeit residierten hier die Kurfürsten der Pfalz, ehe die Anlage im Erbfolgekrieg zerstört wurde. 80 Höhenmeter liegt das Schloss oberhalb der Altstadt. Wer sich nicht mit dem Rad oder per Pedes hoch ackern mag, nutzt die Bergbahn. Wer einmal da ist, kann sich kaum wieder trennen: **Kasematten**, Türme, Zeughaus, Elisabethentor, Terrassen und vieles mehr lassen uns erahnen, wie feudal es hier einst zuging. Und dann noch diese einzigartige **Aussicht**!

Weiter geht´s von der Altstadt Heidelbergs, die wir über die Alte Brücke hinweg verlassen. Am anderen Neckarufer angekommen, steuern wir auf dem Neckartal-Radweg flussaufwärts wieder unsere Räder zurück. So kommen wir schnell vorbei an Ziegelhausen wieder nach Neckargemünd. Hier müssen wir nur noch die Brücke überqueren und sind wieder zurück am Camp.

Es ist schon ein ganz besonderes Erlebnis, über die Alte Brücke in Heidelberg zu rollen. Auf dem anderen Ufer dürfen wir es nicht versäumen, uns nochmals umzudrehen und diesen herrlichen **Ausblick** auf die Altstadt und das darüber liegende Schloss zu genießen.

Kartentipp:
ADFC-Regionalkarte Rhein/Neckar, 1:75.000,
ISBN 978-3-87073-777-1, € 8,95
Digital für Smartphones und Tablets:
www.fahrrad-buecher-karten.de/rk-digital

77 Burgentour im Neckartal

Von **Neckargemünd** nach Hirschhorn und zurück

CamperTouren Info

28 km, überwiegend auf separaten Radwegen, Radwegen neben der Straße sowie auf Nebenstraßen. Bei der beschriebenen Variante auf der Rückfahrt einige kleinere Steigungen, eine Alternative ohne Steigungen ist möglich. Regionale Wegweisung sowie teils Wegweisung als Neckartal-Radweg.

Start / Ziel: Camping an der Friedensbrücke in Neckargemünd, https://campingplatz-am-neckar.de

Auswahl weiterer Camps an der Strecke: Odenwald-Campingpark Hirschhorn, Wohnmobilstellplatz Hirschhorn, Campingplatz unterm Dilsberg

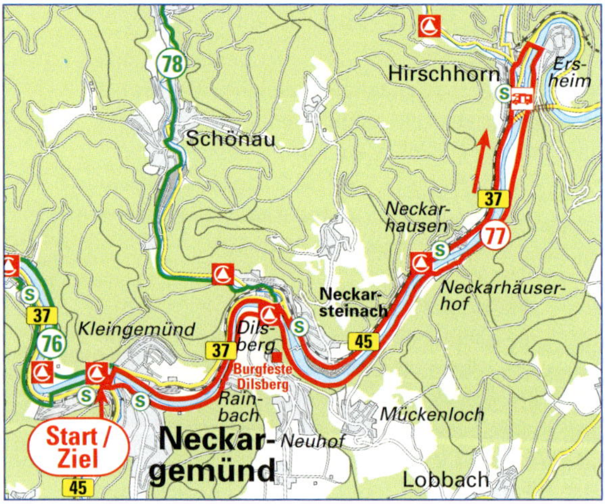

Auf dieser Tour folgen wir dem Neckar flussaufwärts und stellen fest, dass uns hier fast hinter jeder Flussbiegung ein neuer Ausflug in die Vergangenheit erwartet. Die sehenswerten Orte verbindet der bestens ausgebaute und gekennzeichnete Neckartal-Radweg, so dass dem ungetrübten Radel-Vergnügen nichts im Wege steht.

Unser Quartierort Neckargemünd ist ohne Frage eine Reise wert, denn direkt an der **Mündung** der Elsenz in den Neckar erhebt sich die malerische **Altstadt** des Ortes, die sich den Berg hinauf schlängelt. In den teils engen Gassen finden wir schmucke alte Häuser – mal sehr farbenfroh, mal mit Fachwerk gestaltet. An der Kleppergasse finden wir bei genauem Hinsehen noch Reste der alten **Stadtmauer**. Deutlich auffälliger sind die St. Ulrichskirche und die **Kirche St. Johannes Nepomuk**.

Los geht´s an der Ausfahrt des Camps, von der wir erst rechts, dann links abbiegen und mit der Brücke das Neckarufer wechseln. Auf der anderen Seite folgen wir den Schildern des gut ausgebauten Neckartal-Radwegs flussaufwärts. Diese bringen uns via Neckarsteinach und Neckarhausen nach Hirschhorn.

In Neckarsteinach befinden wir uns an der südlichsten Stelle Hessens. Das kann uns eigentlich egal sein, denn wenn wir bei der Anfahrt auf die Stadt genau hinsehen, entdecken wir gleich vier Burgen.

Zwischen 1100 und 1230 wurde die Gegend mit dem Bau von **Vorderburg**, **Mittelburg**, **Hinterburg** und **Schadeck**, die auch Schwalbennest genannt wird, geschützt. Der Ortskern ist aber nicht nur schützens- sondern auch sehenswert: Allein das **Fachwerk-Amtshaus** ist eine Augenweide. Nicht weit entfernt stehen die Herz-Jesu- und die evangelische Kirche, die als Simultankirche für drei Religionen genutzt wird. Rund um die Mündung der Steinach entdecken wir weitere toll erhaltene alte Gebäude – kein Wunder, dass in Neckarsteinach schon viele Filme gedreht wurden. Eine bessere Kulisse können wir uns kaum vorstellen.

Hirschhorn ist ein ideales Ziel für unsere Radtour. Vom Ufer des Neckar, der hier eine enge Schleife um den Berg herum vollführt, ziehen sich die historischen Gebäude den Berg hinauf. Über dem Szenario thront die mittelalterliche Wehranlage von **Burg Hirschhorn**. Tore, Palas, Wirtschaftsgebäude, Marstall – alles ist hier noch vollkommen intakt. Zu ihren Füßen finden wir gleich mehrere Kirchen und sehenswerte **Fachwerkhäuser**.

Schon seit 1933 gibt es die **Staustufe Hirschhorn**. Sie staut mit ihrer Doppelschleuse den Neckar um mehr als 5 m auf und sorgt mit ihrem Kraftwerk für grünen Strom.

Hirschhorn scheint am Berg zu „kleben"

Weiter geht´s von Hirschhorn mit der Brücke auf die andere Seite des Neckar. Dort biegen wir rechts ab in die Brentanostraße, die uns zum Ufer zurück führt. Noch im Ort steigt unser Weg deutlich an. Auch auf den nächsten Kilometern haben wir noch einige kurze, aber knackige Steigungen zu meistern. Auf dem Weg liegen der kleine Ort Neckarhäuserhof und Rainbach, ehe wir zurück nach Neckargemünd kommen. Hier bleiben wir am Ufer bis zur Mündung der Elsenz. Ein paar Meter nach links, dann über die Brücke, wieder rechts und unter der Friedensbrücke her zurück zum Camp.

Tipp: Wer sich die hügelige Strecke ersparen möchte, fährt ab Hirschhorn einfach auf dem **Neckartal-Radweg**, auf dem wir herkamen, wieder retour.

Rechts neben uns liegen auf dem Berg die Orte Dilsberg und Neuhof. Der Aufstieg ist zwar schweißtreibend, dennoch sehr lohnenswert, denn mit Dilsberg erwartet uns eine bestens erhaltene **hochmittelalterliche Bergfeste**, die uns zudem einen atemberaubenden **Ausblick** auf das Neckartal gewährt.

Kartentipp:
ADFC-Regionalkarte Rhein/Neckar, 1:75.000,
ISBN 978-3-87073-777-1, € 8,95
Digital für Smartphones und Tablets:
www.fahrrad-buecher-karten.de/rk-digital

78 Wohlfühltour für Bergziegen

Von **Neckargemünd** nach Wilhelmsfeld und zurück

CamperTouren Info

31 km, überwiegend auf separaten Radwegen, Radwegen neben der Straße sowie auf Nebenstraßen. Diverse, teils auch stärkere Steigungen, die sich auf rund 510 Hm summieren. Regionale Wegweisung sowie teils Wegweisung als Neckartal-Radweg.

Start / Ziel: Camping an der Friedensbrücke in Neckargemünd, https://campingplatz-am-neckar.de

Auswahl weiterer Camps an der Strecke: Campingplatz Steinachperle

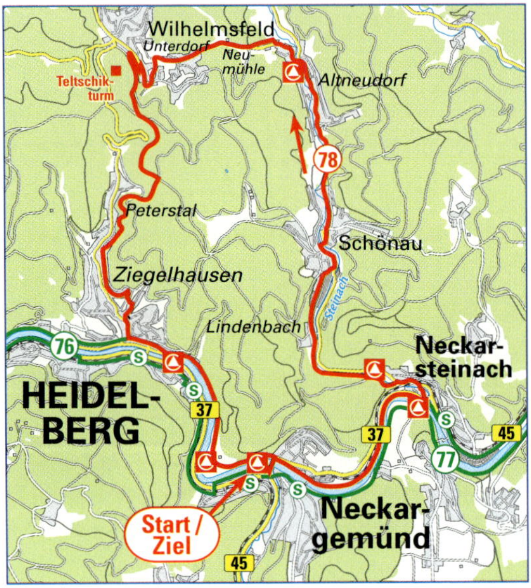

Dies ist eine Tour für alle, die über eine gute Kondition oder über einen frisch geladenen Akku am E-Bike verfügen. Es geht über 500 Höhenmeter hinauf in den Odenwald. Zur Belohnung genießen wir viel Grün um uns herum, eine herrliche Ruhe und tolle Aussichten.

Los geht´s an der Ausfahrt des Camps, von der wir erst rechts, dann links abbiegen und mit der Brücke das Neckarufer wechseln. Auf der anderen Seite folgen wir den Schildern des Neckartal-Radwegs flussaufwärts. Nach knapp 5 km sind wir warmgeradelt und zweigen in Neckarsteinach links ab ins Tal der Steinach. Mit leichtem Anstieg radeln wir via Lindenbach, Schönau nach Altneudorf. Wo wir links am Friedhof vorbei abzweigen. Nun wird es stetig steiler, wenn wir via Neumühle, Unterdorf und Wilhelmsfeld hinauf radeln. Bei fast genau 20 Kilometern Strecke haben wir den Scheitelpunkt der Tour erreicht. Dann geht´s hinunter nach Peterstal.

Nachdem wir den Neckar verlassen haben, rollen wir durch das teils enge Tal der Steinach auf einer leicht ansteigenden Route. Die Steinach ist ein nur 22 km langer Nebenfluss des Neckar, der sich hier teilweise tief in den Berg eingegraben hat.

Schönau liegt mitten in diesem schönen Tal und gefällt uns mit einigen gut erhaltenen historischen Gebäuden. Besonders schön sind das **Alte Posthaus** und das **Wallonenhaus** von 1588, die beide mit Fachwerk ausgestattet wurden. Das Rathaus von Schönau wurde auf den Fundamenten des Kapitelsaals erbaut, das einst zum hiesigen **Zisterzienserkloster** gehörte.

Bei unserer anstrengenden Tour haben wir zumindest gute Luft für die Lungen, denn **Wilhelmsfeld** ist ein anerkannter Luftkurort. Besiedelt wurde die Region vermutlich schon um 1100. Die Ortsmitte markiert die **evangelische Pfarrkirche** mit dem schönen Pfarrhaus nebenan. Die Kirche blickt auf eine wichtige historische Begebenheit zurück: am 5.4.1885 legte hier eine Wanderin mit ihrer Tochter Valerie Rast ein. Die Wanderin war keine geringere als Kaiserin Elisabeth von Öster-

Nochmals tief durchatmen in Neckarsteinach, dann hinauf…

reich-Ungarn persönlich, die als „Sissi" in die Geschichtsbücher einging.

Tipp: Wer in Wilhelmsfeld noch nicht genug ausgepowert ist, kurbelt weiter auf den 530 m hohen **Schriesheimer Kopf** und steigt dann auf den 41 m messenden **Teltschikturm**. Die Aussicht von hier oben auf die Berggipfel des Odenwaldes ist einfach unglaublich!

Weiter geht´s von Peterstal auf weiter entspannt bergab führender Strecke bis hinunter nach Ziegelhausen. Hier treffen wir wieder auf den Neckartal-Radweg. Diesem folgen wir ein Stück flussaufwärts und gelangen am Ende über die Brücke zurück zu unserem Camp.

Das **Zisterzienserkloster Schönau** gründete einst hier am Neckar eine Ziegelei und legte damit den Grundstein für den heutigen Vor-

…bis zum Teltschikturm

ort Ziegelhausen. Besiedelt war die Gegend aber schon viel früher, denn schon die Römer hinterließen hier ihre Spuren.

Kartentipp:
ADFC-Regionalkarte Rhein/Neckar, 1:75.000,
ISBN 978-3-87073-777-1, € 8,95
Digital für Smartphones und Tablets:
www.fahrrad-buecher-karten.de/rk-digital

79 Schön war´s einst bei den Markgrafen

Von **Rheinmünster** nach Rastatt und zurück

CamperTouren Info

39 km, überwiegend auf separaten Radwegen, Radwegen neben der Straße sowie auf Nebenstraßen. Keine größeren Steigungen. Regionale Wegweisung sowie teils Wegweisung als Rhein-Radweg.

Start / Ziel: Freizeitcenter Oberrhein in Rheinmünster, www.freizeitcenter-oberrhein.de

Auswahl weiterer Camps entlang der Strecke: Rastatter Freizeitparadies GmbH, Wohnmobilstellplatz Rastatt, Murgtalcamping

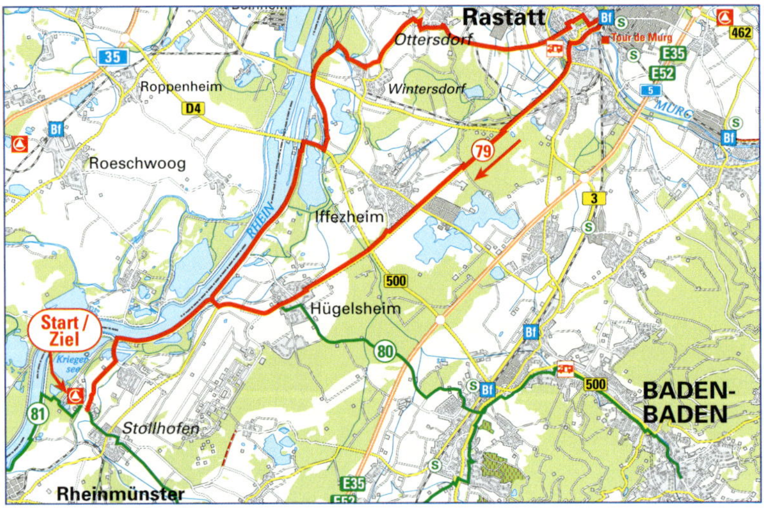

Auf dem perfekt ausgebauten und gleichsam beliebten Rhein-Radweg rollen wir entspannt flussabwärts. Nachdem wir uns den vielen historischen Sehenswürdigkeiten von Rastatt gewidmet haben, geht es auf ebenen Trassen wieder zurück zu unserer Freizeitoase.

Das **Freizeitcenter Oberrhein** ist ein fester Begriff unter Campern: Wir finden hier ein Eldorado für alle, die Ruhe, Erholung, aber auch Action suchen: Auf dem weitläufigen Gelände finden wir tolle Stellplätze im Grünen und für die Abkühlung steht uns ein Badesee mit Strand zur Verfügung. Auch der Rhein ist nur einen Steinwurf weit entfernt. Am Freizeitcenter können wir Segeln, beim Angeln entspannen, einen Surfkurs besuchen, Tennis oder Minigolf spielen oder uns im Restaurant verwöhnen lassen. Kinder kommen ganz besonders auf ihre Kosten: Auf dem See werden lustige Wasserspiele veranstaltet, im Animationsprogramm wird gebastelt und auf den Spiel- und Sportplätzen herumgetollt.

Los geht´s an der Ausfahrt des Camps, wo wir links abbiegen, um nach wenigen Radelminuten ans Ufer des Rheins zu gelangen. Hier folgen wir dem Rhein-Radweg flussabwärts. Hinter der Staustufe Iffezheim bleiben wir noch ein Stückchen am Rhein, um dann nach rechts via Wintersdorf und Ottersdorf ins Herz von Rastatt zu radeln.

Schon die ersten Kilometer unserer Tour sind ein Traum: Vorbei an Kriegersee, Vogelsee und Hanfsee gelangen wir auf den **Rheindamm**, der uns ein perfektes Radelerlebnis beschert.

Ein perfekt angelegter Park umgibt Schloss Rastatt

Später passieren wir den Erländer See und den **Rheinseitengraben**, ehe wir an der **Staustufe Iffezheim** ankommen. Es macht Spaß, das rege Treiben an den Schleusen zu beobachten. Die Staustufe wurde errichtet, um die Fließgeschwindigkeit des hier begradigten Rheins zu minimieren und zugleich Energie zu gewinnen. Damit die Fische sich frei bewegen können, wurde eigens für sie eine **Fischtreppe** angelegt.

Rastatt ist einfach toll: Direkt in der Nähe unserer Rad-Runde liegen die Rastatter Rheinauen, die unter Naturschutz gestellt wurden.

Das weithin sichtbare Wahrzeichen der Stadt ist der 47 m hohe Wasserturm, der bis 1990 für eine stabile Wasserversorgung der Stadt diente. Direkt daneben steht die Pagodenburg, die 1722 als „Gartenpavillon" für die Markgräfin erbaut wurde. Die lebte eigentlich im prunkvollen barocken Residenzschloss, das gerne als Badisches Versailles bezeichnet wird. Barock ist auch eines der Themen für die spannenden Stadtführungen, aber auch die Kulinarik-, Schauspiel- oder Geschichtsführungen sind durchaus erlebenswert. Wer durch die vielen Infos zu aufgeheizt ist, begibt sich unter die Erde und schaut sich die 1842 erbauten Kasematten an. Diese unterirdischen Wehrgänge sind schon sehr beeindruckend.

Tipp: Wer noch Lust hat, Kraft in den Waden verspürt oder einen vollen Akku am E-Bike hat, kann von Rastatt aus der **„Tour de Murg"** folgen. Dieser Flussradweg ist deutlich weniger befahren, tangiert aber so tolle Orte wie Gaggenau mit dem **Hanomag-Museum** oder Gernsbach mit einer sehr pittoresken **Altstadt**.

Weiter geht´s von Rastatt, das wir am Stadtpark vorbei entlang der Kehler Straße verlassen. Der straßenbegleitende Radweg führt uns durch Iffezheim und Hügelsheim wieder zurück zum Rhein. Ab hier folgen wir einfach derselben Strecke wieder zurück zum Camp, auf der wir herkamen.

Iffezheim ist überregional bekannt durch den „Internationalen Club Baden-Baden", der auf der **Trabrennbahn** mehrere Rennen veranstaltet. Wenn der hochdotierte Große Preis von Baden-Baden läuft, treffen sich die Damen und Herren der gehobenen Gesellschaft in feiner Garderobe und prachtvollen Hüten auf der sündhaft teuren Bénazet-Tribüne.

Da wir mit unseren Radlerhosen eher nicht angesagt sind, widmen wir uns dem Ortskern mit der schönen **Kirche Sankt Brigitta** und dem farbenfrohen Rathaus.

Kartentipp:
ADFC-Regionalkarte Elsass / Oberrhein Nord, 1:75.000,
ISBN 978-3-87073-898-3, € 9,95
Digital für Smartphones und Tablets:
www.fahrrad-buecher-karten.de/rk-digital

80 Wo schon die Römer kurten

Von **Rheinmünster** nach Baden-Baden und zurück

CamperTouren Info

46 km, überwiegend auf separaten Radwegen, Radwegen neben der Straße sowie auf Nebenstraßen. Bis auf eine mäßige Erhebung bei Baden-Baden keine größeren Steigungen. Regionale Wegweisung sowie teils Wegweisung als Rhein-Radweg.

Start / Ziel: Freizeitcenter Oberrhein in Rheinmünster, www.freizeitcenter-oberrhein.de

Auswahl weiterer Camps entlang der Strecke: Wohnmobilstellplatz Baden-Baden, Campingplatz Adam OhG in Bühl

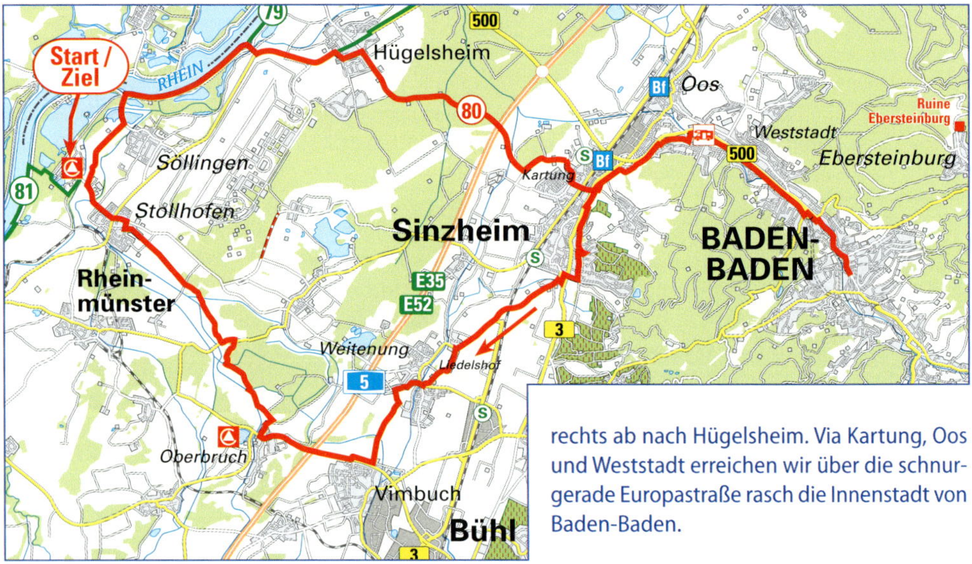

Eine abwechslungsreiche Tour erwartet uns: Nachdem wir den Rhein verlassen und die weitläufige Ebene, die ihn begleitet, durchradelt haben, tauchen wir ein in den Schwarzwald. Wer mag, taucht zugleich ein in die Heilquellen der Thermen. Nachdem wir die mondäne Innenstadt von Baden-Baden genossen haben, geht´s auf flachen Wegen wieder zurück.

Los geht´s an der Ausfahrt des Camps, wo wir wieder links abbiegen, um ans Ufer des Rheins zu gelangen. Hier folgen wir dem Rhein-Radweg nur kurz flussabwärts und zweigen dann rechts ab nach Hügelsheim. Via Kartung, Oos und Weststadt erreichen wir über die schnurgerade Europastraße rasch die Innenstadt von Baden-Baden.

Kaum eine andere Kurstadt ist so bekannt und so begehrt, wie Baden-Baden. Nachdem die Heilquellen bereits von den Römern unter Kaiser Caracalla ausgiebig genutzt und eine Siedlung angelegt hatten, erhielt der Ort später den Namen „Baden", da es hier eine Burg namens Hohenbaden gab. Die Markgrafschaft wuchs zum Großherzogtum und schließlich wurde gleich das ganze Bundesland mit dem Titel versehen.

Heute präsentiert sich Baden-Baden in prachtvollem Glanze: Es gibt zahllose prunkvolle Gebäude, wie z.B. das **Friedrichsbad**, das Festspielhaus, das Theater, die **Trinkhalle**, das **Palais Hamilton** oder das Kurhaus. Hier

Baden-Baden ist der Inbegriff des „Kurens"

können wir hautnah erleben, was man unter der Kurarchitektur im 19. und 20. Jh verstand. Idyllische **Parks** laden ein zur Entspannung, wobei sich der größte und vielleicht schönste Park über mehrere Kilometer an der **Lichtenthaler Allee** entlang zieht. Wer einmal hier geradelt ist, versteht, wie entspannend diese Kombination sein kann.

Mitte der 1980er Jahre wurde die **Caracalla-Therme** neben dem historischen Friedrichsbad erbaut – das Wasser stammt aus der Thermalquelle des Friedrichsstollens. 200 qm Wasserfläche auf 2 Etagen, Saunalandschaft und Wellness-Angebote lassen die Zeit hier wie im Nu verfliegen.

Tipp: Wer von der Therme oder den Parks so entspannt ist, dass er eine „Bergwertung" braucht, verlässt Baden-Baden Richtung **Ebersteinburg** und bekommt sodann eine kräftige Steigung serviert. Der Lohn sind die Ruine der Ebersteinburg, schöne Ausblicke, ruhige Natur und eine Abfahrt nach Gernsbach, einem **Fachwerk**-Kleinod an der Murg. Diesem Flüsschen können wir dann Richtung Rastatt folgen und die Rad-Runde so ganz anders gestalten.

Weiter geht´s von Baden-Baden, das wir auf der geradlinigen Europastraße wieder verlassen – genau so, wie wir herkamen. Dieses Mal bleiben wir aber zunächst diesseits der Bahnlinie und radeln durch Sinzheim, Liedelshof, Weitenung, Vimbuch, Oberbruch und Stollhofen zurück zum Camp.

Die Ortsmitte von Sinzheim empfängt uns mit einer modernen, freundlichen Gestaltung. Ganz anders sieht da die **Pfarrkirche St. Martin** aus, die schon länger hier steht und sich freut, dass es so viele Feste wie Frühjahrsmarkt oder Kirwe zu ihren Füßen gibt.

Kaum haben wir die Autobahn passiert, kommen wir vorbei am **Oberbrucher Baggersee** mit seinem Campingplatz und am weitläufigen **Wasserrückhaltebecken Abtsmoor**. Letzteres soll dazu dienen, dass das ganze Wasser, das aus dem Schwarzwald kommt, geregelt in den Rhein abgeleitet werden kann.

Kartentipp:
ADFC-Regionalkarte Elsass / Oberrhein Nord, 1:75.000,
ISBN 978-3-87073-898-3, € 9,95
Digital für Smartphones und Tablets:
www.fahrrad-buecher-karten.de/rk-digital

81 Tour d´Europe

Von **Rheinmünster** nach Strasbourg und zurück

CamperTouren Info

76 km, überwiegend auf separaten Radwegen, Radwegen neben der Straße sowie auf Nebenstraßen. Keine größeren Steigungen. Regionale Wegweisung sowie teils Wegweisung als Rhein-Radweg.

Start / Ziel: Freizeitcenter Oberrhein in Rheinmünster, www.freizeitcenter-oberrhein.de

Auswahl weiterer Camps entlang der Strecke: Camping de Strasbourg, Campingplatz Kehl, Stellplatz am Wasserturm Kehl, Camping Gambsheim

Europa in Perfektion erleben wir auf dieser etwas längeren, aber dennoch nicht allzu anstrengenden Tour. Anstrengend könnten nur die unglaublich vielen Sehenswürdigkeiten werden, die uns in Strasbourg erwarten. Da tut due Ruhe gut, die wir anschließend auf dem Rhein-Radweg finden.

Los geht´s an der Ausfahrt des Camps, wo wir rechts und kurz darauf wieder rechts abbiegen, um ans Ufer des Rheins zu gelangen.

Hier folgen wir dem Rhein-Radweg flussaufwärts vorbei an Greffern. Nach rund 7,5 km wechseln wir mit der Fähre ans andere Ufer und folgen dort dem beschilderten Radfernweg Eurovelo. Stets in Rheinnähe kommen wir vorbei an Drusenheim, Offendorf und Gambsheim nach Strasbourg.

Willkommen in Frankreich! Dank der EU können wir ganz ohne Probleme von einem Land ins andere hinüber radeln oder uns wie heute mit der Fähre dorthin bringen lassen.

Grüne Energie wird über die Landesgrenzen hinweg an der **Staustufe Rheinau-Gambsheim** gewonnen. Die Schleuse ist mit 270 m Länge und 24 m Breite die größte ihrer Art in Frankreich.

Strasbourg gilt als eine der **radfahrerfreundlichsten Kommunen Frankreichs** – das merken wir an der guten Beschilderung, breiten Radwegen und an Fahrrad-Leihstationen, von denen eine direkt vor dem **EU-Parlament** ist.

Von der EU sind zahlreiche Institutionen hier ansässig – teils in supermodernen und **extravaganten Bauten** mit viel Glas, Grün und Wasser. Ein Besuch lohnt sich!

Die **historische Altstadt** wurde komplett unter Schutz gestellt. Das Münster gilt als das Wahrzeichen der Stadt. Wir schauen uns die Gebäude am Spanferkelmarkt an, besuchen das Palais Johann und das Place Gutenberg. Besonders schön ist das **Gerberviertel**, wobei schnell klar ist, warum es „Petite France" genannt wird. Wir finden hier phantastische Fotomotive mit **Fachwerkfassaden**, die sich im Wasser der L'Ill spiegeln. Das Einkehren macht hier ganz besonders viel Vergnügen!

Die Europabrücke verbindet mehr als nur zwei Länder

Tipp: Wer nicht nur seinen Magen, sondern auch sein Hirn füttern möchte, besucht eines der zahlreichen **Museen**. Es gibt sie für die Themen moderne und zeitgenössische Kunst, Kunstgewerbe, Archäologie und **Kunst**. Letzteres zeigt eine Sammlung europäischer Malerei mit bedeutenden Künstlern wie Giotto, Botticelli, Rubens, Van Dyck und vielen mehr.

Weiter geht´s von Strasbourg, das wir den Schildern folgend zum Rhein hin verlassen. Über die breite Brücke gelangen wir nach Kehl. Hier gilt es die Schilder des Rhein-Radwegs gut zu beachten, die uns hinter der Brücke zweimal nach links und dann etwas „zackig" durch das Gewerbegebiet lotsen. Dann gesellen wir uns wieder ans Rheinufer, tangieren Auenheim, Rheinau-Freistett, Helmlingen, Grauelsbaum und Greffern, ehe wir wieder zurück zu unserem Camp gelangen.

Die vielbefahrene Europabrücke bringt uns über die Grenze zurück nach Deutschland. Hier erwartet uns die schöne Kleinstadt Kehl mit der 387 m langen **Passerelle des deux Rives**. Die elegante Fußgänger- und Radfahrerbrücke verbindet beide Länder miteinander. Einen guten Überblick über die gesamte Region haben wir vom Weißtannenturm. Wer´s lieber gediegener mag, schlendert durch die Fußgängerzone und schaut sich interessante Fassaden wie die des Weinbrennerhauses, des Rathauses oder der **Villa Schmidt** an.

Im Ortsteil Freistett steht das schmucke **Rathaus** des Doppelorts Rheinau-Freistett. Direkt am Rhein finden wir **eine der größten Fischtreppen Europas** – die Erhaltung der Natur wird seit Jahren in dieser Region sehr großgeschrieben.

Rund um Rheinmünster erblicken wir eine ganze Reihe von Industrieanlagen. Die **Chemieindustrie** die unter dem Begriff „Chemiepark Rheinmünster" zusammengefasst wurde, stellt in dieser Region die meisten Arbeitsplätze zur Verfügung,

Kartentipp:
ADFC-Regionalkarte Elsass / Oberrhein Nord, 1:75.000,
ISBN 978-3-87073-898-3, € 9,95
Digital für Smartphones und Tablets:
www.fahrrad-buecher-karten.de/rk-digital

82 Rad-Klassiker mit Kreuzfahrt

Von **Langenargen** nach Überlingen

CamperTouren Info

43 km, meist auf separaten Radwegen oder auf Radwegen neben Straßen, keine Steigungen, Wegweisung als Bodensee-Radweg

Start: Camping Park Gohren in Kressbronn, www.campingplatz-gohren.de

Ziel: Hafen Überlingen

Bodensees rollen. Der Fernradweg geleitet uns stets in Wassernähe via Langenargen und Eriskirch nach Friedrichshafen.

Das „Schwäbische Meer" ist seit jeher eine der beliebtesten Urlaubsregionen Deutschlands. Es ist aber auch wirklich wunderschön: Zu Füßen historischer Orte schwappt das saubere Wasser ans Ufer, an vielen Stellen lockt ein Sprung ins kühle Nass und ein ausgezeichneter Radweg führt einmal komplett um den Bodensee herum. Gründe genug, sich eine größere Etappe dieses Radwegs vorzunehmen und danach bequem mit dem Schiff zurück zu kehren.

Der **Camping Park Gohren** ist ein ideales Urlaubsziel für alle Generationen: Kinder erwarten tolle Spielgeräte und ein buntes **Ferienprogramm** und Erwachsene können so richtig die Seele baumeln lassen. Wer keine Unterkunft dabei hat, mietet **Miniloges** mit Panoramafenstern oder ein **Safarizelt**.

Los geht´s vor der Einfahrt des Camps, von wo wir am Yachthafen vorbei zum Ufer des Bodensees rollen. Der Fernradweg geleitet uns stets in Wassernähe via Langenargen und Eriskirch nach Friedrichshafen.

Gleich zu Beginn haben wir die Wahl: Die Kurzstrecke führt am **Yachthafen** vorbei, an dem nicht nur Bootsfreunden das Herz höher schlägt. Wer dem offiziellen Radweg folgt, passiert die spannende **Kabelhängebrücke**, die den Fluss Argen überspannt.

In Langenargen selbst markiert der **Marktplatz** das Zentrum. Drumherum finden wir sehenswerte Ziele wie die Pfarrkirche, die **Kurpromenade** und ganz besonders das Schloss Montfort.

Direkt hinter den letzten Häusern tauchen wir ein ins **Eriskirchener Ried**. In dem Naturschutzgebiet wachsen 600 verschiedene Pflanzen.

Das nächste Highlight lässt nicht lange auf sich warten: Friedrichshafen gilt als Einkaufsstadt der Region. Beim Durchstreifen der **Fußgängerzone** kommen wir auch vorbei am Zeppelinmuseum. Es erzählt uns von der Geschichte des Grafen Zeppelin, der seinen Traum von **einem lenkbaren Luftschiff** realisieren wollte. Als die „Zeppeline" ihre Hochzeit erlangen, war der Graf leider schon verstorben. Und die Katastrophe von Lakehurst, bei der 1937 ein Zeppelin mit 36 Menschen an Bord explodierte, gehört auch zu dieser Geschichte.

Toller Über-Blick über Überlingen!

Direkt am Hafen steigen wir auf den **Aussichtsturm** und genießen eine herrliche Rundumsicht auf Altstadt, Seeufer und die Schweizer Alpen.

Tipp: Die Tradition der **Zeppeline** wird noch heute aufrecht erhalten. Wem der Sinn nach einem außergewöhnlichen Urlaubserlebnis steht, lenkt sein Rad zum Flugplatz und nimmt Platz in der Kabine unter der „Zigarre".

Weiter geht´s von Friedrichshafen über den Bodensee-Radweg durch Fischbach, Immenstaad, Hagnau, Meersburg, Unteruhldingen, Nußdorf nach Überlingen. Von hier fahren wir bequem mit dem Schiff wieder zurück.

Wer im Frühling auf dieser Tour unterwegs ist, der kann in der Blütenpracht eintauchen, die sich jedes Jahr durch die zahllosen **Obstbäume** der Region ergibt.

Nachdem wir uns im Fischbacher **Hofladen** direkt am Radweg (leider auch an der B31) eingedeckt haben, schauen wir uns in Immenstaad das **Schwörerhaus** und die Pfarrkirche und später in Hagnau das **Spielzeugmuseum** an.

Kartentipp:
ADFC-Regionalkarte Bodensee, 1:50.000,
ISBN 978-3-87073-781-8, € 8,95
Digital für Smartphones und Tablets:
www.fahrrad-buecher-karten.de/rk-digital

In Meersburg ist wieder ein längerer Stopp angesagt, der Ort gilt als „Perle des Bodensees". In der **Burg** verbrachte die Dichterin Anette von Droste zu Hülshoff ihren Lebensabend. Ob die Burg nun die älteste Deutschlands ist, kann uns eigentlich egal sein, denn gemeinsam mit dem **Neuen Schloss** und der bunten **Altstadt** ist Meersburg in jeder Hinsicht eine Augenweide.

Noch historischer wird es auf den nächsten Kilometern: Tief in die Menschheitsgeschichte entführen uns die **Pfahlbauten** von Unteruhldingen – es macht viel Freude, über die Stege zu wandeln und sich vorzustellen, wie unsere Urahnen einst hier lebten.

Das Ende unserer Tour könnte schöner nicht sein: Überlingen wird nicht umsonst „Badisches Nizza" genannt. Am besten bekommen wir dieses Feeling auf der wunderbaren **Seepromenade**. Bevor wir im Hafen mit seinem Lenk-Brunnen auf´s Schiff steigen und wieder zurück fahren, dürfen wir nicht vergessen, uns die Altstadt von **Überlingen** anzusehen. Das Münster, das ehemalige Kornhaus und das Rathaus würden wir sonst verpassen.

83 Bodensee-Blicke

Von **Langenargen** nach Lindau und zurück

CamperTouren Info

32 km, meist auf separaten Radwegen oder auf Radwegen neben Straßen, eine anstrengende Steigung, Wegweisung als Bodensee-Radweg

Start und Ziel: Camping Park Gohren in Kressbronn, www.campingplatz-gohren.de

Auswahl weiterer Camps an der Strecke: Campingplatz Iriswiese, Campingplatz Schnell, Camping Klöpfer, Parkcamping Lindau am See, Parkplatz Blauwiese Lindau, Campingpark Gitzenweiler Hof

Auf dieser Tour starten wir in die andere Richtung und folgen dem bestens ausgebauten Bodensee-Radweg bis Lindau. Die Altstadt liegt wundervoll auf einer Insel im See und bietet uns ungemein viel Abwechslung. Je nach Kondition rollen wir dann am See wieder zurück oder vollziehen eine Runde durch´s hügelige Hinterland.

Los geht´s vor der Einfahrt des Camps. Von hier rollen wir über kleine Wege durch Schnaidt, Tunau, Kressbronn, Nonnenhorn und Wasserburg immer auf dem Bodensee-Radweg über den Eisenbahndamm ins Herz von Lindau.

Kressbronn ist ein ruhiger kleiner Ferienort, in dem wir das „**Schlössle**" ansteuern können, das mitten in einem Park liegt. Im Innern begeistern uns **Schiffsmodelle**, die ungemein detailgetreu gestaltet wurden.

Rund um Nonnenhorn können wir im Frühling die Obstblüte genießen. Wer später im Jahr hier ist, kostet die reifen Früchte. Das örtliche **Dorfmuseum** erläutert uns mehr zur Tradition des Obst- und Weinbaus.

Malerisch liegt der Luftkurort Wasserburg auf einer Halbinsel im Bodensee. Drei Meter dick sind die Mauern von **Schloss Wasserburg,** während sich die strahlend weiße Kirche St. Georg im funkelnden See spiegelt.

Über den Eisenbahndamm erreichen wir die Innenstadt von Lindau, die komplett von Wasser umschlossen ist. Allein am **Hafen** können wir uns stundenlang aufhalten, die herrlichen Blicke auf den Bodensee, die alten Hausfassaden und die Hafeneinfahrt genießen. Die wird vom **Leuchtturm** und vom bayerischen **Löwen** bewacht. In der Altstadt gibt es auch reichlich zu sehen, wie das **Alte Rathaus**, die Bürgerhäuser entlang der Maximilianstraße, der Mangturm, die Reste der Stadtbefestigung und das **Münster** „Unserer Lieben Frau". Sowohl rund um den Hafen als auch in der Fußgängerzone gibt es zahlreiche Einkehrmöglichkeiten in Lindau. Suchen wir uns also ein schönes Plätzchen und genießen wir das schon südländisch anmutende Feeling um uns herum!

Der Lindauer Hafen ist einfach eine Augenweide!

Tipp: Die Zeit verfliegt im Nu, wenn wir uns durch Lindau treiben lassen. Daher ist es eine Überlegung wert, auf dem Rückweg nicht die hügelige Variante zu wählen, sondern wieder über den **Bodensee-Radweg** retour zu radeln.

Weiter geht´s von Lindau über die Chelles-Allee zum Kreisverkehr, den wir an der ersten Ausfahrt verlassen. Wir queren Bahnschienen und Bundesstraße, und kurbeln neben der Kemptener Straße merklich bergauf. Hinter Rehlings können wir links abbiegen und passieren die Campinganlage Gitzenweiler Hof. Ober- und Unterreithnau sowie Bechtersweiler sorgen noch für hügelige Straßen, ehe es bergab zurück via Gattnau und Kressbronn zum Camp geht.

Kartentipp:
ADFC-Regionalkarte Bodensee, 1:50.000,
ISBN 978-3-87073-781-8, € 8,95
Digital für Smartphones und Tablets:
www.fahrrad-buecher-karten.de/rk-digital

Im Bereich von Oberreithnau haben wir teils wunderbare **Fernblicke** über Lindau und den Bodensee hinweg bis hinüber auf die Schweizer Alpen.

In Unterreithnau können wir uns die **Pfarrkirche St. Urban und St. Silvester** ansehen. So groß, wie der Name vermuten lässt, ist das Gotteshaus nicht. Dafür kommen immer wieder Wallfahrer hierher. Etwas gruselig ist der **Pestfriedhof**. Auf dem 350 qm großen „Todesacker“ wurden einst die Opfer der Pest aus Lindau bestattet.

84 Dreiländertour

Von **Bregenz** nach Arbon

CamperTouren Info

45 km, meist auf separaten Radwegen oder auf Radwegen neben Straßen, keine größeren Steigungen, Wegweisung als Bodensee-Radweg

Start und Ziel: Camping Park Gohren in Kressbronn, www.campingplatz-gohren.de

Auswahl weiterer Camps an der Strecke: Camping Lamm, Seecamping Bregenz, Mexico und Weiss jeweils in Bregenz, Camping Rohrspitz, Campingplatz Idyll, Campingplatz Buchhorn

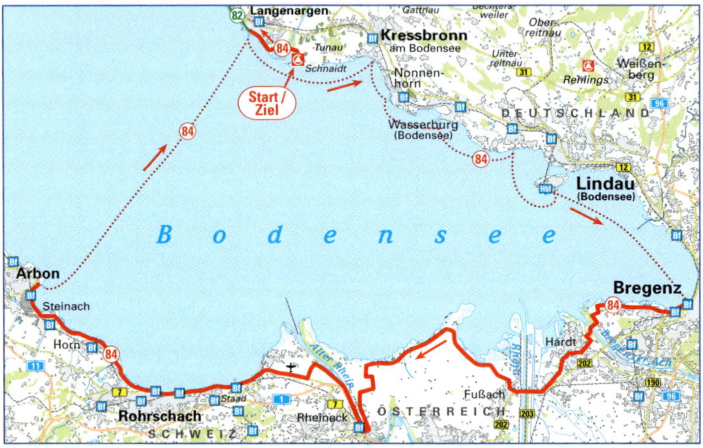

Der riesige Bodensee verbindet gleich drei Länder miteinander. Da auch der Radweg einmal komplett um den See herum führt, nutzen wir die Gelegenheit, uns auch bei unseren Nachbarn in Österreich und der Schweiz umzusehen. Damit die Tour nicht zu lang wird, nutzen wir zu Beginn und am Ende das Schiff.

Heute lernen wir den **Bodensee** in seiner vollen Pracht kennen, denn gleich zweimal setzten wir mit dem Schiff über. Sagenhafte 536 qkm bedeckt die Wasserfläche des Bodensees, der gleich eine ganze Reihe von Zuflüssen hat. Wer genügend Zeit hat, kann ihn auf dem 260 km langen **Bodensee-Radweg** komplett umrunden und kommt dabei durch Deutschland, Österreich und die Schweiz. Aufgrund der enormen Größe des Sees hat der **Schiffsverkehr** eine wichtige Bedeutung: Für alle Verkehrsteilnehmer ist es oftmals deutlich schneller, mit dem Schiff überzusetzen, als sich über die teils vollen Land- und Bundesstraßen herum zu quälen.

Los geht´s vor der Einfahrt des Camps. Von hier radeln wir am Sportboothafen vorbei nach Langenargen, wo wir den Hafen ansteuern. Das Schiff bringt uns ganz entspannt nach Bregenz. Vom Hafen aus startet unsere Radtour dann erst richtig – es geht auf den ersten Kilometern stets in Ufernähe entlang, bis wir die Bregenzer Ach überqueren. Dann radeln wir durch Hard, passieren das weite Rheindelta, in dem auch Fußach liegt. Via Rheineck gelangen wir über den stets ufernahen Radweg durch Staad nach Rohrschach.

Bregenz ist eine enorm abwechslungsreiche Großstadt mit einem abwechslungsreichen Kulturprogramm, zu dem verschiedene **Museen** und Ausstellungen beitragen. Die Bregenzer **Seebühne** ist international bekannt und begeistert jedes Jahr aufs Neue mit einem unglaublichen Bühnenbild. Von den historischen Gebäuden sind der **Martinsturm**, die Landesbibliothek und das **Landhaus** besonders beachtenswert.

Phantastisches Bühnenbild der Bregenzer Seebühne

Tipp: Ein unvergessliches Erlebnis ist es, mit der Seilbahn auf den **Pfänder** hinauf zu fahren. Vom Bregenzer Hausberg haben wir aus rund 1.000 m Höhe eine phänomenale Sicht über den Bodensee. Wer mag, bringt sein Rad mit hier hoch und braust dann rasant zu Tale.

Auf dem Pfänder sind wir dem Himmel ganz nah

Von der Brücke über die Bregenzer Ach haben wir einen tollen **Ausblick**. Nur wenige Meter neben unserem Radweg gibt es an der Achmündung eine schöne **Badestelle**.

Bei Hard gibt es die Gelegenheit, einen kleinen Abstecher zu unternehmen. Der bringt uns mit wenigen Pedalumdrehungen mitten ins **Mündungsdelta**, wo der Rhein in den Bodensee fließt.

Auf unserer Tuor bekommen wir hautnah einen guten Eindruck über die imposanten Dimensionen des **Rheindeltas**. Dabei radeln wir durch Fußach und genießen idyllische Passagen durch das Schilf mit weiteren **Bademöglichkeiten**. Bei Rheineck werden wir um den Altrhein herumgeleitet.

Direkt am Rohrschacher Hafen erhebt sich das Kornhaus, in dem heute ein **Erlebnismuseum** untergebracht ist, was Erwachsene und Kinder gleichermaßen begeistert. Rund um die Hauptstraße finden wir eine Reihe historischer Gebäude. Außergewöhnlich ist die im See gelegene **Badehütte**.

Weiter geht´s von Rohrschach durch Horn und Steinach nach Arbon. Hier steigen wir auf die Fähre, die uns einmal quer über den Bodensee nach Langenargen bringt. Vorn hier sind es mit dem Rad nur ein paar Minuten zurück zum Camp.

Die Schweizer Stadt Arbon ist ein toller Abschluss unserer See-Fahrt, denn direkt vor der spannenden **Altstadt** mit Schloss und „Rotem Haus" liegt die einladende **Seepromenade** mit viel Grün.

Kartentipp:
ADFC-Regionalkarte Bodensee, 1:50.000,
ISBN 978-3-87073-781-8, € 8,95
Digital für Smartphones und Tablets:
www.fahrrad-buecher-karten.de/rk-digital

85 Vogelkunde

Vom **Altmühlsee** nach Ornbau und zurück

CamperTouren Info

24 km, meist auf separaten Radwegen oder auf Radwegen neben Straßen, keine Steigungen

Start und Ziel: Altmühlsee-Campingplatz Herzog in Schlungenhof, www.camping-herzog.de/uebernachten/campingplatz-stellplatz-altmuehlsee-fraenkisches-seenland

Auswahl weiterer Camps an der Strecke: Wohnmobilstellplatz Schlungenhof, Campingplatz Zum Fischer-Michl, Familienzeltplatz Muhr am See

Der Altmühlsee ist zu einem echten Urlaubs-Hotspot geworden: Herrlich sauberes Wasser, das im Sommer angenehme Temperaturen hat, eine perfekte Infrastruktur mit Radwegen, Spielplätzen, Badestränden und vielem mehr finden wir hier. Fast komplett autofrei radeln wir ganz entspannt zu einem der schönsten Orte der Region und am anderen Ufer wieder retour.

Die Lage des **Campingplatzes Herzog** könnte nicht besser sein: Bäume spenden wohligen Schatten, die Kinder amüsieren sich auf dem Spielplatz oder am Strand, der nur 200 m entfernt liegt. Auch unser Altmühlsee-Radweg verläuft direkt vor der Tür. Wer sein eigenes Bett nicht dabei hat, schläft im Matratzenlager oder in der Ferienwohnung.

Los geht´s vor der Einfahrt des Camps. Von hier rollen wir auf den Radweg hinauf, dem wir gegen den Uhrzeigersinn um den See herum folgen. Wir tangieren Muhr am See, haben die Möglichkeit, auf die Vogelinsel zu gehen und gesellen uns an den Altmühl-Zuleiter. So gelangen wir vorbei an Gern nach Ornbau, dessen Ortskern wir über die Brücke erreichen.

Direkt vor den Türen unseres Camps finden wir den 1,2 ha großen **Abenteuer-Spielplatz,** der unter dem Motto „Römer und Alemannen" steht. So gibt es eine Ausgrabungsstätte, eine **Römerburg** mit Rutsche und ein Alemannendorf – auch die Großen kommen hier voll auf ihre Kosten!

Rund 4,5 qkm groß und bis zu 2,5 m tief ist der **Altmühlsee**, der verkehrstechnisch bestens angebunden ist. Mit der Bahn erreicht man Gunzenhausen und zur Autobahn führt eine gut ausgebaute Straße.

Auch auf dem Wasser gibt es eine Menge für uns zu erleben: Baden, Segeln, Surfen, Paddeling und vieles mehr ist möglich. Mit der **MS Altmühlsee** können wir uns zudem auf Kreuzfahrt begeben.

Auf unserer Runde um den See kommen wir an der **Vogelinsel** vorbei. Hier ketten wir unsere Räder an und schleichen leisen Fußes über den Steg in das Naturschutzgebiet. Wer ein Fernglas dabei hat, wird vom Treiben der gefiederten Freunde so begeistert sein, dass er vom Aussichtsturm gar nichtmehr absteigen mag.

Die Altmühlbrücke von Ornbau ist eines der bekanntesten Motive der Region

Tipp: Rund um den Altmühlsee ist fast immer etwas los: Beim **Festival** spielen verschiedene Bands rund um den See, bei der **Kirchweih** im September steht die ganze Gegend Kopf und im Oktober locken Drachen- und Fischerfest.

Ein kleiner Abstecher bringt uns nach Muhr am See. Der kleine Ort präsentiert uns einige hübsche alte Häuser und ein Schloss, das schon als Filmkulisse diente. Überregional bekannt sind die Altmühlsee-Festspiele von Muhr am See

Ornbau ist ohne Frage eine der Perlen der Region: Die alte **Brücke** mit dem **Tor** und der Stadtmauer ist einfach ein herrlicher Anblick. Mittendrin erheben sich der Diebsturm und die Kirche St. Jakobus.

Weiter geht´s von Ornbau zurück nach Gern, dann mit der Brücke auf das andere Ufer des Zuleiters. Auch hier haben wir einen perfekten Radweg, der uns vorbei an Mörsach, Streudorf, Mooskorb und Schweina zum Altmühldamm bringt. Von hier ist es am Ufer entlang nicht mehr weit zurück zu unserem Camp.

„Dorf, wo der Streit stattgefunden hat" – so lautet die Erklärung für den Namen von Streudorf. Heute gibt's nichts zu streiten – ein markanter **Glockenturm** erwartet uns in der Ortsmitte.

Aus Sand und Lehm errichtete man den 12,5 m hohen **Damm**, mit dem die Altmühl hier aufgestaut wird. Wir genießen hier die touristischen Errungenschaften durch den Bau. Vor allem aber reguliert der Damm das Hochwasser und versorgt die anderen Seen mit Wasser.

Kartentipp:
ADFC-Regionalkarte Fränkisches Seenland, 1:50.000,
ISBN 978-3-87073-884-6, € 8,95
Digital für Smartphones und Tablets:
www.fahrrad-buecher-karten.de/rk-digital

86 Ritter, Apostel und viele alte Steine

Vom **Altmühlsee** nach Dollnstein

CamperTouren Info

57 km, meist auf separaten Radwegen oder auf Radwegen neben Straßen, keine größeren Steigungen, Wegweisung als Altmühltal-Radweg

Start und Ziel: Altmühlsee-Campingplatz Herzog in Schlungenhof, www.camping-herzog.de/uebernachten/campingplatz-stellplatz-altmuehlsee-fraenkisches-seenland

Auswahl weiterer Camps an der Strecke: Wohnmobilstellplatz Treuchtlingen, Natur Camping Pappenheim, Zeltplatz Hammermühle, Campingplatz Dollnstein, Wohnmobilstellplatz Eichstätt

Diese Tour ist ungemein abwechslungsreich und daher prädestiniert für eine Supertour: Auf den ersten Kilometern rollen wir durch eine weite Ebene, ehe wir in Graben auf einen unscheinbaren, aber historisch bedeutenden Weiher treffen. Kurz darauf verengt sich das Tal und baut sich ab Pappenheim auf zu einer unglaublichen Kulisse. Während wir auf einem perfekt ausgebauten Radweg fahren, weist uns die Altmühl den Weg vorbei an schönen Orten und schroffen Felsformationen.

Der Altmühlsee garantiert einen gelungenen Urlaub

Los geht´s vom Camp zum Ufer des Altmühlsees, dem wir im Uhrzeigersinn folgen. Ab dem Damm werden wir durch die Schilder des Altmühltal-Radwegs elegant um Gunzenhausen herum gelotst. In der weitläufigen Ebene radeln wir entspannt vorbei an Aha, Windsfeld, Gundelsheim, Ehlheim, Bubenheim und Graben, so dass wir nach Treuchtlingen kommen. Hier geht's einmal mitten durch die Stadt und später durch Dietfurt nach Pappenheim.

Das haben wir uns anders vorgestellt: Von einem Tal ist auf den ersten Kilometern nichts zu sehen. Stattdessen fahren wir durch eine weitläufige Ebene und tangieren nette kleine Ortschaften. Zu denen gehören Windsfeld mit einem alten **Dorfplatz** und der Kirche St. Wolfgang, oder Ehlheim, wo ein Abstecher hinauf nach Theilenhofen lockt. Dort wurden ein **Römerbad** und ein Römerkastell ausgegraben.

Bei Meinheim entführen uns Schilder zur **Steinernen Rinne**. Das stark kalkhaltige Wasser des Baches sorgte dafür, dass sich ein mehr als 130 m langes und über 160 cm breites Flussbett entwickelte. In jedem Jahr kommen einige Zentimeter hinzu.

Im Jahre 793 war der Ort Graben der Mittelpunkt eines Weltreiches. Karl der Große wollte sein Reich schiffbar machen und mit dem **Karlsgraben** („Fossa Carolina") eine Verbindung zwischen Donau und Main schaffen. Seine Baufachleute fanden genau diese Stelle als optimal heraus. Sie liegt nur wenige Meter von der Europäischen Tal-Wasserscheide. Hier kommen sich die fränkische Rezat und die Altmühl bis auf 800 m nahe. Im Herbst 793 wurde mit dem Kanalbau begonnen, musste wegen schwerer Regenfälle aber abgebrochen werden, weil die Erdwälle immer wieder einstürzten.

Tipp: Ein Abstecher von jeweils ca. 10 km hin und zurück führt hinter Graben nach Weißenburg. Nur wenige Städte Deutschlands haben in ähnlicher Weise ihren mittelalterlichen Charakter bewahren können, wobei die Geschichte noch älter ist. Römische Legionäre errichteten das Kastell Biriciana, das 1976 ausgegraben und teils rekonstruiert wurde. 1977 entdeckte man ein **Römerbad** und 1979 den **größten Römerschatz Deutschlands**, der im Römermuseum gezeigt wird. Hier gibt es seit 2006 auch das bayerische Limes-Informationszentrum.

Bestes Zeugnis für den mittelalterlichen Charme der Stadt ist die nahezu perfekt erhaltene **Stadtbefestigung** aus dem 14./15. Jh. mit ihren 33 Türmen, darunter auch das Wahrzeichen der Stadt, das **Ellinger**

86 **Tor.** Inmitten der Mauern finden wir die Pfarrkirche **St. Andreas**, das **Apothekenmuseum** im Kellergewölbe der Einhorn-Apotheke und das **Gotische** Rathaus. In direkter Nachbarschaft liegen der Marktplatz mit einem Brunnen und das Reichsstadtmuseum mit Infos zur Stadtgeschichte.

Weit oberhalb Weißenburgs liegt die **Wülzburg** auf 630 m Höhe. Von hier können wir bei klarem Wetter bis zu den Alpen blicken. Neben den Wehranlagen verfügt die Wülzburg über eine Schlosskirche und den tiefsten Ziehbrunnen der Welt. Im hiesigen Gefängnis wurde im ersten Weltkrieg ein junger französischer Offizier namens Charles deGaulle gefangen gehalten.

Unser Altmühltal-Radweg bringt uns von Graben rasch nach Treuchtlingen. 1976 fand man bei Bohrungen für eine Brauerei eine Quelle, die heute die **Altmühltherme** speist. Auf unserem Weg kommen wir am Spielplatz und an der **Dampflok** vorbei. Es ist jene, die auf ihrer Strecke Frankfurt – München auch die Eisenbahnerstadt Treuchtlingen durchquerte. Schön anzusehen ist das Schloss mit seinem kleinen, aber feinen Park.

Ab Dietfurt wird es so richtig schön: Das **Tal** wird immer enger, die Altmühl windet sich in Schleifen hindurch und unser Radweg bleibt aber so gut wie bisher, windet sich um eine Kurve und gibt den Blick frei auf **Burg Pappenheim**. Die Wehranlage wurde bereits um 1050 für die Pappenheimer Reichsmarschälle erbaut. Beim Rundgang durch die 3 ha umfassenden Ruinen können wir die insgesamt 105 km langen **Mauern**, den Kanonenweg, den Burghof und den Brunnen bestaunen, der 60 m tief in den Felsen geschlagen wurde, um das Wasser der Altmühl zu erreichen. Wer noch höher hinaus mag, steigt auf den 30 m hohen Turm. „Daran erkenn´ ich meine Pappenheimer" – den Spruch aus Schillers Wallenstein kennt jeder. Hier erfahren wir, dass er dies nicht abwertend, sondern voller Respekt gemeint hat.

Unterhalb der Burg erhebt sich das **Neue Schloss.** Es wurde ab 1819 erbaut und beherbergt die gräflich-pappenheimische Verwaltung. Noch heute ist es im Familienbesitz derer von Pappenheim. Die **St. Galluskirche** zählt zu den ältesten Gotteshäusern Frankens, zu den jüngsten hingegen die „Weidenkirche", in der Gottesdienste unter geflochtenen Weiden gefeiert werden.

Weiter geht´s von Pappenheim via Zimmern, Solnhofen Altendorf, Hagenacker nach Dollnstein. Hier steigen wir in die Bahn oder in den Radel-Bus und kehren zurück nach Gunzenhausen bzw. zu unserem Camp.

Ein Schild am Radweg verheißt: „Solnhofen – die Welt in Stein" und deutet darauf hin, dass 1987 der ehemalige Bürgermeister Friedrich Müller in den hiesigen Steinbrüchen die Versteinerung eines **Archaeopteryx**, eines Urvogels, fand. Es handelt sich dabei um ein mehrere Millionen Jahre altes, vogelähnliches Tier. Dieses Wesen vereinte zwei Arten in sich: Federn und Flügel stammen vom Vogel, Schwanz und Krallen an den Flughäuten beweisen, dass es ein Reptil (Saurier) war. Es war also der Übergang des Sauriers zum Urvogel, der vor mehr als 100 Mio. Jahren vor unseren menschlichen Vorfahren in der Kreidezeit lebte. Die Evolutionstheorie von Charles Darwin aus dem Jahre 1859 war damit bestätigt.

In den Steinbrüchen um Langenaltheim und Solnhofen wurden in den letzten 100

„Daran erkenne ich meine Pappenheimer" - und hier lebten sie einst

Jahren mehrere Exemplare gefunden. Im **Bürgermeister-Müller-Museum** sind neben dem Urvogel weitere Funde aus der Kreidezeit ausgestellt. „Bewacht" wird es von einem Cheratosaurus.

Die nachvollziehbare Geschichte Solnhofens geht bis ins 6. Jh. zurück, als Mönche hier eine Kirche bauten. Im Jahre 762 wurde der heilige Sola vom heiligen Bonifatius nach Solnhofen gesandt. Nach seinem Tode entstand um 830 jene **Sola-Basilika**, in deren Krypta sich einst der Sarg von Sola befunden haben muss. Er ist bis heute unentdeckt. Die Reste der Kirche können wir von einer Plattform der neuen Kirche (1784) bewundern. Sie gehören zu den ältesten und bedeutendsten Baudenkmälern Deutschlands!

Auf unserer weiteren Fahrt kommen wir vorbei an zwölf eindrucksvollen Felsen, die vor Jahrmillionen Riffe im einstigen Jurameer waren. Sie werden im Volksmund in Anlehnung an die Sendboten des Evangeliums „die **12 Apostel**" genannt. Die Prallhänge aus Dolomitfelsen sind typisch für das Altmühltal und werden auch gerne als „Altmühlalb" bezeichnet.

Tipp: Das Tourende in Dollnstein ist willkürlich gewählt, weil die rund 57 km als Tagestour gut zu schaffen sind. Da die Bahnlinie durch das Tal führt, ist eine Beendung der Tour auch an anderen Stellen möglich. Wer genug Puste hat, fährt weiter bis **Eichstätt** (ca. 16,5 km), das mit einer wundervollen Altstadt und einem Dom mit verschiedenen Baustilen beeindruckt.

In Dollnstein begegnen wir wieder der Urgeschichte. Vor 240.000 Jahren wären wir hier auf die Donau getroffen. Die erste urkundliche Erwähnung des Ortes unter dem Namen „Tollnstein" gab es 1007. Im 12. Jh. entstand eine Burg, der im 15. Jh. eine **Stadtbefestigung** folgte, wobei nur letztere erhalten blieb. Einen Besuch wert ist **die Pfarrkirche St. Peter und Paul** aus dem 11. Jh. mit ihren gotischen Fresken. Die stammt aus der Ära des deutschen Papstes Victor II. Der „Vorgänger" von Papst Benedict entstammte einem Adelsgeschlecht aus Dollnstein.

Kartentipp:
ADFC-Regionalkarte Fränkisches Seenland, 1:50.000,
ISBN 978-3-87073-884-6, € 8,95
Digital für Smartphones und Tablets:
www.fahrrad-buecher-karten.de/rk-digital

87 Fränkisches Seenland in Perfektion

Vom **Altmühlsee** zum Brombachsee und zurück

CamperTouren Info

42 km, meist auf separaten Radwegen oder auf Radwegen neben Straßen, hügeliger Verlauf, einige kurze Steigungen

Start und Ziel: Altmühlsee-Campingplatz Herzog in Schlungenhof, www.camping-herzog.de/uebernachten/campingplatz-stellplatz-altmuehlsee-fraenkisches-seenland

Auswahl weiterer Camps an der Strecke: See-Camping Langlau, Wohnmobilstellplatz Regelsberg, Waldcamping Brombach, Zeltwiese Absberg, Wohnmobilstellplatz Panorama in Absberg

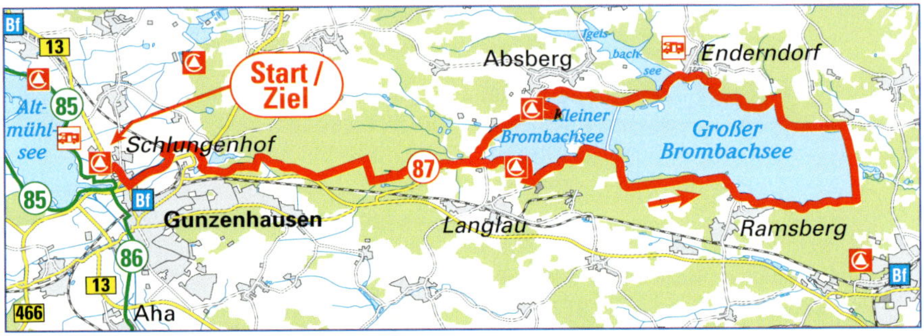

Vor den Türen der Großstadt Nürnbergs liegt ein herrliches Naherholungsgebiet, das aus Menschenhand entstand. Auf unserer leicht hügeligen aber nicht allzu anstrengenden Tour lernen wir gleich vier der Gewässer im Fränkischen Seenland kennen.

Mit dem Altmühlsee haben wir einen der Wasserspeicher des ab 1970 entstandenen **Fränkischen Seenlandes** direkt vor der Türe unseres Campers. Um den Norden Frankens mit Wasser zu versorgen, beschloss man, eine Reihe von Seen anzulegen, die perfekt in die Gegebenheiten der Natur eingepasst wurden. Neben einigen kleineren Wasserflächen zählt das fränkische Seenland sieben Seen: **Altmühlsee** (Wasserfläche 450 ha), Hahnenkammsee (23 ha), Kleiner Brombachsee (250 ha), Igelsbachsee (90 ha), Großer Brombachsee (870 ha), kleiner Rothsee (50 ha) und großer Rothsee (160 ha). Während die Hauptaufgabe der Rothseen die Wasserversorgung des Main-Donau-Kanals ist, soll der große Brombachsee das überschüssige Wasser der Altmühl aufnehmen und an die südöstliche Region weitergeben.

Los geht´s von der Einfahrt des Camps nach Schlungenhof, wo wir an der Straße rechts abbiegen. Dann folgen wir den Schildern des Radwegs, der dem Altmühl-Überleiter folgt. Es geht zunächst sanft bergauf, dann etwas hinunter zum Ufer des Kleinen Brombachsees. Der hat einen perfekt ausgebauten Uferweg, dem wir gegen den Uhrzeigersinn um den großen Campingplatz Langlau herum folgen. Auch beim Staudamm bleiben wir auf dem Uferweg und umrunden mit ihm den Großen Brombachsee. Wir passieren Ramsberg und gelangen zur Staumauer, die wir nun queren.

Nach entspannter Fahrt auf gut ausgebauten Radwegen erreichen wir den **Kleinen Brombachsee** mit der **Badehalbinsel**. Dann schweift der Blick über die riesige Wasserfläche des **Großen Brombachsees**. Sie ist so groß wie die des Tegernsees. Die Infrastruktur an den Seen lässt

Der Große Brombachsee ist wirklich sehr groß!

keine Wünsche offen: Badestrände mit Spielplätzen und Sanitäreinrichtungen, Einkehrmöglichkeiten und ein perfektes Rad- und Fußwegenetz sind vorhanden. Außergewöhnlich ist der **Fahrgast-Trimaran** der auf dem großen Brombachsee schwimmt. Auf drei Decks gibt es Aussicht und Alles für´s leibliche Wohl.

Tipp: Ausgefallene Angebote gibt es auf dem Brombachsee: Kinder können stolze Besitzer des „Mini-Kapitäns-Patents" werden. Ende September bis Anfang Oktober ist auf der MS Brombachsee Oktoberfest angesagt. Bei fetziger Musik und typisch-bayerischen Leckereien kommt garantiert Wies´n-Feeling auf.

Weiter geht´s von der Staumauer des Großen Brombachsees auf dem Uferweg entgegen des Uhrzeigersinns. Nach entspannten Kilometern erreichen wir Enderndorf am See. Hier passieren wir den Staudamm des Igelsbachsees, bleiben weiter in Ufernähe, sehen rechts über uns Absberg und umfahren die Badehalbinsel. Bei der „Hühnermühle" treffen wir wieder auf den Altmühl-Überleiter. Dessen Radweg folgen wir nun zurück zu unserem Camp – genauso, wie wir herkamen.

Wer Lust auf eine kleine Bewertung hat, tritt kräftig in die Pedale und schraubt sich hinauf nach **Markt Absberg** mit seinem 1724 erbauten Deutschordensschloss (heute werden hier Behinderte betreut). Ritter Paul von Absberg wurde durch Kämpfe gegen die Nürnberger berühmt. Gestorben ist er aber nicht hoch zu Ross auf dem Schlachtfeld. Nein, er fiel in seine eigene Lanze. Raubritter Hans von Absberg versetzte Anfang des 16. Jhs. die Region in Angst und Schrecken. Seine Burg wurde 1520 durch die Schwaben zerstört. Das einst im Schloss wohnhafte Edelfräulein von Lindenfels war eine leidenschaftliche Tänzerin. Nichts Besonderes, wenn sie sich nicht – so die Geschichte – eines Tages zu Tode getanzt hätte. Ihr ist in Markt Absberg eine Gedenktafel gewidmet.

Kartentipp:
ADFC-Regionalkarte Fränkisches Seenland, 1:50.000,
ISBN 978-3-87073-884-6, € 8,95
Digital für Smartphones und Tablets:
www.fahrrad-buecher-karten.de/rk-digital

88 Tauber-Träume

Von **Rothenburg** ins Taubertal

CamperTouren Info

7 km, meist auf separaten Radwegen oder auf Radwegen neben Straßen, zwischendurch eine kleine, gegen Ende eine heftige Steigung. Beliebig erweiterbar auf dem Radweg „Liebliches Taubertal" oder auf dem Altmühl-Radweg.

Start und Ziel: Wohnmobil-Stellplatz P2 in Rothenburg ob der Tauber, www.frankentourismus.de/poi/wohnmobil-stellplaetze_rothenbu-3753/

Auswahl weiterer Camps an der Strecke: Campingplatz Tauber-Idyll, Campingplatz Tauberromantik

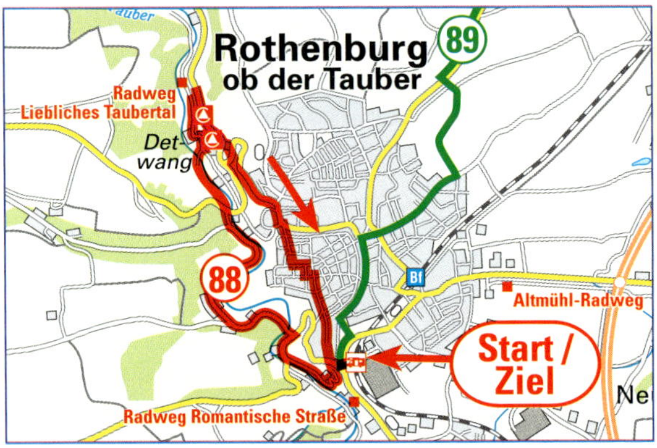

Rothenburg ob der Tauber ist ohne Frage eine der schönsten Städte Deutschlands! Hoch über dem Tal der Tauber umschließt eine komplett erhaltene Stadtmauer einen mittelalterlichen Stadtkern. Wer früh morgens oder abends durch die Straßen schlendert, wird sich nicht dem Charme der Romantik entziehen können.

Die Lage vom Wohnmobil-Stellplatz P2 in Rothenburg ob der Tauber ist einfach unglaublich: Wer den richtigen Platz erwischt, blickt vom Camper direkt auf die Stadtmauer. Platz gibt es reichlich auch für große Wohnmobile und in der kleinen Station finden wir Duschen und Toiletten.

Tipp: Die Tour umfasst „nur" eine Strecke von 7 km. Allerdings rollen wir ins Tal der Tauber hinunter. Wer nicht auf einem E-Bike sitzt, sollte eine gute Kondition mitbringen, um am Ende der Tour wieder hinauf in die Altstadt zu kommen. Daher der Tipp, vom P2 nur durch das Stadttor zur Oberen Schmiedgasse zu radeln und dieser ins Herz der Altstadt zu folgen.

Los geht´s vom Wohnmobil-Stellplatz P2 geradeaus über die Ampelkreuzung. Kurz dahinter biegt ein Weg links ab und führt steil hinunter ins Tal. Wer lieber Asphalt mag, saust geradeaus auf dem nicht minder steilen Taubertalweg hinunter – leider ohne Radweg. Unten folgen wir der Tauber flussabwärts. Ab der Brücke folgen wir dem Radweg „Liebliches Taubertal", der über eine sehr wenig befahrene Nebenstraße mit einem kleineren Hügel führt. An der Querstraße rechts und gleich wieder links nach Detwang.

Kaum in die Pedale getreten, sehen wir die **Spitalbastei**, an die sich der Wehrgang auf der Stadtmauer anschließt. Die aufwändigen Anlagen entstanden im 17. Jh., als Rothenburg erweitert und es immer schwerer wurde, sich gegen Eindringlinge zu schützen. Eine Investition in die Ewigkeit, denn noch heute können wir über die Wehrgänge schreiten. Unten im Tal angekommen, erblicken wir die mittelalterliche **Doppelbrücke**, die sich über die Tauber erstreckt. Sie wurde schon 1330 erbaut und war eine wichtige Passage auf der Handelsstraße von Würzburg nach Augsburg. Dann kommen wir am **Topplerschlösschen** vorbei, das so aussieht, als habe man ein Haus auf einen zu kleinen Turm gestellt. Herrlich

Die Doppelbrücke überspannt die Tauber zu Füßen Rothenburgs

ist von hier unten der Blick auf die 70 m weiter oben liegende Altstadt. Auf unserem Weg durch das Taubertal kommen wir an mehreren alten Mühlen vorbei. Ein paar Minuten später sind wir in Detwang. In der **romanischen Kirche St. Peter und Paul** finden wir einen Riemenschneider-Altar und rund um die Kirche viele historische Gebäude.

Weiter geht´s von Detwang noch ein Stück auf dem Taubertal-Radweg um die beiden Campingplätze herum. Dahinter treffen wir auf die Straße, der wir nach rechts folgen. Die Schilder führen uns zielsicher hinauf ins Herz von Rothenburg. Vom Rathaus aus etwas bergab über die Obere Schmiedgasse, hinter dem Tor wieder an der Ampel zurück zum Stellplatz.

Die **Altstadt** von Rothenburg ist wirklich einzigartig: Eine unglaubliche Ansammlung historischer Gebäude lässt die Besucher ununterbrochen auf die Auslöser der Kameras klicken. Zunächst kommen wir zur **Jakobus-Kirche** und dahinter zum mächtigen **Rathaus** mit dem weitläufigen Platz. Neben der fachwerkgeschmückten Marienapotheke beginnt die Herrngasse, die von stattlichen Patrizierhäusern gesäumt wird. Dort können wir bei Käthe Wohlfahrt in Weihnachtsillusionen baden, in den Restaurants einkehren oder in einem der Hotels übernachten.

Die prachtvollen alten Hausfassaden setzen sich an der **Schmiedgasse** fort – aber auch in den anderen Gassen gibt es reichlich zu sehen. Empfehlenswert ist ein Besuch des **Mittelalterlichen Krimimalmuseums**. Hier erfahren wir, dass viele Folterkammern in alten Burgen wohl eher „erschaffen" wurden, um Touristen zu beeindrucken. Gleichwohl finden wir hier im Museum eine ganze Menge Folterinstrumente, die uns einen kalten Schauer auf den Rücken schicken. Nur ein paar Meter vom Museum entfernt liegt einer der schönsten Plätze Deutschlands. Der „Plönlein" wird vom Sieberturm geziert, in dem einst das Staatsverlies war. Nicht vergessen dürfen wir, einmal über den Wehrgang zu flanieren, auf der anderen

Seite von der Stadtmauer in die Tiefe des Tals zu schauen und eine der süßen Leckereien zu kosten, die es bei den Bäckern gibt.

Kartentipp:
ADFC-Regionalkarte Romantisches Franken, 1:60.000,
ISBN 978-3-87073-933-1, € 9,95
Digital für Smartphones und Tablets:
www.fahrrad-buecher-karten.de/rk-digital

89 Entspannen im Salzsee

Von **Rothenburg** nach Bad Windsheim

CamperTouren Info

32 km, meist auf separaten Radwegen oder auf kleineren Straßen, hügeliger Verlauf mit einigen kleinen, aber nicht allzu anstrengenden Steigungen.

Start und Ziel: Wohnmobil-Stellplatz P2 in Rothenburg ob der Tauber, www.frankentourismus.de/poi/wohnmobil-stellplaetze_rothenbu-3753/

Auswahl weiterer Camps an der Strecke: Wohnmobilstellplätze in Burgbernheim und Bad Windsheim

Wir bewegen uns im Nordwesten von Rothenburg und stellen fest, dass auch hier wundervolle Fachwerkfassaden die Zeit gut überdauert haben. Bad Windsheim ist ein ideales Ziel, denn hier können wir die müden Radlerwaden im Salzsee regenerieren.

Los geht´s wieder vom Wohnmobil-Stellplatz P1 geradeaus über die Ampelkreuzung. Direkt dahinter rechts neben die Straße und hinter dem nächsten Parkplatz links. So gesellen wir uns neben die Stadtmauer. Beim Würzburger Tor zweigen wir rechts ab auf die gleichnamige Straße, die später zur Schweinsdorfer Straße wird. Am Ortsende links, schräg rechts und dann auf den Radweg neben die Würzburger Straße. So tangieren wir Gattenhofen, Steinsfeld und Endsee, um die A7 zu queren. Durch Steinach erreichen wir Burgbernheim.

In Gattenhofen können wir uns das **Pfarrhaus** und die Kirche St. Michael ansehen, während wir in Steinsfeld gleich mehrere gut erhaltene **Fachwerkhäuser** rund um Dorfplatz und -straße finden.

Schon 889 wurde an der Stelle ein Ort erwähnt, an dem wir heute nach Burgbernheim hinein radeln. Noch erhalten ist am Osthang des Kapellenbergs die Kirchenburg. Die wurde einst durch **Torhaus** und einer Zugbrücke geschützt. Die Zugbrücke gibt es heute nicht mehr. Das Fachwerk des Torhauses strahlt uns aber noch heute entgegen, genau wie an vielen anderen Gebäuden des historischen Stadtkerns. Auch der putzige runde **Seilerturm** hat ein Geschoss mit Fachwerk –

er ist der einzige noch erhaltene Eckturm. Fachwerk prägt auch die Fassade der **Rossmühle**, in der früher Pferde dafür sorgten, dass sich die Mahlsteine drehten.

Weiter geht´s von Burgbernheim via Marktbergel und Ufersheim nach Bad Windsheim, wo unsere Tour am Bahnhof endet. Mit der Bahn kommen wir entspannt wieder zurück nach Rothenburg.

Bad Windsheim ist ein anerkannter **Kurort** mit eigenen **Mineralquellen**. Das Wasser wird gerne von verschiedenen Anbietern in Flaschen gefüllt.

Das malerische Bad Windsheim ist Ziel unserer Streckentour

Tipp: Gutes und auch warmes Wasser finden wir in der **Franken-Therme** von Bad Windsheim. Natürlich ist hier Wellness, Sauna und vieles mehr angesagt. Ein ganz besonderes Gefühl der Schwerelosigkeit erleben wir allerdings im außen gelegenen **Salzsee**. Eine Sole mit 26,9% Salzgehalt sorgt dafür, dass wir auf der Wasseroberfläche gleiten. Die Sole kommt aus einer Tiefe von 200 m, wo es einen etwa 12 m dicken Salzstock gibt. Gut zu wissen: Direkt vor den Toren der Therme gibt es einen ruhigen und schön gelegenen Wohnmobil-Stellplatz.

Zum Besuch der Therme passt auch ein Spaziergang durch **den größten denkmalgeschützten Kurpark Bayerns**. Dieser erstreckt sich rund um seine Allee auf einer Fläche von 30 ha.

Die Innenstadt von Bad Windsheim begeistert uns mit zahlreichen alten Hausfassaden, die bestens in Schuss sind. Die schönsten Häuser finden wir rund um den Kornmarkt und an der Rothenburger Straße. Aus dem Dächermeer empor ragen der **Turm der Stadtkirche St. Killian** und das **Rathaus**. Dieser barocke Prachtbau erinnert schon fast an ein Schloss. Außergewöhnlich ist der 8 m hohe „**Roland**", der als Denkmal für die im Ersten Weltkrieg gefallenen Soldaten im Jahre 1928 errichtet wurde.

Kartentipp:
ADFC-Regionalkarte Romantisches Franken, 1:60.000,
ISBN 978-3-87073-933-1, € 9,95
Digital für Smartphones und Tablets:
www.fahrrad-buecher-karten.de/rk-digital

90 Unterwegs an den wärmsten Seen Bayerns

Von **Waging am See** nachTaching und um die Seen

CamperTouren Info

29 km, überwiegend auf separaten Radwegen, Radwegen neben der Straße sowie auf Nebenstraßen. Hügeliger Verlauf mit einigen kurzen, aber nicht allzu anstrengenden Steigungen. Regionale Wegweisung

Start / Ziel: Strandcamping Waging am See, www.strandcamp.de

Auswahl weiterer Camps an der Strecke: Campingplatz der Gemeinde Taching, Seecamping Taching am See, Camping und Strandbad Tettenhausen, Ferienparadies Gut Horn, Camping Ferienpark Hainz am See, Campingplatz Schwanenplatz, Wohnmobilstellplatz am Bauernhof Kaindl

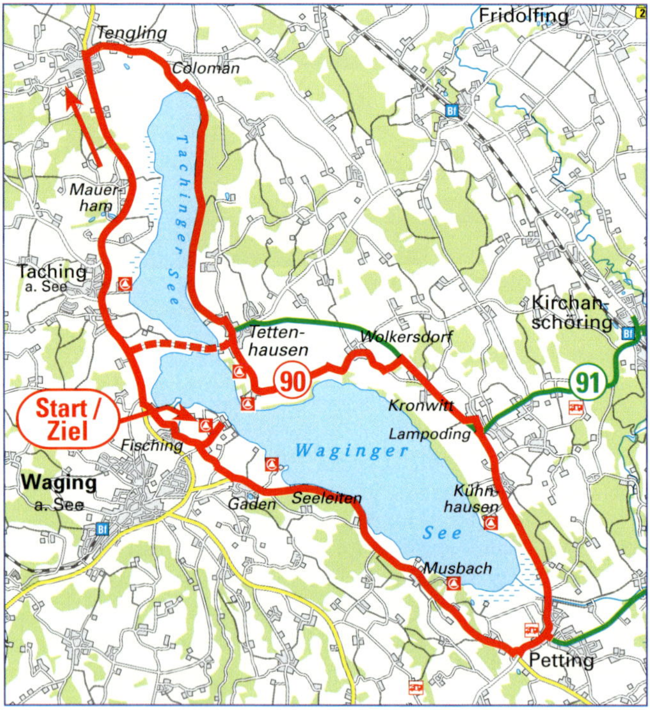

Los geht´s an der Ausfahrt des Camps, von der wir nach rechts unsere Runde im Uhrzeigersinn um die beiden Seen starten. So radeln wir durch Fisching, Taching, Mauerham und Tengling nach Tettenhausen.

Eine weiß-blaue Traumtour erwartet uns, wenn wir einmal rund um den Tachinger und den Waginger See radeln. Das Badevergnügen kommt dabei auch nicht zu kurz, denn die beiden Seen konnten den inoffiziellen Wettbewerb „wärmster See in Bayern" schon oft für sich entscheiden.

Bevor wir in die Tour starten, oder nachdem wir sie beendet haben, sollten wir dem Ort Waging einen Besuch abstatten:

Um 500 reiste Wago mit anderen Germanen in diese Region und wurde zum Mitbegründer des Stammes der Bajuwaren. Um diese Historie lebendig zu halten, richtete man im Gebäude des Verkehrsamtes ein **Bajuwarenmuseum** ein.

Waging selbst empfängt uns mit einem schmucken Ortskern, dessen Häuser meist aus dem 18. und 19. Jh. stammen und nach zwei großen Feuersbrünsten entstanden.

Sowohl der **Tachinger**, als auch der **Waginger See** sind einfach toll: Egal ob baden, surfen, segeln, minigolfen oder kuren im Strandkurhaus: All´ dies ist möglich im Frei-

Der Waginger See zählt zu den wärmsten Bayerns

zeitzentrum. Beide Seen sind zusammen rund 9 km lang, aber nur maximal 1,7 km breit. Dass die Seen sich im Sommer so schnell erwärmen, ist schon verblüffend bei einer Tiefe von bis zu 27 m.

Taching empfängt uns mit einem sehenswerten Ortskern und der **Pfarrkirche St. Petrus** aus dem 15. Jh. Der Tachinger See ist nicht etwa ein Teil des Waginger Sees, sondern immer schon ein eigenes Gewässer gewesen. Dies wird auch daran deutlich, dass er im Winter meist deutlich früher zufriert als sein Nachbar. Dies liegt an der geringeren Strömung und der niedrigeren Durchschnittstemperatur.

Beim **Strandbad** Tettenhausen gibt es eine schöne Einkehrmöglichkeit. Der Ort selbst fällt mit einigen Baudenkmälern auf wie der Pfarrkirche St. Laurentius, dem **Einfirsthof** oder dem Gasthaus zur Post.

Tipp: Wer sich lieber auf die Bade- oder Einkehrmöglichkeiten konzentrieren und die Tour verkürzen möchte, biegt in Tettenhausen einfach rechts ab und fährt direkt wieder retour nach Waging bzw. zum Camp.

Weiter geht´s von Tettenhausen via Wolkersdorf, Lampoding, Kühnhausen, Petting, Musbach, Buchwinkel und Gaden zurück zu unserem Camp.

Der Ort Petting entstand an einer Stelle, die nach der Eiszeit angeschwemmt wurde. Daher geht man davon aus, dass es einst auf einer Insel lag. Zur Gemeinde Petting zählen heute **71 Ortsteile**. Wie weit die Geschichte zurück reicht, ist ungewiss. Belegt ist ein Ort namens „Pettinga“ seit 1048. Wie auch die Nachbarorte so gehörte auch Petting lange Zeit zum Erzstift Salzburg. An der Hauptstraße finden wir einige **sehenswerte Gebäude**. Die Häuser Nr. 36, 45 und 48 stehen unter Schutz. Ebenso die **Pfarrkirche St. Johann der Täufer** aus dem 16. Jh.

Kartentipp:
ADFC-Regionalkarte Chiemgau, 1:75.000,
ISBN 978-3-87073-811-2, € 8,95
Digital für Smartphones und Tablets:
www.fahrrad-buecher-karten.de/rk-digital

91 Die Salzach - nur noch ein imaginärer Grenzfluss

Von **Waging am See** nach Laufen und zurück

CamperTouren Info

41 km, überwiegend auf separaten Radwegen, Radwegen neben der Straße sowie auf Nebenstraßen. Hügeliger Verlauf mit einigen kurzen, teils etwas anstrengenden Steigungen. Regionale Wegweisung

Start / Ziel: Strandcamping Waging am See, www.strandcamp.de

Auswahl weiterer Camps an der Strecke: Camping Ferienpark Hainz am See, Campingplatz Schwanenplatz, Wohnmobilstellplatz am Bauernhof Kaindl, Wohnmobilstellplatz Petting, Wohnmobilstellplatz Laufen, Wohnmobilstellplatz Kleinanschöring

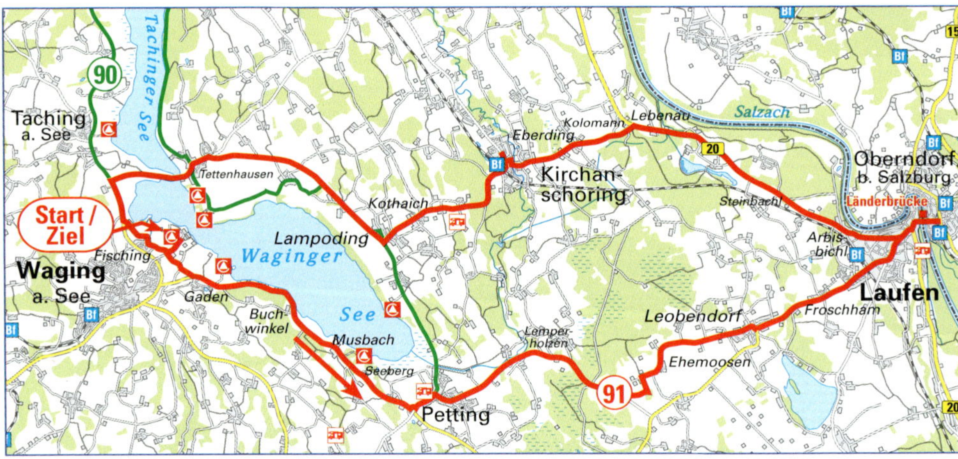

Auf dieser Tour machen wir uns auf zur österreichischen Grenze. Die wird offiziell durch die Salzach markiert. Der EU sei Dank – wir können unserem Nachbarland ohne größere Kontrollen einen kurzen Besuch abstatten.

Strandcamping Waging am See gehört seit vielen Jahren zu den Leading Campings in Europa. Wer einmal Urlaub auf dieser toll ausgestatteten 5-Sterne-Anlage erleben durfte, weiß warum: Für wirklich alle Altersklassen wird hier etwas geboten: Von Kinderprogramm, Spielplätzen und Badepark angefangen, reicht das Angebot über Fußballcamp, Fußballgolf, Morgengymnastik und Wassersportkursen bis hin zu Wellness. Dazu bestens gepflegte Sanitäranlagen und Stellplätze – Camperherz, so geht´s Dir gut!

Los geht´s an der Ausfahrt des Camps, von der wir nach links abbiegen und den Schildern via Gaden, Buchwinkel, Musbach, Seeberg, Petting, Lemperholzen, Ehemoosen, Leobendorf und Froschham nach Laufen folgen.

Wir kommen durch den schönen Ort Petting, dessen bedeutendste Sehenswürdigkeit etwas außerhalb mitten im **Naturschutzgebiet Weidsee** liegt: **Schloss Seehaus** ging aus einer mittelalterlichen Burg hervor, die Ende des 15. Jhs. zum Schloss umgestaltet wurde. Das Haus ist in Privatbesitz, daher bleibt uns der Zutritt verwehrt, gleichwohl bietet es mit der Umgebung ein herrliches Fotomotiv.

Schon die Römer siedelten im Bereich der Salzach, wo sich heute die hübsche Kleinstadt Laufen in einer Anhöhe befindet. Der Fluss umschlingt die Stadt, die sich der **Brauchtumspflege** verschrieben hat. Das beginnt mit „echten" Bäckern, wo die Semmeln besonders gut schmecken und zeigt sich in verschiedenen Veranstaltungen wie **Open-Air-Events** auf dem Rupertusplatz. Die Kulisse dazu bildet eine farbenfrohe Altstadt mit vielen historischen Häusern. Zu denen zählen das **Alte Rathaus**, das **Salzburger Tor** oder die Fassaden rund um den **Marienplatz** mit gleichnamiger Säule und Brunnen. Herrlich war schon die Anfahrt dorthin, stets das **Alpenpanorama** vor Augen – und herrlich ist es, in einem der Biergärten oder Cafés einzukehren und Kraft für die Rückfahrt zu tanken.

Tipp: Zum Pflichtprogramm gehört es, über die **Länderbrücke** zu rollen, die schon für sich ein Schmuckstück ist: Auf steinernen Pfeilern stützt sich eine Stahlkonstruktion im Jugendstil ab. Die Brücke führt uns über die Salzach ins österreichische Oberndorf, das mit Sicherheit jeder kennt… naja, zumindest kennt jeder den berühmtesten Export des Ortes: In der ehemaligen Kirche St. Nikola wurde am 24.12.1818 zum ersten Mal das Weihnachtslied „Stille Nacht, heilige Nacht" aufgeführt. Heute steht hier die **Stille-Nacht-Kapelle** und zieht Besucher aus aller Welt an. Im Nordwesten der Stadt finden wir die zweitürmige **Wallfahrtskirche Maria Bühel** würdevoll oberhalb der Salzach. Im Innern wurde sie mit wertvollen Votivtafeln, Statuen und Gemälden ausgestattet.

Kartentipp:
ADFC-Regionalkarte Chiemgau, 1:75.000,
ISBN 978-3-87073-811-2, € 8,95
Digital für Smartphones und Tablets:
www.fahrrad-buecher-karten.de/rk-digital

Etwas versteckt liegt Schloss Seehaus

Weiter geht´s von Laufen über Arbisbichl, Steinbachl und Lebenau, nach Kolomann, Hier biegen wir links ab und rollen via Eberding, Kirchanschöring, Kothaich, Lampoding nach Tettenhausen. Nun ist es nur noch ein Stückchen am See vorbei zurück zu unserem Camp bei Waging im See.

Auf der Rückfahrt zum Waginger See kommen wir durch mehrere kleinere und größere Ortschaften, in denen wir eine kleine Rast und ein Fotoshooting einlegen sollten, wie z.B. bei Lebenau mit der **Kapelle St. Koloman** oder in Kirchstein mit der spätgotisch katholischen **Kirche St. Ägidius**. Die sieht mit ihrem Zwiebelturm genau so aus, wie wir uns eine bayerische Kirche vorstellen.

92 Warmradeln am Hopfensee

Eine Runde um den See

CamperTouren Info

8 km, meist auf separaten Radwegen oder auf Radwegen neben Straßen, keine Steigungen

Start und Ziel: Campingplatz Hopfensee in Hopfen am See, www.camping-hopfensee.de

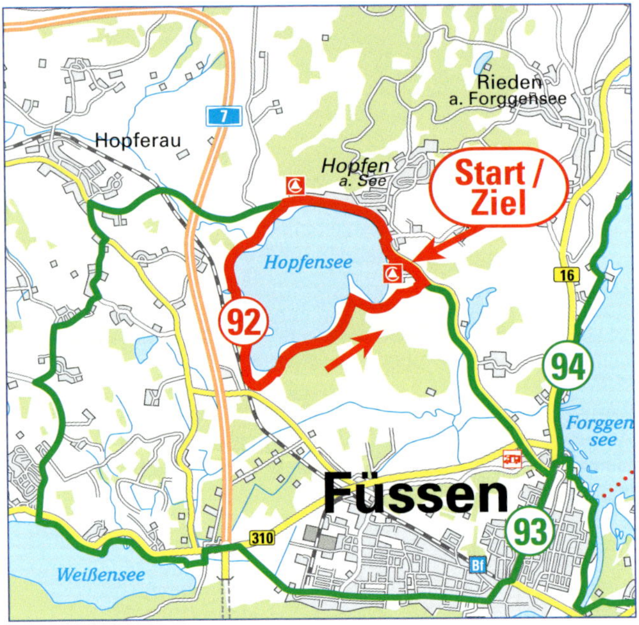

Der Hopfensee liegt wie hinein modelliert in einer sanft gewellten Landschaft zu Füßen der Alpen. Es gibt nur einen größeren Ort am Ufer, der gerne besucht wird. Die Gründe liegen auf der Hand: Gute Einkehrmöglichkeiten mit bestem Blick auf See und Berge.

Das verspricht, ein toller Urlaub zu werden: Mit fünf Sternen darf der **Campingplatz Hopfensee** auftrumpfen. Ein Garant für topmoderne und bestens ausgestattete Stellplätze und Sanitäranlagen. Die Lage des Camps lässt auch keine Wünsche offen: Nur eine Hecke und ein Fußweg trennen uns vom Badeufer des Hopfensees. Hier können wir uns auf grüner Wiese ausstrecken und auf Stegen ins Wasser gleiten. Für die Kleinen gibt es einen gesicherten Bereich und natürlich Spielmöglichkeiten. Die gibt es auch bei schlechtem Wetter, denn der Campingplatz bietet auch eine **Indoor-Spielhalle.** Für die Erwachsenen wird ein echter **Wellness-Spa** unter dem Motto 1001 Nacht und ein **Schwimmbad** mit Aussicht geboten.

Los geht´s vor der Einfahrt des Camps. Von hier rollen wir rechts zur Straße hinauf, und biegen oben links ab. Der Radweg endet bald, so dass wir auf der Straße durch Hopfen am See fahren müssen. Bitte beachten: Der Uferweg ist an dieser Stelle den Fußgängern vorbehalten!

Rund um Hopfen am See geht es hoch her. **Eisdielen**, Cafés, Restaurants, Badestrand, Bootsverleih und viele Einrichtungen mehr buhlen um die Gunst des Gastes. Wenn wir uns zu einem leckeren Eis oder Kuchen niederlassen, entdecken wir schnell den Grund für die Beliebtheit: Das Eis ist schon Klasse, der Blick über den See auf die **Alpenkette** macht es aber zu einem echten Erlebnis!

Es gibt aber auch Gäste, die nicht zum Einkehren, sondern zum Kuren kommen. Hopfen ist ein anerkannter **Kneipp- und Luftkurort**. Bei der guten Luft fällt es dann auch nicht schwer, auf den Berg zu steigen und sich die Ruine der **Burg Hopfen** anzusehen. Die Fernsicht entschädigt für die Mühen des Aufstiegs.

Bei dem Panorama macht man am Hopfensee gerne Pause

Wer sich von der Aussicht lösen kann, widmet sich der über 1.000 Jahre alten **Pfarrkirche St. Peter und Paul** mit wertvollen gotischen Wandmalereien.

Tipp: Immer mittwochs startet in Hopfen um 19.00 Uhr die **Fackelwanderung** um den Hopfensee. Nicht nur für Kinder ein tolles Ereignis! Der Hopfensee ist rund 2 x 2 km groß. Wir genießen den gut ausgebauten **Uferweg**, der den See komplett umrundet.

Weiter geht´s von Hopfen am See auf bzw. entlang der Straße. Am Ortsende biegen wir links ab und gesellen uns zum Ufer. Der Rundweg folgt dem Verlauf des Ufers und gibt immer wieder schöne Blicke frei auf die Berge und über den See. Gegen Ende der entspannten Runde müssen wir rechts abbiegen und zur Straße hochradeln, damit wir den Uferweg am Strand entlang den Fußgängern freihalten. Zum Glück hat die Straße einen Radweg, den wir nach kurzer Zeit nach links verlassen und zurück hinunter zum Camp rollen können.

Wir radeln entspannt über den Uferweg entlang des Hopfensees und blicken durch den **Schilfgürtel** auf das kühle Nass. Auf der anderen Seite winkt der Ort Hopfen mit unserem Campingplatz.

Kartentipp:
ADFC-Regionalkarte Allgäu, 1:75.000,
ISBN 978-3-87073-920-1, € 9,95
Digital für Smartphones und Tablets:
www.fahrrad-buecher-karten.de/rk-digital

93 Sehenswertes Allgäu

Vom **Hopfensee** zum Weißensee und nach Füssen

CamperTouren Info

20 km, meist auf separaten Radwegen oder auf Radwegen neben Straßen, einige kleine, aber nicht allzu anstrengende Steigungen, regionale Wegweisung

Start und Ziel: Campingplatz Hopfensee in Hopfen am See, www.camping-hopfensee.de

Auswahl weiterer Camps am Weg: Josef Guggemos, Wohnmobilstellplatz Füssen

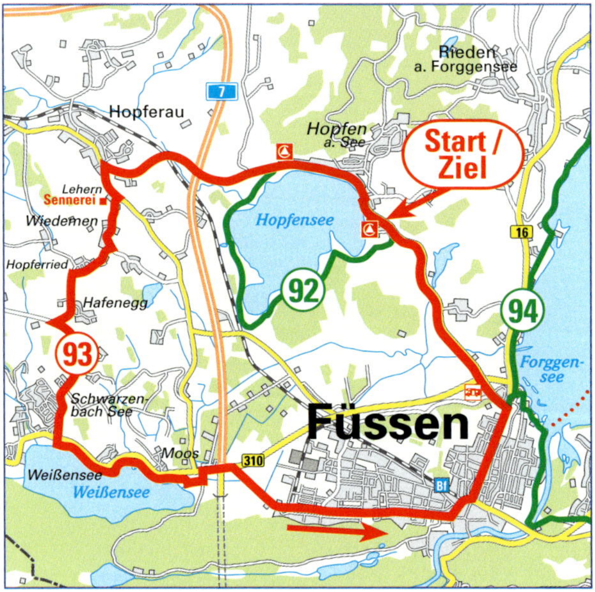

geht es nach rechts auf der wenig befahrenen kleinen Straße via Wiedemen, Hopferried, Hafenegg und Schwarzenbach zum Ufer des Weißensees, dem wir nach links folgen. Die guten Radwegschilder geleiten uns durch Weißensee und Moos ins Herz von Füssen.

Aus einer 1504 geweihten Schlosskapelle der Freiherrn von Freyberg-Eisenberg ging die heutige **Pfarrkirche St. Martin und Sebastian** (1899 verändert) von Hopferau hervor. Den Freiherrn gehörten die Ländereien um Hopferau seit dem 14. Jh. Grund genug, sich 1468 auch ein kleines **Schloss** bauen zu lassen, das erst 1838 von dieser Familie an eine andere verkauft wurde.

Die Unterschiede auf dieser Tour könnten kaum größer sein: Auf den ersten Kilometern radeln wir durch die beschaulichen Weiden des Voralpenlandes, während sich in der Füssener Fußgängerzone viele Touristen tummeln.

Los geht´s vor der Einfahrt des Camps. Von hier rollen wir wie bei der vorherigen Tour rechts zur Straße hinauf, und biegen oben links ab. Am Ortsende von Hopfen können wir auf einen Radweg rechts der Straße wechseln, der leicht, aber doch merklich ansteigt und die Autobahn überquert. Oben biegen wir bei Hopferau links ab nach Lehern. Hier

Tipp: Im Ort Lehern finden wir eine **Sennerei.** Schon beim Öffnen der Ladentüre wird die Nase vom Duft des frischen Käses betört. Seit 1890 wird hier Allgäuer Bergkäse und Emmentaler hergestellt. Lehern liegt am gekennzeichneten **Ostallgäuer Emmentaler-Radweg.** Die komplette Runde umfasst 38,5 km.

Der **Weißensee** bildet einen tollen Kontrast zu den Felsen des aufragenden **Säulings.** Die **Kirche St. Nikolaus** im benachbarten Oberkirch stammt zu weiten Teilen aus dem 17. Jh. Beachtenswert ist vor allem die Kreuzigungsgruppe an der Nordwand.

Traumblick von der Radlerbrücke auf das Füssener Mangschloss

Elegant über dem See liegt die **Pfarrkirche St. Walburga** mit einem romanischen Kern. Im Innern besticht der Altar aus Stuckmarmor mit seinen vier Säulen. Er dürfte aus der Zeit um 1715 stammen. Etwas unterhalb liegt das **Pfarrhaus**. Es wurde 1766 umgebaut, nachdem es bis dahin als Fischerhaus der Äbte aus Füssen diente.

Schnell wird uns klar, warum so viele Gäste nach Füssen kommen, denn es ist einfach schön hier. Auf die Gründerzeit der Stadt geht die Krypta (9. Jh.) in der **St.-Mang-Basilika** zurück. Das sonst barocke Innere schmückt u.a. ein Fresko aus dem 10. Jh. Überhaupt beherrschen die **Klosteranlage St. Mang** und das imposante **Hohe Schloss** die Silhouette der Stadt. In den Räumen finden wir auch das **Museum der Stadt Füssen**, das auf die Stadthistorie, den Geigenbau Füssens und auf das Leben im Kloster eingeht.

Auf dem Brotmarkt finden wir einen **Brunnen**, der sich auf die lange Geschichte der Saiteninstrumentenfertigung bezieht. Vom Magnusplatz aus sind wir über die „Lechhalde" (Straße) rasch an der Theresienbrücke und an der **Spitalkirche Hl. Geist**, die 1748/49 erbaut wurde.

Von der Kirche aus folgen wir dem Lechufer oder der Flößergasse. Dicht gedrängt stehen die **Klosterkirche St. Stephan** (1763), das **Franziskanerkloster** (1714), das **Bleichertörle** (14. / 19. Jh.) und Reste der **Stadtmauer** (1502) beisammen. Die Mauerreste stellen die Verbindung her zum **Seilerturm** und zum **Sebastiantor**.

Weiter geht´s von Füssen, das wir entlang der Augsburger Straße verlassen. Den Kreisverkehr verlassen wir nach links und folgen den Schildern über einen letzten Hügel zurück nach Hopfen am See, wo unsere Tour noch vor dem Ort links am Camp endet.

Der Rückweg zum Camp beschert uns noch schöne **Ausblicke** auf die Alpen und auf den Forggensee, den wir bei der nächsten Tour erkunden werden.

Kartentipp:
ADFC-Regionalkarte Allgäu, 1:75.000,
ISBN 978-3-87073-920-1, € 9,95
Digital für Smartphones und Tablets:
www.fahrrad-buecher-karten.de/rk-digital

94 Seentour mit Schlossblick

Einmal rund um den **Forggensee** und zu den Königsschlössern

CamperTouren Info

41 km, meist auf separaten Radwegen oder auf Radwegen neben Straßen, einige kleine, aber nicht allzu anstrengende Steigungen, regionale Wegweisung

Start und Ziel: Campingplatz Hopfensee in Hopfen am See, www.camping-hopfensee.de

Auswahl weiterer Camps am Weg: Wohnmobilstellplatz Füssen, Camping Brunnen, Campingplatz Bannwaldsee, Wohnmobilstellplatz Schwangau, Campingplatz Seewang, Campingplatz Magdalena

Der Forggensee liegt zu Füßen des herrlichen Alpenpanoramas und zu Füßen der weltberühmten Königsschlösser. Höchste Zeit also, eine etwas anstrengende, aber wundervolle Tour um ihn herum zu drehen.

Los geht´s vor der Einfahrt des Camps. Von hier rollen wir rechts zur Straße hinauf und biegen oben rechts ab. Nach dem Hügel treffen wir auf einen Kreisel, den wir den Schildern folgend nach Füssen verlassen. Die Radschilder Richtung Schwangau bringen uns über den Lechsteg und dahinter zu den Königsschlössern.

Der Name des Forggensees erinnert an den Ort, der dort war, wo heute die Wellen in der Sonne glänzen – heute wird hier der Lech aufgestaut. Neben der Energiegewinnung dient der Forggensee zur Hochwasserregulierung, die nach dem Einsetzen der Schneeschmelze für die Anrainer wichtig ist.

Die Königsschlösser sind immer gut besucht. Sinnvoll ist es, recht früh morgens hierher zu kommen, denn dann sind die Übersee-Touristen noch beim Hotelfrühstück. Deutlich über 1 Mio. Gäste pro Jahr können nicht irren – es ist einfach wunderschön hier! **Schloss Neuschwanstein** ist ausschließlich im Rahmen einer 35-minütigen Führung zu besichtigen. Dabei geht es 165 Stufen auf- und 181 Stufen abwärts. Im Mai 1868 teilte König Ludwig II. seinem Freund Richard Wagner mit, dass er beabsichtigte, die Ruine Hohenschwangau im „Stil der alten deutschen Ritterburgen" neu aufbauen zu lassen. Ludwig selbst sah den Bau leider nie in Vollendung. Die Opern Richard Wagners „treffen" wir in den Wandmalereien wieder. In den Sälen, allen voran Sängersaal und Thronsaal, herrscht verschwenderischer Luxus.

Gleich gegenüber liegt **Schloss Hohenschwangau**, dessen Besitz mehrfach wechselte, ehe die Burg ab 1547 vollendet wurde. Kurfürst Albert V. kaufte das Schloss zunächst als Jagdschloss, das dann aber als Grenzfes-

Eiskalter Forggensee

tung benötigt wurde. Wer mag, besucht die **Marienbrücke**, um die wohl berühmteste Aussicht auf Neuschwanstein zu genießen. Aber ehrlich: Die Aussicht auf das Schloss und der tosende Wasserfall 92 m unter uns – das hat schon was…

Tipp: Besorgen Sie sich über das Internet ein Ticket für die Schlossbesichtigung. So wissen Sie genau, wann Ihre Führung startet und sparen das Anstehen an der Tageskasse.

Weiter geht´s von den Königsschlössern den Schildern folgend nach Schwangau und von dort via Vogelberg, Greith, Rauhenbichl, Kniebis, Roßhaupten und Osterreinen einmal um den Forggensee herum. Am Ende der Runde treffen wir wieder auf den Kreisel, den wir nach rechts verlassen, um zurück nach Hopfen bzw. zum Camp zu radeln.

Das Herzstück Schwangaus ist der **Kurgarten** mit tollen Spielmöglichkeiten, Kneipp-Tretbecken, der Königlichen Kristall-Therme und vielem mehr. Einem irischen Märtyrer ist die **Wallfahrtskirche St. Coloman** geweiht, die an der Straße nach Hohenschwangau steht. Gerne fotografiert – weil in herrlicher Einzellage im Feld – wurde sie ab 1671 durch den Wessobrunner Schmuzer erbaut, was ein Garant für schneeweiße Stuck-Kunst ist.

Auf unserer Tour passieren wir schicke kleine Dörfer, kommen an lauschigen Seen wie dem **Bannwaldsee** oder dem **Schapfensee** vorbei und genießen immer wieder schöne Ausblicke. Einen Besuch sollten wir dem **Informationszentrum der Staustufe Roßhaupten** abstatten.

Ein kleiner Abstecher führt ins Zentrum von **Roßhaupten**. Hier finden wir die 1570 erstmals erwähnte **Pfarrkirche St. Andreas** mit einer barocken Innenausstattung. Das 4 m hohe Steinkreuz gilt als Wahrzeichen des Ortes wegen seiner exponierten Lage auf einem Sandsteinfindling. Gegen Ende der Radtour kommen wir am **Ludwig-Festspielhaus** vorbei. Es ist das erste Theater, das an einem Originalschauplatz erbaut wurde. Die Bayern lieben ihren König Ludwig II. Am 25.08.1845 im Schloss Nymphenburg geboren, wurde er mit nur 18 Jahren neuer König von Bayern. Eine Gattin hatte Ludwig nie, aber eine Verlobte, es war Sophie von Bayern. Deren ältere Schwester war Kaiserin Elisabeth, „Sissy" von Österreich. Ludwig war durch seine Liebe zur Kunst und Architektur am Ende völlig überschuldet. Über seinen Geisteszustand gab es Lebzeit verschiedenste Gerüchte. Er wurde entmündigt und starb wenig später unter mysteriösen Umständen im heutigen Starnberger See.

Kartentipp:
ADFC-Regionalkarte Allgäu, 1:75.000,
ISBN 978-3-87073-920-1, € 9,95 und
ADFC-Regionalkarte Bayerische Seen, 1:75.000,
ISBN 978-3-87073-776-4, € 8,95
Digital für Smartphones und Tablets:
www.fahrrad-buecher-karten.de/rk-digital

95 Alles´drin: Die Highlight-Tour von Garmisch-Partenkirchen

Einmal rund um und durch den Ort

CamperTouren Info

14 km, fast ausschließlich auf Radwegen neben der Straße bzw. auf verkehrsberuhigten Straßen. Keine größeren Steigungen, regionale Wegweisung

Start / Ziel: Camping Resort Zugspitze, www.perfect-camping.de/5-sterne-camping-resort-zugspitze-garmisch-partenkirchen-bayern/

Auswahl weiterer Camps an der Strecke: Camping Erlebnis Zugspitze, Alpencamping bzw. Wohnmobilstellplatz Wankbahn

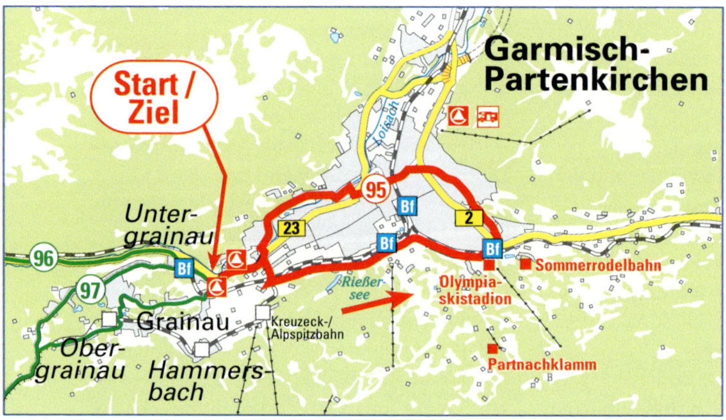

Eine echte Traumtour: Auf den ersten Kilometern radeln wir autofrei mit besten Aussichten auf Garmisch und die umliegenden Berge. Mit Skistadion, Ludwigstraße, Shoppingmeile und jede Menge Einkehrmöglichkeiten geht es einmal quer durch die Toppziele von Partenkirchen und Garmisch.

Haben Sie schon einmal etwas von „Glamping" gehört? Das ist Camping auf höchstem Niveau. Das **Camping Resort Zugspitze** kann dieses Niveau bieten, denn wer mag, bucht sich direkt neben dem Stellplatz sein privates Badezimmer. Aber auch die übrigen Sanitäranlagen entsprechen höchstem Standard. Wer friert, kann die Sauna besuchen, aber alle Camper haben einen echten Luxus: einen atemberaubenden Blick auf das Zugspitz-Massiv!

Los geht´s vom Campingplatz hinunter zur Bundesstraße, deren Radweg wir nach rechts folgen. An der ersten Ampelkreuzung biegen wir rechts ab Richtung Kreuzeck. Nach wenigen Minuten können wir hinter den Schienen links abbiegen und haben auf den nächsten Kilometern einen perfekt ausgebauten Radweg unter den Pneus. Immer parallel der Schienen erreichen wir die Skischanze. Diese verlassen wir über die Wildenauer Straße, queren die Bundesstraße geradeaus und biegen dahinter schräg links ab. Die Schilder bringen uns über den Riedweg und an der Querstraße rechts zur Ludwigsstraße.

Das Skigebiet am Kreuzeck wurde 1936 anlässlich der Olympischen Spiele angelegt – der Abfahrtslauf am **Kandahar** ist bis heute legendär.

Wir genießen herrliche Blicke über die weiten Wiesen auf Garmisch und auf das

Alpenpanorama. Ein kleiner Abstecher führt nach rechts hinauf zum **Rießersee**, einem idyllischen kleinen See.

Das Skistadion stammt auch von 1936 und ist jedes Jahr Schauplatz des Neujahrsspringens. Gleich nebenan können wir auf der **Sommerrodelbahn** rasant zu Tale rauschen.

Adlerblick von der Schanze auf Skistadion und Partenkirchen

Tipp: Ein Stück weiter entlang der Partnach liegt die **Partnachklamm**. Atemberaubend ist der Weg durch diese enge Schlucht, während unter uns der Fluss tost.

Die **historische Ludwigstraße** von Partenkirchen trägt ihren Namen zurecht, denn von den Häusern hier ist eines schöner als das andere – an fast jeder Fassade gibt es **Lüftl-Malereien** zu fotografieren. Die schönste Zeit hier ist früh morgens oder am Spätnachmittag, denn dann sind nicht so viele Touristen unterwegs – und es gibt immer einen Platz in den tollen Restaurants und Cafés. Wer mehr über die Region erfahren mag, besucht das Werdenfels-Museum. Und wer eher den Überblick sucht, folgt den Schildern zur **Wankbahn**. Die bringt uns hinauf auf den 1.780 m hohen Gipfel, von dem wir ein unbeschreibliches Panorama haben.

Weiter geht´s am Ende der Ludwigstraße mit links-rechts-Abbiegen in die Hindenburgstraße, die uns über die Bundesstraße und zur Loisach bringt. Hier radeln wir immer geradeaus und treffen auf die Fußgängerzone. Hier bitte weiter geradeaus schieben, denn sie ist den Fußgängern vorbehalten und zudem können wir die Einkaufs- und Einkehrmeile besser genießen. Am Ende der Fußgängerzone rechts, dann ein paar Meter über die vielbefahrene Straße bis (linkshaltend) vor die Loisachbrücke. Hier biegen wir links ab und folgen den Radschildern Richtung Grainau. Der Weg verläuft erst auf einer Anwohnerstraße, dann auf der anderen Uferseite neben der Straße. Nachdem wir wieder das Ufer gewechselt haben, an der Ampel rechts und auf dem Radweg entlang der Straße zurück zum Camp.

In der beliebten Shoppingmeile gibt es viele Geschäfte und Einkehrmöglichkeiten. Linkerhand stehen „in zweiter Reihe" historische Höfe, in denen teils Geschäfte eingezogen sind. Wer die Urlaubskasse aufbessern will, besucht die **Spielbank**. Direkt dahinter erstreckt sich der bestens gepflegte **Kurpark**, in dem auch gerne Boule gespielt wird. Am Ende der Fußgängerzone liegt rechts ein wunderschönes altes Bauernhaus mit Garten.

Kartentipp:
ADFC-Regionalkarte Bayerische Seen, 1:75.000,
ISBN 978-3-87073-776-4, € 8,95
Digital für Smartphones und Tablets:
www.fahrrad-buecher-karten.de/rk-digital

96 Wunderschönes Loisachtal

Von **Garmisch-Partenkirchen** nach Ehrwald und zurück

CamperTouren Info

18 km, überwiegend auf separaten Radwegen sowie Radwegen neben der Straße. Zu Beginn zum Bahnhof und in Ehrwald jeweils eine kleine Steigung, sonst stets bergab, regionale Wegweisung

Start / Ziel: Camping Resort Zugspitze, www.perfect-camping.de/5-sterne-camping-resort-zugspitze-garmisch-partenkirchen-bayern

Auswahl weiterer Camps an der Strecke: Camping Erlebnis Zugspitze, Camping Dr. Lauth in Ehrwald, Camping Zugspitz Resort in Obermoos. Wohnmobilstellplatz Wankbahn

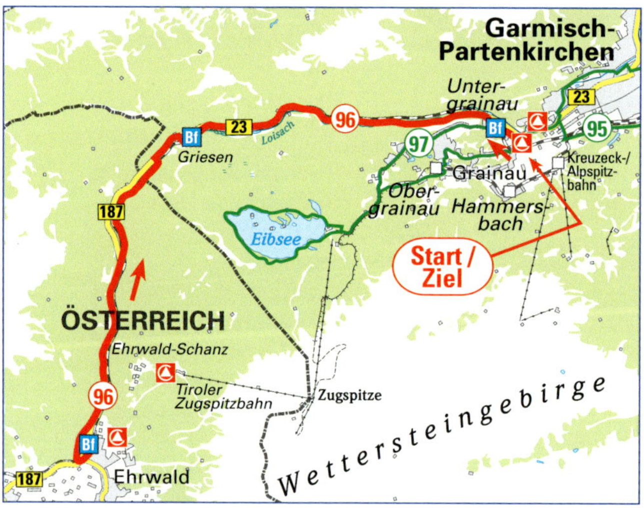

Diese Tour ist eine echte Genießer-Tour: Wir lassen uns zunächst bequem mit der Bahn ins österreichische Ehrwald bringen. Dann geht es (fast) ständig bergab – und das auf einem gut ausgebauten Radweg, der zunächst auf Schotter, dann auf Asphalt durch das wunderschöne Tal der Loisach verläuft.

Die **Loisach** hat ihren Ursprung beim Fernpaß in Tirol und legt bis zu ihrer Mündung in die Isar 113 km zurück. Ihre vielleicht spektakulärste Etappe dürfen wir begleiten, denn das **Tal** ist teils eng, so dass wir uns den engen Einschnitt nicht nur mit dem gurgelnden Wasserlauf, sondern auch mit der Bahn und der Straße teilen müssen.

Los geht´s vom Campingplatz hinunter bis vor die Bundesstraße, dann nach links ein Stück bergauf auf der Schmölzstraße und rechts über „An der Wies" zum Bahnhof Untergrainau. Von hier bringt uns die Bahn in rund einer Dreiviertelstunde nach Ehrwald. Den Bahnhof verlassen wir über Zugspitz- und rechts Garmischer Straße. Das Passieren der Bundesstraße erfordert Aufmerksamkeit, ehe wir direkt schräg links auf den separaten Radweg einbiegen können. Es geht ein paar Meter bergauf, dann in teils rasanter Fahrt geht es mal links, mal rechts der Loisach bzw. Straße hinunter nach Schanz. Dabei sollten wir die Räder nicht allzu schnell rollen lassen, denn der Kies-Untergrund kann rutschig sein. Zudem müssen wir ab und an eine enge Passage meistern, auf der es Gegenverkehr geben kann.

Ehrwald liegt auf 1.000 m Höhe in der selbst so genannten „Urlaubsregion Tiroler Zugspitzarena". Womit klar wäre: Die **Zugspitze** ist hier mindestens so präsent, wie auf der deutschen Seite. Ein dichtes Netz an Rad- und Wanderwegen durchzieht die Region, wobei eher Mountainbiker auf ihre Kosten kommen. Stets dabei im Blick: Das Wettersteingebirge mit der 2.962 m hohen Zugspitze.

Von Ehrwald aus rollen wir bequem an der Loisach entlang

Das sogenannte **Ehrwalder Becken** wurde unter Schutz gestellt, um diese einzigartige Natur zu erhalten.

Tourismus wird das ganze Jahr über großgeschrieben in der 2.500-Seelen-Gemeinde. Beste Einkehr- und Übernachtungsmöglichkeiten gibt es hier reichlich – und auch Proviant für die Radtour können wir hier bunkern.

Die **Pfarrkirche Mariä Heimsuchung** markiert die Ortsmitte. Um sie herum gruppieren sich typisch-österreichische Häuser, viele mit Zimmervermietung. Ausgefallen sieht der hohe **Brunnen** an der Touri-Info aus, während sich die Martinskapelle allein auf der grünen Wiese präsentiert.

Tipp: Ein Ausflug mit der **Tiroler Zugspitzbahn** ist zwar kein Schnäppchen, aber ungemein lohnenswert, denn oben können wir nicht nur den berühmten **4-Länder-Panoramablick** genießen. Auch das Erlebnismuseum „Faszination Zugspitze", der **Technik-Schauraum** in der Talstation und die **Schneekristall-Welt** lassen die Zeit im Nu verfliegen.

Kartentipp:
ADFC-Regionalkarte Bayerische Seen, 1:75.000,
ISBN 978-3-87073-776-4, € 8,95
Digital für Smartphones und Tablets:
www.fahrrad-buecher-karten.de/rk-digital

Weiter geht´s von Schanz auf unserer entspannten Tour bergab, wobei wir sowohl die Loisach als auch die Bundesstraße bzw. die Bahn stets neben uns haben. Einmal müssen wir vorsichtig durch ein mit Steinen befestigtes Bachbett rollen. Die Grenze von Österreich nach Deutschland nehmen wir kaum wahr. Hier haben wir schon rund die Hälfte der Strecke geschafft. Griesen ist der erste kleine Ort auf der Seite Oberbayerns. Unser Radweg geleitet uns ohne größere Steigungen durch Untergrainau zurück zu unserem Camp.

Ehrwald-Schanz markiert die Stelle, an der sich ehemals die österreichische **Grenzstation** befand. Heute ist die Tankstelle das begehrte Hauptziel vieler Autofahrer.

Der kleine Ort Griesen gehört zum Stadtgebiet von Garmisch-Partenkirchen. Von hier starten Wanderer und Kletterer in die Ammergauer Alpen, zum Plansee oder nach Ettal.

97 Traumsee zu Füßen der Zugspitze

Von **Garmisch-Partenkirchen** zum Eibsee und zurück

CamperTouren Info

20 km, überwiegend auf separaten Radwegen sowie Radwegen neben der Straße. Im ersten Drittel eine erhebliche Steigung mit rund 250 Höhenmeter, regionale Wegweisung

Start / Ziel: Camping Resort Zugspitze, www.perfect-camping.de/5-sterne-camping-resort-zugspitze-garmisch-partenkirchen-bayern/

Auswahl weiterer Camps an der Strecke: Camping Erlebnis Zugspitze

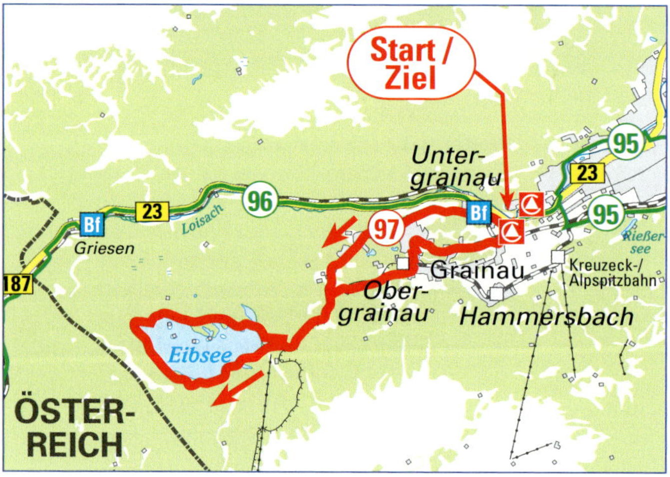

Glasklar ist er, der rund 12.000 qm kleine **Eibsee**, so dass wir am Ufer immer bis zum Grund sehen können. In der Mitte ist das eher nicht möglich, denn an der tiefsten Stelle misst der Eibsee fast 36 m! Gleich 8 **Inseln** gibt es im See und alle haben einen eigenen Namen bekommen.

Natürlich ist dieser Gebirgssee auch im Sommer eiskalt – umso erfrischender ist ein **Bad**, das wir an mehreren Stellen unserer Umrundung nehmen können.

Der Anblick ist einfach unglaublich: Hoch über uns ragt die Zugspitze empor, während wir ins glasklare Wasser des Eibsees blicken. Mit jedem Meter, den wir von der Talstation der Zugspitzbahn wegradeln, wird es um uns herum leerer und ruhiger.

Los geht´s wieder vom Campingplatz hinunter bis vor die Bundesstraße, dann nach links auf der Schmölzstraße und rechts über „An der Wies" ein Stückchen bergauf zum Bahnhof Untergrainau. Ab hier folgen wir der Loisachstraße, die bis in die Ortsmitte von Untergrainau kaum ansteigt. Ab Ortsende wird es dann spannend – bis zur Talstation der Zugspitzbahn legen wir rund 250 m bergauf zurück. Dahinter liegt der Eibsee, der für die Mühen entschädigt.

Die **Zugspitze** ist der höchste Berg Deutschlands – klar, dass viele Touristen einmal hierher kommen möchten. Schon im Jahre 1870 zog es die ersten Erholungssuchenden hierher. Daher ist schon der Weg dorthin nicht wirklich leer. Er führt uns durch Untergrainau, das mit Obergrainau zu Füßen des **Wettersteingebirges** liegt und freilich als **„Zugspitzort"** Werbung macht. Viele Touristen fahren einfach durch bzw. vorbei. Eine echte Sünde, denn es gibt hier tolle Unterkünfte und Einkehrmöglichkeiten – und das bei besten Aussichten!

Tipp: Es gibt auch einen **Bus** hinauf zum Eibsee. Ob hier Fahrräder mitgenommen werden dürfen, hängt freilich von der Fahrgastbelegung ab. Fragen lohnt sich! Wer

Türkisblaue Träume am Eibsee unter dem höchsten Berg Deutschlands

die Räder stehen lassen möchte, steigt in Garmisch oder in Hammersbach in die Zugspitzbahn.

Die **Zugspitzbahn** ist eine von noch vier aktiven Zahnradbahnen in Deutschland. Daher steht sie auch inzwischen unter Schutz. So gelangen wir aufs Zugspitzplatt und von dort mit der Gletscherbahn auf 2.962 m. So hoch ist Deutschlands höchster Gipfel. Von hier können wir bei klarem Wetter 400 weitere Gipfel erblicken – einfach grandios.

Vom Eibsee aus können wir uns auch mit der **Seilbahn** nach oben gondeln lassen – auch hier sind tolle Ausblicke und Nervenkitzel garantiert. Oben können wir uns die Szenerie noch mit Gaumenfreuden unterstreichen lassen. Bitte dicke Kleidung nicht vergessen – es ist immer kalt hier oben!

Weiter geht´s im Uhrzeigersinn um den Eibsee herum. Leider geht es bei der Umrundung noch einmal kräftig bergauf – das hält aber zugleich viele Ausflügler fern, so dass der weitere Rundweg deutlich ruhiger verläuft. Von der Talstation aus können wir denselben Weg wieder retour nehmen, den wir herkamen. Schöner ist es, den Bahnschienen zu folgen, denn so kommen wir durch Obergrainau. In der Ortsmitte halten wir uns besser links Richtung Untergrainau, weil die Straßen dann etwas leerer sind. Vorsicht bitte bei der Abfahrt – es geht schon ziemlich bergab hier!

Auf dem Rückweg machen wir einen Schlenker durch Obergrainau. Hier finden wir noch einige schöne alte **Bauernhäuser** und sogar einen lauschigen **Kurpark**, in dem wir uns vor der weiteren Abfahrt erholen können.

Kartentipp:
ADFC-Regionalkarte Bayerische Seen, 1:75.000,
ISBN 978-3-87073-776-4, € 8,95
Digital für Smartphones und Tablets:
www.fahrrad-buecher-karten.de/rk-digital

98 Radelgenuss auf höchster Ebene

Rund um den **Barmsee** und Krün

CamperTouren Info

17 km, meist auf separaten Radwegen oder auf Radwegen neben Straßen, einige kleine, aber nicht allzu anstrengende Steigungen, regionale Wegweisung

Start und Ziel: Alpen-Caravanpark Tennsee bei Krün, www.camping-tennsee.de

Weitere Camps entlang der Strecke: Wohnmobilstellplatz Krün

Wir radeln auf einer kleinen, aber dennoch etwas anstrengenden Runde zu Füßen des Karwendel-Gebirges. Über weite Strecken können wir uns auf die herrliche Landschaft konzentrieren, denn es geht meist autofrei entlang der Isar.

„First-Class-Camping", so könnte man unseren Aufenthalt auf dem **Alpen-Caravanpark Tennsee** nennen. Sogar Erfahrene geraten bei den feinen Marmor-Sanitäranlagen ins Schwärmen und kehren gerne ein im platzeigenen Restaurant mit Biergarten. Seit Jahrzehnten ist das Camp ein Familienbetrieb, was man an der individuellen Betreuung merkt. Wer rechtzeitig reserviert, bekommt einen tollen Stellplatz mit bester Aussicht vom Vorzelt über das Camp auf die Alpenkette.

Los geht´s vor der Einfahrt des Camps. Von hier radeln wir zurück zur Bundesstraße. Nachdem wir diese gequert haben, halten wir uns (genau!) an die Radwegeschildern Richtung Mittenwald und passieren die kleine Ortschaft. Diese lotsen uns auf guter Trasse mal rechts, links neben der Straße entlang, ehe wir in ein kleines Gewerbegebiet namens „Zum Stausee" kommen. Ab hier umrunden wir den Isar-Stausee gegen den Uhrzeigersinn. In leichtem Auf und Ab tangieren wir Krün und müssen aufpassen, dass wir auf Höhe des Orts Wallgau die Brücke nicht verpassen. Hier queren wir wieder die Isar und radeln in die Ortsmitte von Wallgau.

Nach wenigen Pedaltritten am Ufer des klaren **Isar-Stausees** wird es deutlich ruhiger – wir tauchen ein in idyllische Natur mit besten Aussichten auf einem Weg, den wir uns nur mit den Wanderern teilen müssen.

Wir sind zu Füßen des **Karwendel-Gebirges** unterwegs, das sommers wie winters viele Touristen anzieht. Wer nicht wie wir die schönen Radwege genießt, geht wandern. Das Netz der Rad- und Wanderwege ist nahezu unerschöpflich und führt je nach Geschmack in schwindelerregende Höhen.

Wenn wir an der Brücke nicht links nach Wallgau abbiegen, sondern auf der rechten Isarseite bleiben, rollen wir zunächst durch unberührte Natur, in der sich Kühe, Pferde und andere Tiere frei bewegen dürfen. Wer weit genug radelt, kann sich nach einem kleinen Anstieg in der **Auhütte** stärken, bevor es wieder zurück nach Wallgau geht,

Bramsee

Rund um den Dorfplatz von Wallgau finden wir schöne alte **Bauernhäuser**, von denen viele mit Lüftlmalereien verziert wurden. Strahlend weiß und natürlich mit Zwiebeltürmchen ragt die Kirche **St. Jakob** aus dem Dächermeer empor. Überall im Ort finden wir schöne Cafés und Biergärten, wo wir einkehren und den Kalorienhaushalt wieder auffüllen können.

Tipp: Wer **abkürzen** mag und auf die etwas hügelige Runde um den Barmsee verzichten mag, folgt ab Krün direkt den Schildern (Garmisch) zurück zum Camp.

Weiter geht´s von Wallgau. Ab hier folgen wir ein Stück dem Straßenverlauf nach Krün und biegen dort rechts in die Krottenkopfstraße ab. Diese führt uns etwas hügelig zum Barmsee, den wir gegen den Uhrzeigersinn umrunden. Nach einer weiteren kleinen Steigung und anschließendem Gefälle treffen wir wieder auf die Straße, die uns rechts zurück zum Camp bringt.

Auch das **Rathaus** von Krün wurde mit Lüftlmalereien verschönert. Es bildet den Mittelpunkt des beliebten Urlaubsortes. Die Kirche St. Sebastian hütet eine wertvolle **Kreuzreliquie**.

Der **Barmsee** ist rund 55 ha groß und lädt uns mit einer Badestelle zur Abkühlung ein. Das Besondere am Barmsee ist seine enorme Tiefe – mehr als 30 m sind es teilweise bis zum Grund.

Nachdem wir den Barmsee wieder verlassen und die kleine Steigung gemeistert haben, gelangen wir zum **höchsten Punkt** unserer Tour – 920 m hoch sind wir hier.

Kartentipp:
ADFC-Regionalkarte Bayerische Seen, 1:75.000,
ISBN 978-3-87073-776-4, € 8,95
Digital für Smartphones und Tablets:
www.fahrrad-buecher-karten.de/rk-digital

99 Karwendelblick

Vom **Tennsee** nach Mittenwald

CamperTouren Info

24 km, meist auf separaten Radwegen oder auf Radwegen neben Straßen, einige kleine, aber nicht allzu anstrengende Steigungen, regionale Wegweisung sowie als Isar-Radweg

Start und Ziel: Alpen-Caravanpark Tennsee bei Krün, www.camping-tennsee.de

Auswahl weiterer Camps an der Strecke: Natur-Campingplatz Isarhorn, Wohnmobilstellplatz Karwendel in Mittenwald

Ein spannender Weg führt vom Tennsee aus über Klais zum **Schloss Elmau**. In dieser prachtvollen Anlage residierten einst die mächtigsten Staatslenker der Erde beim G7-Gipfel.

Los geht´s mitten im Campingplatz, wo wir auf dem Wanderweg starten, der mitten durchs Camp verläuft. Nachdem wir den Tennsee halb umrundet und die letzten Wohnwagen hinter uns gelassen haben, biegen wir links ab. Es geht mächtig den Berg hinauf, doch die 70 Höhenmeter sind rasch geschafft. Die Schilder fordern uns auf, während der Steigung einmal rechts abzubiegen. Dann geht es mit welligem Verlauf durch die Buckelwiesen. Hinter dem Schmalensee geht es nochmals etwas bergauf, bis wir den Schildern folgend das Zentrum von Mittenwald erreichen.

Einmalig: Wir starten unsere Rundtour mitten im Campingplatz, denn hier verläuft der Wanderweg, dem wir auf den ersten Kilometern folgen. Später führt er durch die „Buckelwiesen", was verrät, dass die Tour doch etwas anstrengend ist. Aber Kinder und wenig trainierte Radler werden nicht vor größere Hindernisse gestellt. Als Ziel wartet Mittenwald mit wunderbaren Lüftlmalereien.

Der Name „**Tennsee**" ist etwas irreführend, denn zunächst vermuten wir einen Badesee zu Füßen unseres Camps. Der Tennsee fällt aber recht früh im Jahr trocken, so dass wir zum Baden die benachbarten Seen wie den Barmsee nutzen können.

Der Start in die Tour ist etwas beschwerlich, dafür entschädigen herrliche Aussichten und danach die Tour durch die **Buckelwiesen**. Unterwegs gibt es auch die Möglichkeit, einzukehren oder sich ein kaltes Eis zu gönnen. Die Buckelwiesen werden landwirtschaftlich genutzt, stehen aber unter Naturschutz, da sie kostbare Relikte aus der Eiszeit sind.

Der **Schmalensee** ist wirklich recht schmal – und mit 2,5 m auch gar nicht tief. Da